풍물의 미학

풍물의 미학

2024년 10월 25일 초판 1쇄 발행

지은이   송성섭
편집   이만옥
디자인   강보람
펴낸이   이문수
펴낸곳   바오출판사

등록   2004년 1월 9일 제313-2004-000004호
주소   고양시 일산동구 일산로 205, 204-402
전화   031)819-3283/문서전송 02)6455-3283
전자우편   baobooks@naver.com

ISBN 978-89-91428-96-6 93680

본 도서는 인천광역시와 (재)인천문화재단의 후원을 받아
'2024 예술창작지원사업'으로 선정되어 발간되었습니다.

풍물의 미학

송성섭 지음

바오

차례

3장 풍물, 왕실에서 민간으로

머리말

대학 시절이었다. 본관 앞 운동장에서 탈춤반 학생들이 연습을 하는 광경에 이끌려 한참 구경하다가 그들이 연습을 마칠 무렵에서야 겨우 자리에서 일어섰던 적이 있다. 마침 영어 수업을 듣던 옆 자리 탈춤반 학생의 권유도 있었던 터라 2학년이 되던 1980년에 탈춤반에 가입했다.

격동의 1980년! 시국이 어수선했기 때문에 수업이 제대로 이루어지지 못했고, 날마다 시국토론과 데모가 이어졌으며, 저녁에는 탈춤반이 시국과 관련한 창작 마당극을 공연했다. 당시 나는 신입회원이었기 때문에 할 수 있는 역할이 많지 않았다.

내가 세 살 때 이야기다. 엄마가 동생을 낳고 몸조리를 하기 위해 나를 인천 외가에 보냈다. 그런데 외할아버지와 외할머니를 졸라서 벽을 두드리라 하고, 그 장단에 맞추어 춤을 추곤 했다는 것이다. 어려서부터 끼가 있었던 것일까?

사람들은 가끔 사태의 본질을 잘못 이해하곤 한다. 당시 나를 본능적으로 지배했던 것은 춤이 아니라 오히려 장단이 아니었을까? 지금도 그렇지만 춤을 출 때면, 왠지 쑥스러워서 나를 온전하게 드러내지 못한다. 그러나 풍물을 칠 때는 쑥스러움은 온데간데없어지고, 나의 신명을 악기에 온전히 실을 수 있었다.

주어진 운명인지는 몰라도 예술과 인연이 계속 이어졌다. 1987년 인천지역 최초로 놀이패 한광대를 창립하고, 이어서 인천민중문화예술운동 연합의장, 그리고 인천민예총 창립 사무국장을 하면서 문화예술과의 인연을 이어갔다.

2005년 한국문화정책연구소에서 전문위원으로 있을 때 큰 변화가 생겼다. 당시에 처음으로 문화예술교육이 도입되었다. 관련 분야의 전문가가 많지 않아서 다들 갈피를 잡지 못해 우왕좌왕 할 때인데, 필자의 경우에는 문화예술교육에 관한 모든 고민을 철학 서적을 통해 해결하곤 했다. 그럼에도 해당 분야에 대한 지식과 소양의 부족함을 느끼고 제대로 배우고자 대학원 문을 두드렸다. 배움에는 때가 있다고 하지만 배움에 대한 욕구를 막을 수는 없었다. "밥을 향해 파리가 먼저 모이고, 뒷간에는 개가 먼저 달려가듯이(向飯蠅先集, 如厠犬先走)" 배움을 『추구(推句)』할 수밖에 없었다.

대학원에서 공부하면서 학위논문은 '우리 것'에 대해 쓰려고 작정하였다. '중국 미학'에 관한 논문은 많지만, '조선 미학'에 관한 논문은 많지 않았기 때문이다. 그래서 쓴 논문이 「세종의 음악 창제」이다. 동양철학 전공자가 이러한 논문을 쓰겠다고 했을 때, 두 말 않고 허락해준 최진석 지도교수께 이 자리를 빌어 감사드린다.

탈춤반 선배의 권유로 대학에서 '음악으로 본 한국인'이라는 과목을 강의하게 되었다. 강의 목적은 세종과 박연을 비롯한 학자들이 함께 창제한 신악과 32정간으로 된 악보의 우수성을 알리기 위한 것이었지만, 이 과목을 강의하면서 고조선부터 고려까지의 음악을 본격적으로 연구하게 되었다.

이 책의 제목은 『풍물의 미학』이다. 그렇다면 풍물이란 무엇일까? 어떤 이는 '풍물'이라고 하고, 어떤 이는 '농악'이라고 하고, 또 '매구'라고도 부른다. 이 것의 정체는 여전히 안개에 휩싸인 미지의 '기호'이다. '기호'란 원인과 결과 간의 올바른 관계 아래에서 이해되지 못한 원인이다. 신이 아담에게 선악과를 먹으면 타락할 것이라고 알려준 것은 그 과일이 그릇된 원인 -결과의 관계를 통해 아담의 운명에 좋지 못한 영향을 미칠 것이라는 뜻이었다. 그러나 아담은

'결과를 처벌로 해석하고 원인을 도덕 법칙으로, 다시 말해 명령과 금기를 통해 수행되는 최종 원인으로 해석해버린다.[1]이렇듯 기호란 한낱 부적합 관념일 뿐이다. 이 관념은 상상력에게 해석할 것을 부추긴다.

'기호' 상태에 있는 '풍물'은 나의 감성에 '폭력'을 행사하여 해독할 것을 요구하였다. 나는 '풍물'의 포로가 되어 한시도 풍물로부터 벗어날 수가 없게 되었다. 그리하여 2022년 1월부터 인천일보에 한 달에 두 차례 '풍물의 미학'을 연재하게 되었다. 풍물은, 내 운명을 지배하며 원고를 쓰도록 밀어 넣었던 것이다.

이번에 출간하는 『풍물의 미학』은 지난 2년간 인천일보에 연재한 내용으로 1장과 2장으로 구성하였고, 새롭게 집필한 내용을 3장으로 구성하였다. 1장과 2장이 조선시대에 연행하였던 풍물에 관한 내용이라면, 3장은 현행 풍물의 형성과 그 미학에 대한 내용이다.

'풍물'이라는 용어는 『조선왕조실록』 연산군 때 처음 등장한다. 그러나 풍물이 구체적으로 무엇을 의미하는가에 대한 명확한 언급이 없다. 풍물에 대한 규정은 『승정원일기』 인조 25년 1647년 11월 16일 기사에 비로소 등장한다. "풍물(風物)은 곧 무릇 임금이 거동할 때 대가(大駕)의 앞뒤에서 고취하거나 칙사를 환영하는 연향(宴享) 때에 사용한다(風物, 乃是凡擧動時, 駕前駕後鼓吹及, 迎勅宴享時所用)." 풍물은 제사나 조회에 사용하는 악기와는 다른 것이었다. 편종, 편경 등의 악기를 종묘와 사직의 제사 및 조회에 썼다면, 풍물은 가전(駕前)·가후(駕後)의 고취나 외국 사신을 접대할 때 사용하던 도구를 지칭하는 것이었다.

『세종실록』에 부록으로 달려 있는 「오례(五禮)」를 보면, 고취는 좌우 두 쌍으로 구성되어 있는데, 맨 앞줄에는 각각 방향(方響)이 두 명, 화(和)와 생

---

1 질 들뢰즈, 서동욱·이충민 옮김, 『프루스트와 기호들』(민음사, 2005), 168쪽 참조.

(笙)이 각 한 명이고, 두 번째 줄에는 노래(哥)가 각각 네 명이다. 셋째 줄에는 비파가 각각 네 명이고, 넷째 줄에는 필률이 각 세 명, 우(竽)가 한 명이며, 다섯 번째 줄에는 월금(月琴)이 하나, 적(笛)이 세 명이다. 여섯 번째 줄에는 현금, 가야금, 아쟁, 대쟁이 한 명씩이고, 일곱 번째 줄에는 향필률과 퉁소가 각각 두 명씩이다. 여덟 번째 줄에는 해금이 한 명, 대적이 세 명이고, 아홉 번째와 열 번째 줄에는 장고가 다섯 명씩 모두 열 명이다.

전체적으로 방향, 화, 생, 노래, 비파, 필률, 우, 월금, 적, 현금, 가야금, 아쟁, 대쟁(大箏), 향필률, 퉁소, 해금, 대적(大笛), 장고로 구성된 악대가 바로 고취인데, 전부고취(前部鼓吹)와 후부고취(後部鼓吹) 모두 84명의 악사가 연주하던 악기를 '풍물'이라고 했던 것이다.

이 책의 1장에서는 '풍물'을 둘러싸고 있는 논점들을 제시하고, 관련 논의를 간략하게 언급하였다. 그리고 2장에서는 조선 왕실에서 고취나 연향에 사용하였던 풍물에 대해 살펴보았다. 「풍물과 악기」, 「풍물과 고취」, 「풍물과 군악」, 「풍물과 연향」, 「풍물과 나례」로 나누어서 각각 그 내용을 살펴보았다. 그리고 3장에서는 조선 왕실에서 사용하였던 풍물이라는 용어가 어떠한 곡절을 통해 1912년 즈음에 새로운 모습으로 부활하게 되었는지를 살펴보고, 그 미학적 의미에 대해 살펴보았다.

조선 후기 민간에서는 풍물이라는 용어를 사용하지 않았다. 대신에 '농악'이나 '두레', '매귀' 등의 용어를 사용하였는데, 각각의 용어는 형식적으로 구별될 뿐만 아니라 실질적으로도 구별되었다. '농악'이나 '두레', '매귀' 등의 용어는 각기 출생증명서가 다를 뿐만 아니라 지칭하는 내용도 달랐다.

'농악'이라는 용어는 전라도 보성에 사는 진사 안유신(安由愼, 1580~1657)이 지은 '유두관농악(流頭觀農樂)'이라는 시에 처음 등장하는데, 이는 인조 4년(1626) 3월 20일의 일이었다. 또한 『조선왕조실록』 영조 14년(1738) 11월 17일의 기사에서는 부안 현감 안복준(安復駿, 1698~1777)이 백성들이 사용하던 쟁(鉦)과 정(鉦), 북(鼓), 깃발을 빼앗은 일이 있었는데, 이에 대해 "밭이나 들에서 발을 움직이는 데 힘쓰다가, 나른해져 힘써 일하지 않는 자가 있으면, 금고를 두드려 기운을 진작하게 한다(田野之間, 勞於擧趾, 或有懶不力作者, 則擊金皷以振其氣)"고 기록하고 있고, 영조 15년(1739) 2월 28일의 기사에서는 "호남의 풍속 중에 쟁고, 기치로 김매는 일을 감독하고 권장하였는데, 그 유래가 오래되었다(湖俗之以鉦皷旗幟, 董勸鋤役, 其來已久)"고 언급하고 있다.

또한 권섭(權燮, 1671~1759)도 『옥소집(玉所集)』에서 제악(祭樂), 군악(軍樂), 선악(禪樂), 농악(農樂) 등에 관한 글을 남겼으며, 황현(黃玹, 1855~1910)도 『매천야록(梅泉野錄)』에서 "대개 시골에서는 여름철에 농민들이 쟁(鉦)과 요(鐃)를 치면서 서로 김을 맸다. 이것을 농악이라고 한다(蓋野鄕夏月, 農人擊鉦鐃, 以相鋤耘, 謂之農樂)"고 하였다. 그리고 석정(石亭) 이정직(李定稷, 1841~1910)도 '농악(農樂)'에 관한 글을 남겼다.

> "농악(農樂): 적 잡으려면 먼저 괴수 잡아야 하고, 풀을 제거하려면 뿌리를 제거해야 하는 법, 그러므로 농정회(農丁會)가 있나니, 그 인원의 통제는 군대 통제 같아라. 구리 나발은 처음에 장하게 뿜어내고, 행군하는 깃발은 상대하여 벌려 펄럭이네, 쌍징의 울림은 절도 있고, 양북의 소리는 깊이 울리네. 처음에는 느린 소리 지었다가 점점 번잡한 음으로 퍼져 나가네. 덩실 덩실 춤추려는 듯 빙빙 돌아 어지러이 서로 향하네." [2]

'두뢰(頭耒)'에 관한 언급은 김윤식(金允植, 1835~1922)이 지은 『속음청사

---

2 李定稷, 『석정집(石亭集)』 '농악(農樂)'(한국학호남진흥원). "擒賊先擒首, 除草當除根, 所以農丁會, 部勒如用軍, 銅角噴初壯, 行旛颭對張, 雙鑼鏗有節, 両皷淵以鐙, 始用緩聲作, 漸以繁音暢, 蹲蹲若将舜, 回環紛相向."

(續陰晴史)』5권 고종 28년 7월의 기록에 등장한다. 농가에서 7월 김매는 일을 모두 마치면, 술과 음식을 차려 서로 노고를 위로하였는데, 북을 치고 징을 울려서 서로 오락하는 것을 '두뢰연'이라 하였다. 또한 신촌패(新村牌)와 본촌패가 만났을 경우에 신촌패의 기를 두 번 엎드리면, 본촌패는 답례로 한 번 눕힌 후, 두 촌이 마당을 둘러싸고 합하여 시끄럽게 북을 쳐서 마치었는데, '두뢰'는 백종(百種)인 7월 보름에 잡초를 공동으로 제초하던 일과 관련이 있었다.

'매귀'는 '매구'라고도 하는데, 이는 나례와 관련이 있었다. 송나라 때 오자목(吳自牧)이 지은 『몽양록(夢粱錄)』에 '매수(埋祟)'라는 용어가 등장하는데, 귀신(鬼神)의 빌미로 인한 병증(病症)을 지칭하는 귀수(鬼祟)라는 단어처럼, '수(祟)'는 '귀(鬼)'와 통한다. 12월에 악공들이 판관, 종규, 육정, 육갑, 오방귀 등으로 분장하고, 북을 치고 악기를 연주하며 역귀를 쫓는 것을 '매수'라 하였고, 가난한 걸인들이 신귀, 판관, 종규, 소매 등으로 분장하고, 꽹과리를 치고 북을 두드리며, 동리를 돌면서 구걸하는 것을 '타야호(打夜胡)'라 하였다. 일종의 '예외상태'를 창출하였던 것이다.

조선에서는 영조 때 편찬한 『여지도서(輿地圖書)』 「울산부읍지」에 '매귀유(埋鬼遊)'에 대한 기록이 등장하고, 정조 때 이옥(李鈺, 1760~1812)이 지은 『봉성문여(鳳城文餘)』에는 '사당', '매귀희', '걸공'에 대한 언급이 등장한다. 특히 '걸공'에서는 지금의 상모놀이라 할 수 있는 '중피(衆皮)'에 대한 묘사와 무동놀이에 해당하는 '동래무(東萊舞)'에 대한 묘사가 있는 것으로 보아, 적어도 정조 때에는 지금의 농악과 같은 '매귀'가 연행되고 있었다고 보아야 한다.

'농악'이나 '두뢰' 그리고 '매귀'에 공통적인 부분이 있으니, 바로 군악이다. 동아일보 1966년 3월 29일자 기사에는 무형문화재 '농악 12차와 가락'과 관련하여 황일백 씨의 인터뷰를 싣고 있다. 이 기사에서 황옹이 30세 되던

1926년 가을 동료 22명과 함께 하동 지서에 끌려가 한 달간 철창 신세를 진 일을 소개하고 있다. 일본 경찰이 '매귀'를 통해 중국의 진법을 한국 국민들에게 암암리에 알렸다는 혐의로 체포하였던 것이다. 황용 또한 이 기사에서 '농악 12차와 가락'은 고대 중국의 전쟁 양상을 본뜬 것이라 언급하고 있다.

'농악'이나 '두뢰' 그리고 '매귀'와 군악과의 관련성은 여러 곳에서 확인할 수 있다. 1967년에 보고된 무형문화재 제33호 호남농악의 대포수 청령에서는 '술령수'라는 용어가 등장한다. 이는 '巡令手', 즉 순령수를 발음 나는 대로 적은 것인데, '순령수'는 군대에서 대장의 명령을 부하들에게 전달하는 직책이었다. 또한 1901년(광무 5) 5월에 연행한 진찬(進饌) 중 경운당에서 여기(女妓)가 공연한 악장(樂章)과 정재(呈才)를 기록한 『여령각정재무도홀기(女伶各呈才舞圖笏記)』의 '선유락(船遊樂)'에서도 대포수 청령과 같은 용법을 확인할 수 있다.

농악에는 '영산' 가락이라는 것이 있는데, 이 또한 군악과 관련이 있다. 1965년에 실시된 무형문화재 조사보고서 제9호 '농악 12차'에서 황일백 씨가 보유한 가락에 대하여 설명하는 부분이 있는데, '반영산'은 '영상회상(靈山會相)' 곡에서 따온 가락이라고 설명하고 있기 때문이다.

조선의 군대에는 '호궤(犒饋)'라는 의식이 있었다. 군사들의 노고를 치하하기 위하여 음식을 베푸는 의례가 호궤이다. 이때 음악이 연주되었는데, 음악은 왕실의 악공이나 악생이 연주한 것이 아니라, 군대의 세악수들이 연주하였다. 세악수들이 세 곡을 연주하였는데, 그 중의 하나가 바로 '소무악'이다. 소무악은 궁중의 진찬이나 진연 등의 잔치에 사용되었던 '영산회상'을 차용하여 연주한 곡이었다.

'농악'이나 '두뢰' 그리고 '매귀'에 공통적으로 보이는 것이 '진풀이'이다. 이 '진풀이'는 세종 때에 정비되고 문종 때에 완비된 '신진법(新陣法)'과 관련이 깊다. '신진법'은 금·수·목·화·토의 오행(五行) 진법을 주로 하였다.

문종 때 편찬된『병장도설(兵將圖說)』에서 수양대군은 「하도(河圖)」와 「낙서(洛書)」를 인용하여 진법의 요지를 밝히었고, 천지와 음양의 체용을 통하여 전투의 방법을 서술하였으며, 인륜의 도를 인용하여 군율을 정비하였는데, 이렇게 해야 국가가 편안해진다는 것이었다.

「하도」는 복희씨가 천하에서 왕노릇할 때 용마가 황하에서 나오자 그 무늬를 본받아 팔괘를 그린 것이다. 우왕이 홍수를 다스릴 때 등에 무늬가 있는 신묘한 거북이 나왔는데, 그 등에 있는 1에서 9까지의 점을 그린 것이 「낙서」이다.

「하도」와 「낙서」는 천명(天命)의 현시이며, 천도(天道)의 현현이다. 그렇기 때문에 「하도」와 「낙서」는 동양 형이상학의 근간일 뿐만 아니라 통치를 위한 준칙이기도 하고, 전쟁에서의 필승 원리였다.

'농악'이나 '두뢰' 그리고 '매귀'는 「하도」와 「낙서」에 기반한 오행 진법을 펼치고 있으며, 농악 12차는 해와 달이 만나는 12차(次), 즉 성기(星紀), 현효(玄枵), 추자(娵訾), 강루(降婁), 대량(大梁), 실침(實沈), 순수(鶉首), 순화(鶉火), 순미(鶉尾), 수성(壽星), 대화(大火), 석목(析木)을 본받은 것이다. 이러한 점에서 볼 때, '농악'이나 '두뢰' 그리고 '매귀'는 기본적으로 우주의 운행 원리를 본뜬 것이라 할 수 있다.

'농악'이나 '두뢰' 그리고 '매귀'를 '풍물'이라고 지칭하기 시작한 것은 1912년 무렵이었다. 각종 신문이나 잡지에서 노농동우회, 형평사, 노동공제회 등 새롭게 조직된 단체의 활동과 관련하여 '풍물'이라는 용어를 사용하기 시작했으며, 이후 '농악'이나 '두뢰' 그리고 '매귀'라는 용어와 섞어 사용하였다.

조선에서는 왕이 행차할 때의 고취나 사신을 접대할 때의 연향에 쓰였던 것이 풍물이었다. 고종 34년(1897) 10월 13일 고종이 황제의 자리에 올라, 국호를 '대한(大韓)'으로 정하고 이해를 광무(光武) 원년(元年)으로 삼은 후, 순종 3년(1910) 8월 29일 한국의 통치권을 일본제국에게 양여할 때까지 풍물은 사용되었던 것이다.

대한제국이 패망하고 왕실이 해체된 이후에는 풍물이라는 용어를 사용할 일이 없게 되었다. 그러나 1912년 무렵부터 풍물이라는 용어가 새롭게 부활하였는데, 각종 신문이나 잡지에서 민간에서 연행하던 '농악'이나 '두뢰' 그리고 '매귀'를 '풍물'이라고 지칭하기 시작하였던 것이다.

'농악'이나 '두뢰' 그리고 '매귀'를 '풍물'이라고 지칭한 것은 탁월한 선택이었다고 할 수 있다. '풍물'은 조선 시대 군악이 연주하던 고취나 외국의 사신을 접대할 때 사용하였던 연향악의 면모를 이어받았기 때문이다. 그러나 다른 한편으로는 '농악'이나 '두뢰' 그리고 '매귀'라는 용어가 각각 내포하고 있는 독특한 면모를 뭉뚱그리는 폐단이 있는 것도 사실이다.

필자는 이 책을 통해 우리 민족의 특질을 드러내는 장단과 가락에 대해 살펴보고자 했다. 백제의 노래 '정읍사'와 신라의 '처용무'가 지금까지 면면히 이어지듯이, '농악'이나 '두뢰' 그리고 '매귀'에는 우리 민족의 리듬적 특성이 온전하게 배어 있으며, 오행진법과 그 가락에는 우주의 운행을 본받고자 하는 문화적 미감이 상감되어 있다.

우리의 향악은 단지 육보(肉譜)로 악보를 삼았다. 소삭완급(疎數緩急)의 절도가 복잡하고 세밀하여 규칙적이지 않았기 때문이다. 세종과 박연은 우리 향악뿐만 아니라 어떠한 음악도 기록할 수 있는 악보를 창제하였는데, 8정간으로 된 32정간의 악보였다.

8정간은 3-2-3, 2-3-3, 3-3-2로 변형되기도 하는데, 2수 체계도 아니고, 3수 체계에도 속하지 않는다. 한 마디로 무수(無數) 체계라 할 수 있는데, 어떠한 수적 체계라 할지라도 표기할 수 있는 체계라 할 수 있다.

8정간을 기본단위로 하는 세종악보는 매화점 5점 8박의 체계로 이어지고, 양식척(量息尺) 4식의 체계로 이어진다. 양식척은 왼손 위쪽에 있는 기구맥(氣口脈)이 여섯 번 뛰는 것을 1식으로 삼는 체계이다. 기구맥 3회가 날숨 호(呼)에 해당하고, 나머지 기구맥 3회는 들숨 흡(吸)에 해당한다. 양식적 또한 호흡 2수 체계와 기구맥 3수 체계의 복합체계이며, 5점 8박의 체계라 할 수 있다.

　매화점 5점 8박, 양식적의 호흡 2수 체계와 기구맥 3수 체계로 된 복합 체계는 '농악'이나 '매구'에서 세마치나 네마치 장단 등의 12차 36가락으로 나타난다. 그러나 이 책에서는 '농악 12차'나 '호남농악', '남사당 풍물'에서 언급하고 있는 구체적인 장단과 가락에 대한 연구로까지 나아가지 못한 한 계가 있다. 일례로 '농악 12차'에는 '도드리'라는 장단이 있는데, 이 장단은 어떠한 장단이며, 무슨 이유에서 '농악 12차'에 포함되었는지에 대한 연구를 진행하지 못한 것이다.

　또한 '농악 12차'나 '호남농악', '남사당 풍물' 외에 다양한 '농악'과 '두레' 와 '매귀'가 현존하지만, 이에 대해서도 접근하지 못하였다. 그리고 재인(才 人)들의 인명록을 정리하고 싶었지만 이 또한 일부분에 그치고 말았다. 이 에 대한 연구가 지속되기를 기대해본다.

　'풍물의 미학'을 연구해보겠다고 덤벼든 지 어언 3년이 되었다. 그나마 조그만 결실이라도 맺게 되어 다행이다. 그동안 연구에 힘쓰라고 격려해주 신 경인일보에 감사드리고, 또 출판하게 도와주신 인천문화재단에게도 감 사드린다. 무엇보다 늦은 나이에 공부하겠다고 나섰을 때 묵묵히 뒷바라지 해준 가족 모두에게 감사드린다.

2024. 09.
소래포구 해우재(解牛齋)에서
송성섭 쓰다

1장
풍물을 둘러싼 여러 가지 문제들

풍물(風物)이란 무엇인가?

요즈음 전 세계적으로 한류 열풍이 드세다는 것에 놀라는 사람은 거의 없을 것이다. BTS가 2018년 아메리칸 뮤직 어워드에서 최고의 소셜 아티스트상을 수상한 것을 비롯하여 봉준호 감독의 〈기생충〉(2019)이 제92회 아카데미상에서 작품상과 감독상을 탄 바 있으며, 배우 윤여정이 영화 〈미나리〉(2020)로 오스카 여우조연상을 받았다. 예전에는 상상조차 할 수 없었던 일이 현실에서 벌어지고 있는 것이다. 게다가 넷플릭스 오리지널 드라마 〈오징어 게임〉은 2021년 전 세계 1억 4천 200만 가구에서 시청한 대단히 인기있는 콘텐츠가 되었다. 옛날에 우리가 즐겨 놀았던 '딱지치기'가 전 세계 사람들이 좋아하는 놀이가 되었고, '달고나' 같은 한때의 '불량식품'이 선풍적인 인기를 끌었을 뿐 아니라 미국 뉴욕의 타임스퀘어 한복판에서는 '무궁화꽃이 피었습니다'가 울려 퍼졌다.

우리나라 최초의 미학자로 평가받는 우현(又玄) 고유섭(高裕燮, 1905~1944)은 노에마적으로 형성된 우리 문화의 성격적 특색을 "무기교(無奇巧)의 기교" "무계획의 계획"이라고 간파한 바 있다. 그는 우리 도자공에 기물의 형태가 원형적(圓形的) 정제성을 갖지 않고, 왜곡된 파형(跛形)을 많이 이루고 있다는 점에서 음악적 율동성을 꿰뚫어 보았으며, 조선 예술의 선적(線的)인 특성을 발견하였다. 고유섭에 의하면, 우리 민족의 피에는 예술가적 DNA가 잠재되어 있다는 것인데, 지금의 한류 열풍 현상은 이 DNA가 분출된 효과라고 해도 그리 잘못된 말이 아닐 것이다. 지금과 같은 추세라면 풍물(風物)이 전 세계적으로 유행할 날도 그리 멀지 않았다고 전망할 수 있다. 그렇지만 풍물의 경우, K-Pop이나 K-영화처럼 전 세계인의 마음을 사로잡을 만한 콘텐츠인가 하는 근본적인 질문에 대답할 수 있어야 한다. 또 풍물이 다른 문화적 장르처럼 세계적인 유행을 추동할 수 있는 준비나 역량이 있는가 하는 질문에도 충실한 답변을 준비해야 한다. 사실 주어진 질문에 선뜻 그렇다고 대답하기 어렵다는 것이 작금의 현실이고 고민이다. 이런 고민은 종국적으로 풍물에 관한 미학적 연구가 아직은 많이 부족한 게 아닐까 하는 문제와 맞닥뜨리게 된다. 하나의 현상이 현실화되기 위해서는 예술가의 존재만이 아니라 그 예술의 토대가 되는 미학적 연구도 반드시 수반되어야 한다. 그렇지 않으면 백일천하로 그칠 공산이 크다.

무엇보다 먼저 풍물을 둘러싼 개념부터 정리할 필요가 있다. 어떤 이는 풍물이라고 하고, 어떤 이는 농악(農樂)이라고도 하고, 어떤 이는 매구라고도 하며, 어떤 이는 두레 풍장이라고도 하는데, 모두 그 근거를 따져볼 필요가 있다.

풍물이라는 용어는 조선시대에 처음 등장한다. 조선의 정치, 경제, 사회, 문화 등을 다룬 당시 조선 사회의 근간이 되었던 법전인 『경국대전(經國大典)』은 크게 육전(六典)으로 구성되어 있는데, 그 중에 공전(工典)은 공조(工曹)와 그에 소속된 상의원(尙衣院)과 선공감(繕工監) 같은 기관의 업무에 관한 규정을 싣고 있다. 이런 기관 중에 국가와 왕실의 공식적인 행사에서 악(樂), 가(歌), 무(舞)를 담당하는 장악원(掌樂院)이 있었는데, 이곳에 소속된 풍물장(風物匠)이라는 장인이 있었다. 여기서 특별히 주목할 것은 장악원이라는 기관이다. 장악원의 전신은 장악서(掌樂署)였다. 세조 4년(1458) 7월 1일, 향악과 아악이 별개가 아니라는 이유로 전악서와 아악서를 합하여 장악서라고 하였고, 세조 12년(1466) 6월 2일 기사를 보면 장악원 장악(掌樂院 掌樂)이라는 관직명이 처음으로 등장한다. 이런 사실로 보면, 풍물장이라는 용어를 세조 이전으로 소급하기는 어려운데, 그 이유는 『경국대전』의 공전이 완성된 것이 세조 12년(1466)이기 때문이다.

풍물이라는 용어가 『조선왕조실록』에서 처음 등장하는 것은 연산군 때이다. 연산 11년(1505) 1월 10일에 기생인 "대우도(帶雨桃)·연연아(燕燕兒)는 예의만을 익힐 것이 아니라 풍물(風物)도 가르치되 마땅히 타이르기를 '위리(圍籬) 안에 있어 적막할 듯하나 입고 먹는 것은 국고에서 제공할 것이니, 마음을 너그러이 갖고 익혀야 한다'"는 기사가 실려 있다. 당시 기생들이 풍물을 배운 것은 분명하지만, 정작 여기서 말하는 풍물이 무엇을 뜻하는지는 여전히 명확하지 않다.

풍물이라는 용어의 연원이 그렇다 하더라도, 임금의 의복을 진상하고, 대궐 안의 재물과 보물 일체의 간수를 맡아보던 기관인 상의원에 풍물장 8인이 소속되어 있었고, 또 아악과 향악을 관장하던 장악원에 풍물장 4인이 소속되어 있었다면, 과연 이들은 어떤 역할을 하였을까? 같은 업무를 수행하고 있었을까, 아니면 각기 다른 업무를 하였을까?

풍물과 관련하여 반드시 살펴보아야 할 내용이 또 하나 있다. 그것은 다름 아닌 군기시(軍器寺)에 소속된 쟁장(錚匠)과 고장(鼓匠)이다. '시(寺)'는 관청을 뜻한다. 중국 후한(後漢) 명제(明帝) 때 서역에서 불교가 들어오면서 불상이 함께 전래되었을 때, 불상을 안치할 종교적 건물이 없어서 잠시 홍려시(鴻臚寺)라는 외무관아에 봉안한 일이 있었다. 이 때문에 관아적 의미였던 '시'에서 불교건축을 의미하는 '사(寺)'라는 용어가 파생되었다. 군기시(軍器寺)는 병기·기치·융장(戎仗)·집물 등의 제조 업무를 관장하기 위해 설치한 관청인데, 이 중에 징(鉦)을 만드는 쟁장과 북을 만드는 고장이 소속되어 있었던 것이다. 그렇다면, 풍물과 군악(軍樂)은 어떤 관계가 있었던 것일까? 이처럼 풍물을 둘러싼 의문은 안개 속에 싸여 있기에 이를 해명하기 위한 시간이 좀 더 필요할 것으로 보인다.

1부
풍물의 유래

1) 풍물, 「연산군일기」에 처음 처음 등장

『조선왕조실록』에 풍물(風物)이란 용어가 처음 등장하는 것은 연산군 때이다. 연산군은 1505년 1월에 기생인 '대우도와 연연아에게 위리(圍籬) 안에서 풍물을 배우라'고 명한 바 있다. 그런데 연산군은 왜 이들에게 의식주를 해결해주고 외부와 격리된 시설에서 풍물을 배우는 데 전념할 것을 요구한 것일까? 그리고 이들이 배운 풍물이란 도대체 무엇일까?

연산군은 조선 왕조의 제10대 왕이었다. 즉위 초에는 성종의 치세 덕분에 사회가 어느 정도 안정되었으나 재위 4년차부터 패륜과 패악이 시작되었고, 무오사화와 갑자사화로 인하여 수많은 사림이 희생되었다. 문신들의 따가운 소리를 귀찮게 여겨 사간원과 홍문관 등을 없앴고, 여론과 관련된 제도들도 모두 중단시켜버렸다.

연산군은 음주가무에 몰두한 군왕이었다. 그는 1504년 12월 22일 홍청(興淸)·운평(運平)·광희(廣熙) 악명(樂名)을 정하였는데, 홍청이란 사예(邪穢)를 깨끗이 씻으라는 뜻이요, 운평은 태평한 운수를 만났다는 뜻이었으며, 광희는 광대(廣大)와 상통한다. 그러나 홍청·운평·광희의 음악 소리가 높아지면 높아질수록 백성들의 원성은 커져만 갔다.

재주가 뛰어난 기녀 중에서 자색이 있는 자를 홍청으로 삼았는데, 그 수는 300명이었고, 운평은 1천 명이었으며, 속악을 담당하고 있는 노비 출신의 악공과 아악을 맡고 있는 양인 출신의 악생을 뜻하는 광희도 1천 명이나 되었다. 그에 비해 세조 때 악생과 악공은 합해서 500명이었고, 정조 때는 악공 168명에 악생은 90명에 불과하였으니, 연산군 때의 규모를 통해 얼마나 흥청망청했는지 짐작할 수 있다.

흥청·운평·광희에 소속된 2~300명의 남녀가 모였기 때문에, 남녀 사이의 문제가 발생할 수밖에 없었다. 연산 12년 2월 17일의 기록에 의하면, "함안(咸安)에 정역(定役)한 광희악(廣熙樂) 김귀손(金龜孫)이 본래 광희로서 총률(摠律)로 올랐으나, 국법을 경멸하고 운평 관홍군(冠紅群)을 간음하고자 하다가 듣지 않자, 신발로 그 얼굴을 때려 상하게 하였으니, 율에 의하여 베어 죽이고" 해서 광희와 운평이 서로 어울리지 못하게 한 적이 있었다. 전국 각지에서 기녀와 악공을 뽑았으니, 이들을 가르치는 것도 일이었다. 그래서 장악원을 원각사로 옮기고 이들을 외부로부터 격리시켜 각종 기예를 배우도록 하였으니, 위에서 말한 대우도와 연연아도 이러한 처지에 놓였던 것이다.

연산군 때의 기록을 보면, "풍물 및 처용무의 각종 장식을 소지하고", "현수(絃首)인 물단(勿丹)·옥지(玉之)·종비(終非)·오존(吾尊)·자지(者只)·돌금(石乙今)은 각각 풍물(風物)을 지니고 당장 취홍원(聚紅院) 문밖에 모이라."는 등의 표현이 등장한다. 그렇다면 도대체 풍물은 무엇을 의미할까? 『조선왕조실록』에서는 풍물을 만드는 데 필요한 재목과 죽재 등을 사들였다고 기록하고 있으니, 목재나 대나무로 만든 것이라 추정할 수 있다.

풍물에 관한 또 다른 기록은 의외로 『추관지(秋官志)』에서 찾을 수 있다. 『추관지』는 정조 때 형조좌랑 박일원이 형정과 재판에 참고할 목적으로 각종 법례와 판례를 비롯하여 범죄에 관한 국왕의 판결 등을 모아 편찬한 책이다. 이 『추관지』 「고율부(考律部)」에 보면, 영조 때 죄인 양천표가 크게 취하여 풍물고(風物鼓)를 파괴하였다는 기록과 함께 그 죄목을 나열하고 있다.

이와 같은 기록은 영조 23년(1747) 2월 『승정원일기(承政院日記)』에서도 확인할 수 있다. 초군 양천표가 크게 취하여 창덕궁 인정전 남쪽 월랑에 안치해놓은 풍물고를 두 주먹으로 번갈아 대여섯 차례 가격했다는 것이다. 이에 대해 『추관지』에서는 병신년(丙申年)의 판례에 따라 사형을 면하기 어렵다는 견해를 제시하였으니, 양천표는 풍물고와 그의 목숨을 바꾼 셈이 되었다.

2) 현행 풍물과 관련된 과제들: 매구

이제까지의 검토를 통해 풍물이라는 용어를 사용할 때 그 문헌적 정당성은 확보했다고 할 수 있다. 『경국대전』이나 『조선왕조실록』, 『승정원일기』 등의 여러 문헌에서 풍물이라는 용어를 확인했기 때문이다. 그러면 풍물과 관련해서 향후 살펴보아야 할 것은 무엇일까?

조선시대의 문헌에 등장하는 풍물이라는 용어는 왕실과 관련된 용어이기에 현재 우리가 사용하고 있는 풍물과는 다른 개념이다. 현행 풍물이 왕실의 풍물로부터 직접 유래한 것이 아니기 때문이다. 그렇다면 조선시대 왕실에서 사용했던 풍물과 현행 풍물이 어떤 연관 관계가 있는지 먼저 밝혀야 할 것이다.

현행 풍물과 직접적인 연관성이 있는 용어는 '농악', '두레 풍장', '매구', '남사당 풍물'이라고 할 수 있다. 풍물이라는 용어는 1920년대의 각종 신문이나 잡지 등에서 쓰이고 있었다. 그런데 풍물이 정부의 공식적인 문서에 처음 등장하는 것은 1968년의 무형문화재 조사보고서 제40호 「남사당」에 관한 문건이다. 이때 버나(대접돌리기), 살판(땅재주), 어름(줄타기), 덧보기(가면무극), 덜미(꼭두각시놀음)와 함께 풍물(농악)도 조사 대상의 하나였고, 이 조사의 담당자는 심우성 씨였다.

무형문화재 조사보고서는 제1호 「꼭두각시놀음」, 제2호 「양주산대놀이」, 제3호 「종묘제례악」, 제4호 「갓일」, 제5호는 「오광대」였는데, 모두 1964년 문화재관리국이 조사해서 보고한 것이었다. 그 이후 1965년 제9호 「농악12차」를 보고하였고, 1967년에는 제33호 「호남농악」을 보고하였다. 그리고 1968년에 제40호 「남사당」을 조사해서 보고하였는데, 이때 처음으로 조사자인 심우성 씨가 풍물이라는 용어를 정부 공식 문서에서 사용하였던 것이다.

우리는 3장에서 '농악', '두레 풍장', '매구', '사당'에 관한 유래와 역사에 대해 상세하게 살펴볼 것이다. 농악에 관한 언급은 이미 17세기 중엽부터 볼 수 있으며, 18세기 중반에는 농악이라는 용어가 각종 사료에 직접 등장하기도 한다. 마찬가지로 '두레'나 '사당' 같은 용어도 18세기 말에 등장하는데, 이에 대해서도 향후 자세하게 살펴볼 것이다.

여기에서는 우선 풍물을 지칭하는 또 다른 용어 중의 하나인 매구에 관해 간단하게 살펴보려고 한다. 매구는 매귀라고도 한다. 그런데 이 매귀(埋鬼)는 도대체 어디에서 유래한 것일까? 영조 25년(1749)에 권상일(權相一, 1679~1759)이 편찬한 울산의 지방지 『학성지(鶴城誌)』를 보면, 울산의 역사와 문화, 인물 등을 소개하면서 풍속 항목에서 '매귀습(埋鬼習)'에 관한 내용을 비교적 소상하게 기술하고 있다.

"매귀악(埋鬼樂): 역귀를 쫓아내는 것으로 『논어』 「향당편(鄕黨篇)」의 '향인나(鄕人儺)'의 유풍이다. 매년 섣달에 마을 내의 한 사람에게 그 일을 관장하게 하여, 지기(紙旗)를 만들게 하여 뜰 가운데에 세운다. 나이가 적은 유희의 무리가 각기 쟁(錚)과 북을 가지고, 달밤에 그 아래를 둥그렇게 돌면서, 그 악(樂)을 배우는 것을 즐기니, 언문시(諺詩)에서 말하는 '매귀습(埋鬼習)'이 이것이다. 정월 15일이 되면, 또 큰 종이 깃발(大紙旗)을 마을 가운데에 세우고, 각기 술과 음식을 갖추어 깃발 아래 모여서 먹고 마시는데, 사람들이 오채화(五綵花)를 꽂고, 온갖 백희(百

> 戱)를 갖추어 펼쳤다. 또 기두(魌頭) 가면으로 놀이를 하면서, 마을 문을 잇달아 가면서, 집의 뜰을 어지럽게 밟으니 그것을 '답지신(踏地神)'이라고 한다. 오후 서너 시 무렵에 각기 사목을 지고 와, 사방으로 통하는 거리에 모아 두었다가, 지기(紙旗)와 함께 사목을 태운다. 음악을 연주하면서, 속된 말로 '등광걸아괘보살'이라는 가사를 지었는데, 이 일곱 자를 천천히 교대로 창하면서, 그것이 다 타서 불똥이 되기를 기다린다. 그러므로 매귀악 역시 '등궐살'이라고도 하는데, 방언에 '사목(査木)'을 '등궐(騰厥)'이라 하고, 불태우는 것(燒)을 살(殺)이라고 한다."[1]

권상일의 『학성지(鶴城誌)』에서는 쟁과 북을 배우는 '매귀습'뿐만 아니라 정월 대보름 때 백희와 '답지신'까지 연행하였다고 밝히고 있다. 그런데 쟁(錚)은 어떠한 악기이며, 언제부터 민간에서 사용되었을까? 그리고 백희는 또 무엇인가?

매귀유에 대한 또 다른 설명이 기록된 문헌이 있는데, 조선 영조 연간(1757~1765)에 왕명으로 각 읍에서 편찬한 읍지를 모아 55책으로 편찬한 『여지도서(輿地圖書)』「울산부읍지(蔚山府邑誌)」의 풍속편에 보면 그 내용이 다음과 같이 실려 있다.

> "매귀유(埋鬼遊): 매년 정월 보름날, 동리 사람들이 깃발을 세우고 북을 치는 것을 매귀유라고 한다. 대개 나례가 후세에까지 남겨진 풍속인데, 부정을 없앤다는 뜻이다."[2]

---

1 한양명, 「울산 매귀악(煤鬼樂)의 성격과 민속사적 의의」(비교민속학 제56집, 2015), 290~291쪽 참조. 방점과 번역은 필자에 의함. "煤鬼樂 所以逐疫, 鄕黨篇鄕人儺之遺意也. 每歲季冬似洞中一人使掌其務, 作紙旗, 竪于庭中, 年少遊戱之徒, 各持錚鼓, 好以月夜, 周環其下, 習肄其樂, 諺詩謂煤鬼習者, 此也. 至正月十五日, 又竪大紙旗於村中, 各具酒食, 會飮旗下, 人揷五綵花, 勝百戱具陳, 又以魌頭假面作戱, 押行里閭, 亂踏家庭謂之踏地神. 晡時各負査木, 聚置通衢, 幷與紙旗焚査, 作樂以俚言作呵辭曰'騰光厥兒掛菩薩', 以此七字緩緩交唱, 以待其燼, 故煤鬼樂亦名騰厥殺, 方言謂査木爲'騰厥', 謂'燒'爲'殺'"

2 『輿地圖書』「蔚山府邑誌」(국사편찬위원회, 한국사료총서 제20집). "埋鬼遊每年正月望日, 閭里之人, 建旗擊鼓謂之埋鬼遊, 蓋儺禮遺風, 除祓之義."

매귀(埋鬼)는 경상남도 함안 군수를 지낸 오횡묵(吳宖黙)의 『경상도함안
군총쇄록(慶尙道咸安郡叢瑣錄)』에도 등장하는데, 기축년(己丑年)인 고종
25년(1889) 12월 30일 일지에서 그는 이렇게 기록하고 있다.

"30일, 신축. … 갑자기 문 밖에서 사람들이 떠들썩하는 소리가 들리고, 홀연히 사
롱에 불을 붙여 살라, 뜰의 섬돌을 밝히었다. 나는 '통인(通引)'을 불러 물었는데,
이른바 관속배 정조 문안이라 하는 것이었다. 잠시 차례대로 문안한 후, 갑자기
북, 뿔피리, 징, 생황의 소리가 나면서, 아동 30여 명이 호응하며 들어오고, 이어서
장정이 거의 수십 명이, 각각 관장하는 것을 잡고, 음악을 광장에서 연주하였다.
쇠 소리와 가죽 소리가 서로 융합하고, 춤추고 뛰면서 먼저 나아가는 도중에, 한
큰 사내 가면 속에, 어렴풋한 꼭두각시가 동에서 번쩍하고 서에서 갑자기 사라지
고, 구부리기도 하고 머리를 쳐들기도 하고, 오만한 소리로 거만한 작태를 하거나
엎드린 체하여 바람 속에 있는 모양을 하기도 하였는데, 담장에서 보던 자들이 배
를 움켜쥐고 마치 실성한 것 같았다. 또한 몇몇 묘한 무동이 어른의 어깨 위에 똑
바로 서서, 손을 들고 훨훨 날갯짓하며, 춤추고 나아가기도 하고 물러나기도 하였
는데, 세속에서는 매귀희라 하였다."[3]

조선에서는 매년 12월 말일 즈음에 제야(除夜) 행사를 하였다. 이때 계동
나례희(季冬儺禮戲)가 벌어지기도 하였는데, "갑자기 북, 뿔피리, 징, 생황
의 소리가 나면서, 아동 30여 명이 호응하며 들어오고, 이어서 장정이 거의
수십 명이, 각각 관장하는 것을 잡고, 음악을 광장에서 연주하였다. 쇠 소리

3 吳宖黙, 『慶尙道咸安郡叢瑣錄』(한국학중앙연구원, K2-4209_001), 257쪽~258쪽 참조. "三十日辛丑, …
忽聞門外有衆人喧聒之聲, 忽然燃炬紗籠, 煒煌庭除, 余招通引問之, 所謂官屬輩正朝問安云也. 靈頃次第
問安後, 忽有鼓角鉦笙之聲, 兒童數三十名呼應而入, 繼以壯丁幾數十名, 各執所長, 張樂於廣場, 金革相盪,
蹐躍跌先就中, 一大漢面裏, 偎儡東閃西忽, 乍俯乍仰, 或慢聲作倨傲之態, 或佯仆作中風之樣, 如墻觀者,
莫不捧腹失聲, 又有幾箇妙童直立於大人肩上, 擧手翩翩, 舞進舞退, 俗所謂埋鬼戲也."

와 가죽 소리가 서로 융합하고, 춤추고 뛰면서 먼저 나아가기도 하였다."는 묘사는 지방에서 벌어진 계동나례희와 관련이 있어 보인다. 또 이때 꼭두 각시 공연도 이어졌으며, 무동들이 성인의 어깨 위에 올라타 춤추는 연행도 진행되었는데, 이러한 매귀희는 현행 풍물과 어떠한 관계가 있는 것일까?

3) 현행 풍물과 관련된 과제들: 악기, 치배, 복색

풍물은 악기와도 관련이 있다. 그런데 조선시대에 풍물을 지칭하는 악기는 지금 풍물에서 사용하는 악기와는 그 양상이 달랐다. 특히 각종 『의궤』에는 풍물에 속하는 악기를 언급하고 있는데, 현행 풍물과 연관되는 부분도 있지 만, 전혀 연관이 없는 부분도 있다. 우리는 이러한 과정을 추적해보려고 한 다. 그리고 풍물이 변천하는 과정을 살펴보고, 어떻게 오늘날과 같은 풍물 의 모습을 띠게 되었는지도 고찰해보고자 한다.

　　조선시대에 풍물을 치던 사람들은 어떤 사람들이고, 그들은 언제부터 그런 악기를 치기 시작했을까? 그들은 어떤 사회 계층에 속하였을까? 『삼국 사기(三國史記)』 「잡지(雜志)」에 의하면, 신라 때에는 악공을 '척(尺)'으로 불 렀다는 기록이 있다. 그리고 고려 및 조선시대에도 '수척', '화척', '양수척'이 라는 용어가 등장하는데, 풍물을 치던 사람과 관련이 있었을 것으로 추정된 다. '척(尺)'은 이른바 장사치, 갓바치 등의 경우에서 볼 수 있는 것처럼 '치'로 도 발음한다. 이들은 '재인(才人)' 혹은 '희자(戱子)'라고도 불렸는데, 이들의 생활상을 추적해보면 조선시대 풍물을 치던 사람들의 윤곽을 그려볼 수 있 을 것이다.

　　현행 풍물과 관련하여 해결해야 할 것이 또 하나 있는데, 바로 '장단'이 다. 예를 들면, '휘모리'라는 장단은 어디에서 연유한 것일까? '휘모리'를 비

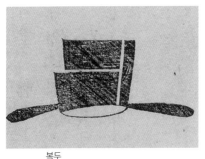
복두

진현관

무변

롯하여 '중중모리', '중모리', '엇모리', '단모리' 등의 장단은 언제, 무엇 때문에 치던 것일까? 또한 '세마치', '네마치'는 무엇을 의미하는가? 그리고 '삼채', '오채' 등의 장단은 어디에서 유래한 것일까? '채'는 무엇을 뜻하는 것일까? 의문의 꼬리는 계속 늘어만 간다.

세상에는 잘 변하는 것과 잘 변하지 않는 것이 있다. 잘 변하는 것으로 '복색'을 들 수 있다. 예로부터 왕조가 바뀌면 복색을 제정하여 시대가 바뀌었다는 것을 드러내었다. 『신당서(新唐書)』를 보면, 고구려의 경우에 왕의 복장은 하얀 비단을 숭상하였고, 대신들은 청색을 숭상하였다. 백제의 왕은 자줏빛의 도포를 입었고, 군신들은 진홍색의 상의를 입었으며, 신라인들은 백색을 숭상하였다.

잘 변하지 않는 것 중의 하나가 바로 악공들이 쓰는 관(冠)이다. 조선 성종 때 성현이 지은 『악학궤범(樂學軌範)』을 보면, 우방(右坊)의 악사, 악공 및 아악 등가의 도창악사는 복두(幞頭)를 썼으며, 아악, 속악의 문무(文舞)는 진현관(進賢冠)을 썼고, 아악의 순·탁·요·응·아·상 등의 악공은 무변(武弁)을 하였다고 전한다. 그런데 복두는 신라의 악공들이 쓴 당나라의 관이고, 진현관은 일명 위모관이라고도 하는데, 주(周)나라(기원전 1046~기원전 256)의 제도이다. 그리고 무변은 '모퇴(毋追)'라고도 하는데, 하나라의 제도이다.

그런데도 지금 국립국악원의 악기 연주자나 춤추는 사람들 또는 노래하는 사람들이 이러한 관들을 사용하고 있으니, 그 끊이지 않는 생명력을 엿볼 수 있다. 그렇다면, 풍물에서 사용하고 있는 상모(象毛)와 12발 상모를 돌릴 때 쓰는 관은 어떤 제도와 관련이 있을까? 그리고 이 관에서 우리는 어떠한 정보를 얻을 수 있을까?

현행 풍물에는 고깔을 쓰기도 하지만, 전립에 상모를 쓰기도 한다. 위에서 언급하였지만, 조선시대 풍물을 연주하던 사람들은 이러한 고깔이나 상모를 사용한 적이 없다. 그렇다면, 현행 풍물은 언제 무슨 이유로 이러한 것을 사용하게 되었을까?

모든 의문은 조선시대의 풍물과 현행 풍물과의 차이에서 연유한다. 앞으로 2장에서 조선시대의 풍물에 관하여 살펴볼 것이다. 그리고 3장에서는 현행 풍물이 어떠한 과정 속에서 탄생하였는지, 그리고 조선시대의 풍물과 현행 풍물은 어떠한 관계에 있었는지 자세하게 살펴볼 것이다.

조선시대의 풍물은 왕실에서 사용한 것이었고, 현행 풍물은 민간에서 사용한 것이었다. 따라서 왕실에서의 풍물과 민간에서의 풍물은 다른 것이라고 할 수 있다. 그렇지만 한편에서는 이들은 같은 의미를 지닌다고 할 수도 있는데, 이들과의 관계를 파악하는 것이 풍물의 실체를 밝히는 하나의 관건이라고 할 수 있다.

2장

풍물, 왕실에서 고취나 연향 때 사용했던 악기

1부
풍물과 악기

1) 소리가 서로 공존하며 돕는 것이 평화(平和)

조선시대 풍물은 악기를 가리키지만, 제사 때 사용하는 악기나 조회 때 쓰이는 악기를 지칭하는 것은 아니었다. 일반적으로 제사 악기나 조회 악기는 여덟 가지 종류로 나뉘는데, 이를 팔음(八音)이라고 한다. 팔음은 금속악기(金), 석재악기(石), 현악기(絲), 죽재악기(竹), 바가지로 만든 악기(匏), 흙으로 만든 악기(土), 가죽악기(革), 목재악기(木)를 가리킨다.

　팔음은 팔풍(八風)을 본떠 만든 것이었다. 그런데 그것은 사시(四時)를 비롯한 팔시(八時)와 관계가 있다. 즉 봄, 여름, 가을, 겨울 그리고 가을과 겨울의 사이, 여름과 가을의 사이, 봄과 겨울의 사이, 봄과 여름의 사이와 관련이 있다. 그런데 팔시(八時)는 또한 팔방(八方)과 관련된다. 팔방은 사방(四方)과 사유(四維)로 구성되어 있는데, 사방은 남북을 가리키는 자오(子午)와 동서를 지칭하는 묘유(卯酉)를 말하고, 사유는 북동과 북서, 남동과 남서를 지칭한다. 또한 팔방은 팔괘(八卦)와 관련이 있다. 팔괘는 건괘(☰, 하늘), 곤괘(☷, 땅), 간괘(☶, 산), 손괘(☴, 바람), 감괘(☵, 물), 이괘(☲, 불), 진괘(☳, 우레), 태괘(☱, 연못)를 말한다.

　음악을 시작하거나 마칠 때에는 목재악기인 축(柷)과 어(敔)라는 악기를 사용하였다. 축의 형상은 사방 2척 4촌, 깊이가 1척 8촌이다. 음(陰)은 2와 4에서 시작하여 8과 10에서 마치는데, 양(陽) 1이 음인 4와 8을 주관하여 음악을 시작하게 한다. 어(敔)의 형상은 호랑이가 엎드려 있는 것과 같다. 등에는 톱니 같은 차어가 27개 있는데, 그것은 3×9의 수이고, 채의 길이는 1척이니 10의 수이다. 양은 3에서 이루어지고 9에서 변하는데, 음 10이 이를 이기어 음악을 그치게 한다. 음악을 시작할 때

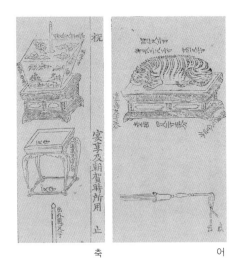

축   어

축을 치는 것은 경계하고자 하는 뜻이고, 음악을 그치게 할 때 어를 치는 것은 채로 톱니 같은 등을 세 번 쓸어내어 마지막까지 깨끗하게 하려는 뜻이 담겨 있다.

음악을 연주할 때는 먼저 북을 쳐서 경계한 뒤에 종으로 응하게 한다. 우레는 양기가 쌓인 뒤에 소리가 나고, 벌레는 우레 소리를 듣고 겨울잠에서 깨어난다. 따라서 북을 만들 때 가죽을 메우는 일은 경칩에 했다. 북 소리는 우레를 상징하고, 북의 둥근 형체는 하늘을 상징한다. 따라서 북은 뭇 악기의 우두머리가 된다. 이와는 반대로 종은 여러 악기들을 통솔하여 충실하게 하므로 땅을 상징한다. 하늘이 먼저이고 땅이 그 뒤를 따르는 것처럼, 북을 먼저 치고 종을 그 다음에 친다.

팔음에서 경(磬)이 임금이 된다. 그 소리가 맑고 밝으며 영롱하게 울릴 뿐만 아니라, 시간이 지나도 줄어들지 않고 한결같아서 뭇 악기들이 경 소리에 의존할 수 있기 때문이다. 그 때문에 조선에서는 "전쟁이 나면 편경을 가장 먼저 숨겨라"(『대전통편(大典通編)』)는 법령이 있었고, "악공들이 종과 경을 받은 뒤에 조심해서 간수하지 못하여 파손시킨 경우에 곤장 백 대를 치고, 고

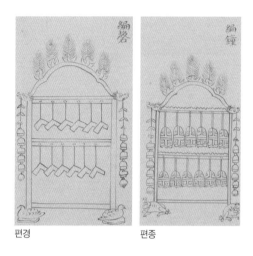
편경 　　　　　편종

된 노동을 시키는 형벌에 해당하는 도(徒) 3년에 처한다"(『경국대전』)는 율령이 있었다.

동양에서 팔음을 통해서 추구하는 음악은 어떤 지평일까? 중국 춘추 말기 노(魯)나라의 역사가였던 좌구명(左丘明, 기원전 556~기원전 451)이 지은 『국어(國語)』에 의하면, "소리와 응하는 것이 서로 돕는 것을 화(和)라고 하고, 가느다란 소리와 큰 소리가 서로 넘지 않는 것을 평(平)이라 한다(聲應相保曰和, 細大不逾曰平)"고 하였다. 하나의 소리가 다른 소리를 압도하지 않고, 서로 사이좋게 공존하며 돕는 것이 평화라는 것이다. 이는 단적으로 우주의 조화를 뜻한다. 우주가 조화롭게 운행하는 모습을 본뜬 것이 음악이다.

이로부터 보면, 풍물에서 풍(風)은 팔풍(八風)에서 유래한다고 할 수 있지 않을까? 『춘추좌전(春秋左傳)』 은공 5년의 기록에 의하면, "춤은 팔음을 절주하여 팔풍을 행하는 것(夫舞, 所以節八音而行八風)"이라고 한다. 그렇다면 풍물은 팔시(八時)와 팔풍 그리고 팔방(八方)과 팔괘(八卦)를 상징하는 기물이라고 할 수 있다. 결국 중요한 것은 바람이다. 바람이 불어야 계절이 생긴다. 바람이 바뀌어야 계절이 바뀐다. 금(金)·석(石)·사(絲)·죽(竹)·포(匏)·토(土)·혁(革)·목(木)에 바람이 불어야 소리가 나며, 그것이 팔음이다. 우주의 조화로운 기운을 받아 팔풍을 일으키는 것이 풍물이다. 그렇다면 제사악기나 조회 악기와 구별되는 풍물은 어떤 기물을 가리키는 것일까?

2) 풍물, 천한 사람들이 연주하는 귀한 음악

풍물은 서로 상반되는 두 개의 성질이 새끼줄처럼 꼬여 있는 이중 구조로 짜여 있다. 풍물은 악기이면서 악기가 아니다. 그래서 악기와 구별해서 풍물이라고 부른다. 풍물은 연희악이면서 군악이다. 또한 풍물은 민간악이면서 궁중악이며, 그래서 천하면서도 귀하다. 미천한 재인, 백정, 백수, 무당, 기생이 연주하는 음악인 동시에 왕실에서도 연주했던 음악이 바로 풍물이다.

우선 연희악적 면모는 연산 11년 1월 15일의 기록에 잘 나타나 있다. 연산군은 여기에서 풍물로 보이는 당비파(唐琵琶)와 현금(玄琴), 가야금(伽倻琴), 호가(胡笳), 적(笛), 필률(觱篥) 등의 악기를 언급하고 있다.

> "많은 악기 중에서 당비파와 현금 따위가 듣기 좋으며, 가야금은 처음에는 좋은데 끝에는 처음만 못하고, 호가는 멀리서나 가까이서나 듣기에 다 좋다. 지금 광희악(廣熙樂) 중에서 호가를 잘 부는 자로는 철근(哲斤)과 귀손(貴孫) 등 몇 사람뿐인데, 철근이 귀손만 못하다. 대저 적(笛)·필률(觱篥)은 곡조를 익히기 쉽겠으나 호가는 혀로만 소리를 내는 까닭에 배우기 어려우니 많은 인원에게 전습(傳習)케 하라." [4]

호가는 필률과 비슷하지만 지공이 없다. 그래서 혀로만 높낮이가 있는 소리를 내야 하기 때문에 잘 부는 사람이 별로 없었다. 그 중에 광희악의 귀손이 제일 잘 불었는데, 그 때문에 직책도 받았다. 이제 더 이상 비정규직이 아니게 된 것이다. 그러나 김귀손은 운평 관흥군을 때린 죄로 신문을 받았

---

4 『조선왕조실록』(국사편찬위원회). 연산 11년 1월 15일 신축 네 번째 기사. "衆樂中, 如唐琵琶ㆍ玄琴聽之 爲佳, 伽倻琴始佳, 而終不如初, 胡笳於遠近聽俱佳. 今廣熙樂中, 善吹胡笳者, 哲斤ㆍ貴孫等數人耳, 然哲斤 不如貴孫. 大抵笛ㆍ觱篥訓以曲調, 可易學, 胡笳但以舌作聲, 所以難學, 可令多數傳習."

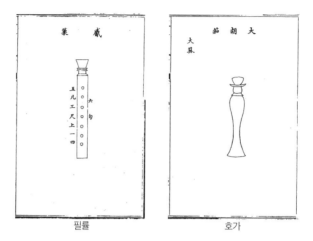

필률   호가

으며, 곧장 백대를 맞고 원방에 보내져 종으로 사는 신세가 되었다.

가(笳)라는 악기는『삼국사기』에 처음 등장한다. "가무(笳舞)는 나밀왕(奈密王) 때 지은 것이다. 가무에는 감(監) 6명, 가척(笳尺) 2명, 무척(舞尺) 1명이다." 가무가 있었는데, 가를 부는 사람이 2명이고, 이에 맞추어 춤을 추는 사람이 한 명이었던 것이다.

고려 때에도 호가를 사용하였다. 1123년 송나라의 국신사(國信使) 일행으로 고려에 온 서긍(徐兢, 1091~1153)은『선화봉사고려도경(宣和奉使高麗圖經)』제13권「병기(兵器)」에서 호가에 대해 설명한 바 있다.

"호가는 위가 뾰족하고 아래는 굵으며, 그 길이는 약간 짧다. 사신이 군산도(群山島)에 처음 도착하여 순위장을 맞이할 때, 푸른 옷을 입은 주졸(舟卒)들이 이를 불었다. 그 소리가 오열하는 듯 조화를 이루지 않았다. 무리지어 시끄러운 것이 마치 모기와 등에의 앵앵거리는 소리처럼 느껴졌다. 조서를 맞이할 때는 앞에서 행진하다가, 수십 보마다 조금씩 물러나 조서를 실은 수레를 돌아보며 불고, 소리가 그치면 곧 행진했다. 그런 뒤에야 징과 북을 쳐서 박자를 맞췄다."[5]

　또한 『선화봉사고려도경』 24권 사신의 행렬을 규정한 「절장(節仗)」의 '차요고(次鐃鼓)'에서는 "기병 다음으로는 명가군(鳴笳軍)이 있고, 또 그 뒤에는 요고군(鐃鼓軍)이 있다. 100여 걸음을 갈 때마다 명가군은 반드시 물러나 조서를 실은 수레를 마주보면서 분다. 소리가 그치면 요고를 쳐서 그것으로 절도를 삼았다(騎兵之次, 鳴笳之軍次之, 鐃鼓之軍又次之. 每百餘步, 鳴笳軍必却行, 面詔輿而合吹. 聲止, 則擊鐃鼓爲之節.)"고 하였다. 사신의 행차 때 수레 앞에서 명가(鳴笳)했던 것이다.

　호가는 조선에서도 사용되었다. 성종 5년(1474) 신숙주(申叔舟, 1417~1475)와 정척(鄭陟, 1390~1475)이 편찬한 『국조오례의(國朝五禮儀)』에서 정한 예법을 시행하기 위해 필요한 사항을 규정한 『국조오례의서례(國朝五禮儀序例)』에서 진양(陳暘)의 『악서(樂書)』를 인용하여 호가를 언급하고 있다. 진양의 『악서』는 세종이 악기를 제작하거나 악론을 정립할 때 중요하게 참고하였던 서적 중의 하나인데, 진양은 제130권에서 진(晉)나라의 『선잠의주(先蠶儀注)』를 인용하여 수레가마를 멈추게 할 때 호가를 불었다고 설명하고 있다.

　『승정원일기』 숙종 33년(1707) 8월 8일의 기록에서는 가와 북은 연회 음악의 도구라고 하였고, 1867년 육조 각 관아의 사무 처리에 필요한 행정법규와 사례를 편집한 법제서인 『육전조례(六典條例)』에서는 연례전상악(宴禮殿上樂)의 진연(進宴), 진찬(進饌), 진작(進爵)에 대해 설명하면서, 한 개의 가를 쓴다고 하였다. 신라와 고려뿐만 아니라, 조선에서도 호가를 각종 연

5　徐兢, 『선화봉사고려도경』(국사편찬위원회 한국사데이터베이스). "胡笳之制, 上銳下豐, 其形差短. 使者初至群山島, 巡尉將迎, 舟卒服靑衣而吹之. 其聲嗚咽, 不成曲調. 唯覺群梟, 如蚊虻之音. 迎詔則在前行, 每數十步, 輒稍却, 回面詔輿而吹. 聲止乃行. 然後擊鐃鼓爲節也."

회에서 사용하였을 뿐만 아니라 사신을 맞이할 때 수레 앞에서 행진곡으로 사용하였던 것이다.

3) 인조 때 기록 『제기악기도감의궤』

조선은 의궤(儀軌)의 나라였다. 의궤는 '의례의 궤범'이란 뜻으로, 후대 사람들이 시행착오를 범하지 않도록 모범적인 전례를 세우기 위해 제작하였다. 이러한 의궤는 중국이나 일본에서는 제작한 바가 없는 조선만의 독특한 문화로서, 현재까지 남아 있는 것만 해도 3천 895권이 넘으며, 2007년에 유네스코 세계기록문화유산으로 등재된 바 있다.

의궤는 상시적으로 행하는 제사나 의례, 국왕 및 왕세자 등의 혼인, 책봉, 장례, 궁궐의 대대적인 중건, 악기 제작이나 수리, 외국 사신 접대 등에 관한 사항을 기록하였다. 그러나 아쉽게도 조선 전기의 의궤들은 임진왜란을 거치면서 모두 소실되었는데, 현존하는 의궤 중에 가장 오래된 것은 선조 34년(1601) 때 제작한 의인왕후 박씨의 빈전과 산릉에 관한 의궤이다.

의궤는 전체 목차, 도설(그림과 설명), 시일(일정), 좌목(담당자 명단), 계사(임금의 전교나 임금에게 올린 문서), 품목(상관에게 보고하거나 묻는 형식의 글), 이문(移文, 각 협조 관청에 알리는 공문서), 감결(甘結, 명령이나 지시 사항을 내린 글), 시상 내역, 의식의 상세한 절차, 들어간 비용과 물품 목록, 장인의 명단 등으로 구성되어 있다. 의궤만 보고도 해당 행사를 재현해낼 수 있을 정도로 상세하게 기록하였다.

세종 때 악기도감(樂器都監)을 설치하여 악기를 제작한 바 있으나, 임진왜란으로 인하여 대부분의 악기가 파손되거나 잃어버렸다. 그리하여 숙종 8년(1682)부터는 악기조성청(樂器造成廳)을 설치하여 다시 악기를 조성하기 시작했다. 현재 규장각이 소장하고 있는 악기 제작 관련 의궤는 모두 네 가지이다. 인조 2년(1624)에 제작한『제기악기도감의궤(祭器樂器都監儀軌)』, 영조 21년(1745)의『인정전악기조성청의궤(仁政殿樂器造成廳儀軌)』, 정조 즉위년(1776)의『경모궁악기조성청의궤(景慕宮樂器造成廳儀軌)』, 순조 4년(1804)에 제작한『사직악기조성청의궤(社稷樂器造成廳儀軌)』가 바로 그것이다.

임진왜란으로 모든 것이 엉망진창이 되었다. 악기도 마찬가지였다. 각종 풍물과 제반 도구는 적란 때문에 백성들이 훔쳐갔으며, 남은 것이 하나도 없어서 풍물을 갖추지 못하였다. 악기를 제작할 여력이 없었기 때문에 광해군 때는 악기를 요청하는 사신을 중국에 파견하려는 생각도 했다. 인조 때에 들어서 비로소 악기를 제작할 수 있었는데, 인조 2년(1624) 8월에 시작하여 11월에 역사를 마쳤다.

『제기악기도감의궤』 중
「풍물무역질」(奎13734)

『제기악기도감의궤』는 제기와 악기를 비롯하여 제복, 의장, 의물 등을 만든 과정을 기록한 의궤이다. 모두 삼방(三房)으로 구성되어 있는데, 일방(一房)에서는 제사와 관계되는 악기에 대해 언급하고 있고, 이방(二房)은 의물(儀物)과 제복(祭服)에 관해, 그리고 삼방(三房)에서는 각종 악기의 제작 과정에 대해 언급하고 있다.

삼방에서 관장하는 항목 중에 풍물과 관련된 언급이 등장한다. 갑자년(1624) 8월 6일의 기록을 보면, 각종 풍물과 관련하여 당비파(唐琵

琶)와 해금(奚琴), 현금(玄琴), 향비파(鄕琵琶), 아쟁(牙箏)을 만들 때 드는 재목의 종류와 치수에 대해 언급하고 있다. 그리고 장악원에서 습악(習樂)할 때의 풍물로는 현금, 월금(月琴), 가야금(伽耶琴), 교방고(敎坊鼓), 아쟁, 향비파를 언급하고 있으며, 풍물무역질(風物貿易秩) 항목에서는 11종의 악기를 열거하고 있다. 당비파, 향비파, 가야금, 아쟁, 해금, 현금, 대금(大笒), 중금(中笒), 소금(小笒), 당적(唐笛), 필율이 바로 그것인데, 이러한 정황으로부터 우리는 풍물이라는 것이 현악기와 죽관악기를 지칭한다는 것을 알 수 있다.

『제기악기도감의궤』에 의하면, 풍정을 드릴 때(進豐呈) 헌선도, 연화대, 포구락, 향발, 아박, 무고, 처용 등의 당악정재와 향악정재를 연희하였고, 이때 풍물과 더불어 장고(杖鼓)가 사용되었다. 아직 풍물에 장고가 포함되지 않았던 것이다. 또한『제기악기도감의궤』에는 풍물을 비롯한 여러 악기를 만드는 재료도 자세하게 언급하고 있어서 지금 악기를 만드는 재료와 비교해보는 것도 의미가 있을 것이다. 특히 장고의 경우 백마피(白馬皮), 청사피(靑斜皮), 백구피(白狗皮)를 언급하고 있는데, 아마 장고를 조이는 부전으로는 청사피를 사용하였고, 왼쪽 북편에는 백마피를, 그리고 오른쪽 채편에 백구피를 사용했던 것 같다.

본 도감의 말미에서는 각종 악기을 만들 때 참여했던 식화장(植花匠), 소목장(小木匠), 야장(冶匠), 침선장(針線匠), 은장(銀匠), 금장(金匠), 관자장(貫子匠), 복두장(幞頭匠), 각대장(角帶匠), 천혈장(穿穴匠), 피장(皮匠), 옥장(玉匠)을 비롯하여 화원(畵員)과 목수(木手)의 이름을 남기고 있다. 여기에서 풍물장(風物匠) 김상(金尙), 장고장(杖鼓匠) 엄춘세(嚴春世)·고온금(古溫金)·이수(李守), 향발장(響鈸匠) 이기생(李起生)·조덕생(趙德生)의 이름이 등장한다. 문헌상 남아있는 최초의 풍물 관련 장인들이다.

4) 정조, 사도세자 제례악 위해 장인 200명 모셔

세종 때 악기 수입국에서 악기 생산국으로 변모한 이후, 조선은 예악의 나라답게 제반 악기를 온전하게 갖출 수 있었다. 이때 비로소 예와 악을 모두 갖춘 '유덕(有德)'한 국가가 되었다. 이제 더 이상 중국에 고개를 숙이며 악기를 보내달라고 애걸할 필요가 없었으며, 제값을 치렀는데도 제대로 된 악기를 보내주지 않았던 폐단도 사라졌다. 그리하여 종묘에는 제례악에 사용할 악기를 보관하는 종묘 악기고가 있었으며, 사직 제례악을 연주하기 위한 사직 악기고도 따로 있었다.

정종 2년(1400) 12월에 수창궁이 화재를 당한 이후 조선은 각종 실화(失火)에 시달렸다. 목조로 궁궐을 건축했기 때문이다. 영조 20년(1744) 10월 13일 승정원의 화재로 인정문과 좌우 행각, 『승정원일기』가 모두 소실되었다.

> "밤에 창덕궁(昌德宮)의 인정문(仁政門)에서 불이 났는데, 승정원에서 실화하여 인정문과 좌우 행각(行閣)이 잇따라 불탔으며, 연영문(延英門)에까지 이르렀으나 유독 대청(臺廳)만은 무사하였다. 열성조의 『승정원일기』가 다 불타 없어져서 깡그리 사라지고 남은 것이 없었다."6

승정원에서는 행정과 사무, 왕명, 출납 등을 맡은 승정원 사무를 일기로 기록하고 있었다. 원래 조선 개국 이래의 일기가 있었는데, 임진왜란 때 불탔고, 그 이후의 일기가 승정원의 화재로 인해 소실되었다. 또한 이 화재로 악기와 헌가가 모두 불타 없어졌는데, 이듬해인 1745년 1월부터 악기를 조성하여 4개월에 걸쳐 아악 전정악기를 조성하였고, 이 과정을 기록하여

---

6 『조선왕조실록』(국사편찬위원회). "丙辰/夜, 昌德宮 仁政門火, 承政院失火, 延燒仁政門及左右行閣, 至於延英門, 而獨臺廳無恙. 列朝《政院日記》, 盡爲灰燼, 蕩然無存."

『인정전악기조성청의궤』를 남겼다.

　악기를 제작할 때에는 악기 제작을 감동(監董)할 영조 대의 최고 기술자 최천약(崔天若, 1684?~1755?)을 전라감영에서 불러올렸고, 음률에 밝은 함경도사 이휘진(李彙晉, 1680~1752)과 천안군수 이연덕(李延德, 1682~1750)도 상경하게 하였다. 악기 제작 기일이 충분하지 않아 '야간 통행첩'도 발급하여 밤늦도록 작업해야 했는데, 『악학궤범』을 참고했을 뿐만 아니라, 숭정전에 있는 헌가악기를 가져다 비교하면서 만들었다. 이때 제작된 악기는 전정 헌가악기인데, 편종 2틀(32매), 편경 2틀(32매), 건고 1좌, 응고 1좌, 삭고 1좌, 어 1좌, 축 1좌 등으로 규모가 작은 편이었다. 이때 풍물장 황귀찬(黃貴贊)은 각종 철물(鐵)과 관련된 일을 하였으며, 고장(鼓匠) 이태화(李泰華)가 참여하였다.

　또한 순조 3년(1803) 11월 3일 사직서의 악기고가 화재로 인해 풍물과 관복(冠服)이 소실되자, 1804년 소실된 악기를 조성하는 과정을 기록한 『사직악기조성청의궤』를 제작하였다. 이때 새로 제작한 악기는 편종 8매, 편경 17매였기 때문에 참여한 풍물장은 없었다.

　정조가 즉위하자 자신의 생부인 사도세자의 위패를 모시고 제사를 올리는 사당인 경모궁을 건립하였다. 이때 새롭게 제정된 제례악을 올리기 위한 속악 묘정악기(廟庭樂器)와 의물, 관복 등을 『황단(皇壇)』[7]과 『경덕전등록(景德傳燈錄)』[8]에 의거하여 제작한 과정을 기록한 것이 『경모궁악기조성청의궤』이다.

　이때 제작한 것이 편종 32매, 편경 32매, 방향 32매, 진고 1부, 절고 1부,

---

7 임진왜란 당시 조선에 구원병을 파견한 명나라의 신종(神宗)을 추모하기 위해 세워졌다가 이후에 명나라의 의종(毅宗)과 태조(太祖)까지 모신 제단으로 창덕궁에 있었다.

8 송나라 승려 도원(道原)이 지은 전등사서. 중국에서 전개된 전법의 계보를 정리한 책으로, 고려시대에 전래된 이래 조선시대에는 승과의 과목으로 채택되는 등 승가에서 중시했던 불서이다.

축 2부, 장고 2부, 어 2부, 당비파 1부, 향비파 1부, 현금 1부, 가야금 1부, 아쟁 1부, 생 2부, 훈 2부, 태평소 1부, 해금 1부, 필률 2개, 대금(大琴) 2개, 당적 2개, 통소 1개, 지 1개, 둑 2부, 노도 1부, 휘 1부, 조촉 1부, 대금(大金) 1좌, 박 2부의 악기와 무적(舞翟) 36개, 무약(舞籥) 36개, 목검 12개, 목창 12개, 죽궁 12개, 죽시 12개 등의 무구와 각종 관복 등으로 세종 이후 최대 규모였다.

경모궁의 악기를 조성할 때, 풍물장 이재춘(李再春)과 이경원(李慶遠), 장고장 천복명(千福命), 고장(鼓匠) 이동백(李東白), 태평소장(大平簫匠) 박기완(朴技琓) 등 44개 분야의 장인 200명이 동원되었으며, 임시거처인 가가(假家)를 지어 숙식하게 하였다. 30섬의 쌀은 겨우 공장들의 10일 분의 요미(料米)에 불과하였고, 10일 치 급료로 주는 베 요포가 딱 2동이나 되었다.

『경모궁악기조성청의궤』에는 각종 악기를 만들 때 소용되는 재목을 나열하고 있는데, 거문고는 등과 배를 각각 오동나무와 밤나무로, 수장감으로는 산유자나무를, 괘는 회나무로 만들었고, 부들감으로는 초록향사 등이 쓰였다. 가야금의 경우 배감(背次)은 오동나무를 썼

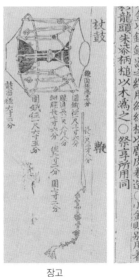

장고   대금

고, 수장감으로 산유자나무를, 부들은 초록향사를 썼다. 장고를 만드는 통은 누주(樓柱) 1/2개를 썼으며, 장고집은 안감은 홍목(紅木)으로 겉감은 황목(黃木)으로 만들었다. 대금(大金)의 집을 만들 때에는 청목(青木)과 황목을 사

용하였다.

악기를 제작할 때의 단가도 『경모궁악기조성청의궤』에 기록되어 있다. 가야금의 경우 등감의 오동목(梧桐木)은 4냥 5전이고, 현금의 경우 등감 오동목은 4냥, 복판감 율목은 1냥, 녹각1/2대는 5푼, 괘감 회목은 2전이었다. 공장과 화원, 침선비의 한 달 급료는 쌀 9말, 무명 1필로 인정전이나 사직서 악기를 만들 때와 동일하였는데, 다른 공장들에 비해 최고의 급료를 받았다.

경모궁의 악기를 조성하는 사업에는 인천과 부평도 연루되었다. 편종을 주조할 때는 백토(白土)를 사용하였고, 편경의 옥돌을 갈 때 정옥사를 사용하였는데, 인천과 부평에서 정옥사 12말과 백토 28말을 상납하였다. 그리고 악기를 만들 때 소용되는 재목은 배로 운반하였기 때문에 영종진(永宗鎭)을 거쳐야 했다. 그런데 영종진에서는 법령으로 금하는 물건을 몰래 매매하는 잠상(潛商)으로 여겨 재목을 압류하였으며, 여러 차례 호소하였지만 들어주지 않는 사건이 발생했다. 일종의 통행세를 받으려고 한 것일까?

이상의 각종 문헌을 통해 확인한 바에 의하면, 풍물장은 악기 중에서 금슬(琴瑟) 등의 악기를 만드는 장인이었으며(風物匠造琴瑟等樂器, 『전율통보(典律通補)』), "풍물은 무릇 임금이 거동할 때 대가(大駕)의 앞뒤에서 고취하거나 칙사를 환영하는 연향(宴享) 때에 사용한다(風物, 乃是凡擧動時, 駕前駕後鼓吹及, 迎勅宴享時所用, 『승정원일기』 인조 25년 11월 16일 기사)"는 것을 알 수 있다.

2부
풍물과 고취

1) 풍물, 제사나 조회 때는 서로 다른 악기를 사용

풍물은 고취나 연향 때 사용하였다. 즉 임금이 거동하는 가마의 앞이나 뒤에서 고취하거나 칙사를 환영하는 연향에 사용하였다. 그러므로 제사나 조회에 사용하는 악기와 구별하여 풍물이라고 한 것이다. 따라서 풍물은 음악을 시작하거나 그칠 때 사용하는 악기인 축과 어, 그리고 편경이나 편종, 영고, 뇌고, 노고 등의 악기를 사용하지 않으며, 문무(文舞)나 무무(武舞)의 일무(佾舞) 반주에도 사용하지 않는다.

그렇다면 '고취(鼓吹)'는 어떤 의미일까? '고(鼓)'는 북을 의미할 뿐만 아니라, '두드린다'는 뜻도 있으며, 파생되어 '연주한다'는 의미도 있다. '취(吹)'는 관악기 등을 '분다'는 의미이다. 그러므로 '고취'를 '두드리거나 분다' 또는 '연주한다'로 해석하기도 한다. 그런데 풍물과 연관되어 있을 때의 '고취'는 그런 의미가 아니라 특별한 의미를 지니는 고유명사로 사용한다.

『조선왕조실록』을 보면, 태조 때 『대장경』을 운반하는 경우 "의장과 고취가 앞에서 인도하였다(儀仗鼓吹前導)"고 하였고, 태종 1년 명나라의 사신 장근과 단목예가 황제의 고명을 가지고 왔을 때, 임금이 의장과 고취를 갖추어 맞이하였으며, 세종 때 상왕인 태종을 봉숭하는 의식이나 대비를 봉숭

하는 의식을 거행할 때, 노부와 고취가 앞에서 인도하였다(鹵簿鼓吹前導).

노부(鹵簿)는 본래 방패를 기록해놓은 장부라는 뜻인데, 임금이 거동할 때 의장을 갖춘 행렬을 호위하는 방패의 종류와 수를 법적으로 규정한 것이다. 『세종실록』의 끝에는 길례, 가례, 빈례, 군례, 흉례의 절차를 규정한 「오례」를 부록하였는데, 가례의 서례에서 대가노부(大駕鹵簿), 법가노부(法駕鹵簿), 소가노부(小駕鹵簿), 중궁노부(中宮鹵簿)로 나누어서 설명하고 있다.

대가의 노부는 조칙(詔勅)을 맞이할 때와 사직(社稷)과 종묘(宗廟)에 친히 제향(祭享)할 때에 사용하였다. 그 의물(儀物)은 전정(殿庭)의 대장(大仗)과 같았다. 법가의 노부는 임금이 선농(先農)에 친히 제향하거나, 국학(國學)에 행차하여 석전례(釋奠禮)를 행하거나, 사단(射壇)에서 활쏘기를 할 때나, 무과(武科)의 전시(殿試)에 사단에서 활 쏘는 것을 구경할 때에 사용하였다. 그 의물은 전정의 반의장(半儀仗)과 같았다. 소가의 노부는 능(陵)에 참배(參拜)하거나, 활 쏘는 것을 관람할 때나, 평상시의 대궐 문밖에 거둥할 때에 사용하는데, 표문(表文)에 배례하고, 향(香)을 전달하고, 사신에게 명령하는 노차(路次)의 의장(儀仗)은 세장(細仗)이라 일컬었다.

노부는 전(前)·중(中)·후(後)로 구분할 수 있다. 전부는 길 인도와 전위대로 구성되며, 중부는 칼과 창 그리고 각종 깃발 등으로 구성된 의장과 어연 및 시위로, 그리고 후부는 백관과 후위대로 구성된다. 대가의 노부는 가장 큰 규모의 행차로써 전위대는 시위군 8대 400명, 도성위 40대 2천 명, 우군 8대 400명, 중군 8대 400명, 좌군 8대 400명으로 모두 3천 600명이 동원되고, 의장은 66종 156개가 있으며, 또한 전부고취(前部鼓吹)와 후부고취(後部鼓吹)가 있다. 법가의 노부는 대가노부의 반의장으로 전위대 2천 100명이 동원되며, 의장은 62종 105개이지만, 대가의 노부와 마찬가지로 전부고취(前部鼓吹)와 후부고취(後部鼓吹)가 있다. 소가의 노부는 전위대가 모두 1천 350명이 동원되며, 의장은 40종 53개이고, 전부고취만이 있고 후부고취는 없으며, 궁 안에서의 노부인 중궁노부에는 아무런 고취가 없다.

　『세종실록』에 부록되어 있는「오례」의 고취는 좌우에 같은 인원수로 구성된다. 맨 앞줄에는 각각 방향(方響)이 2, 화(和)와 생이 1이고, 두 번째 줄에는 노래(哥)가 각각 4명이다. 셋째 줄에는 비파가 각각 4명이고, 넷째 줄에는 각각 필률이 3, 우(竽)가 1이며, 다섯 번째 줄에는 각각 월금이 1이고 적(笛)이 3이다. 여섯 번째 줄에는 각각 현금, 가야금, 아쟁, 대쟁이 하나씩이고, 일곱 번째 줄에는 각각 향필률이 2, 퉁소가 2이다. 여덟 번째 줄에는 각각 해금이 1, 대적이 3이고, 아홉 번째와 열 번째 줄에는 각각 장고가 5씩 모두 10이다. 전체적으로 보면, 모두 84명으로 구성된 악대가 바로 고취인데, 대가노부와 법가노부에는 전부고취와 후부고취 모두 168명의 악사로 구성되었다.

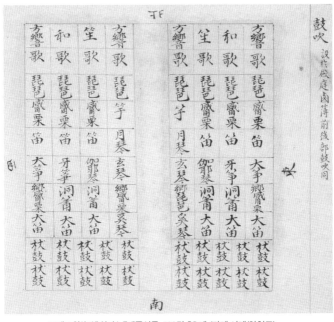

조례고취(朝禮鼓吹)(『세종실록』 132권,「오례」/가례 서례/악현도)

2) 고려의 예악을 이어받은 조선

14세기 중엽 원(元)이 점점 쇠퇴하자 동아시아는 혼란기에 접어들었다. 명(明)의 철령위를 설치를 둘러싸고 요동을 정벌하고자 한 우왕과 최영에 반대하여 위화도에서 회군한 이성계는 우왕을 폐위하여 강화도로 귀양보냈고, 창왕에 이어 공양왕을 즉위시켰다. 이후 공양왕을 원주로 쫓아낸 후 대비가 교지를 선포하여 이성계를 감록국사(監錄國事)로 삼았다.

1392년 7월 28일 태조가 왕위에 오르고 나라 이름은 예전대로 고려라하고, 의장과 법제는 한결같이 고려의 고사(故事)에 의거하게 하였다. 고려의 국왕을 대신하는 자가 된 권지고려국사(權知高麗國事) 이성계는 중국에 그 사실을 알리는 표문을 올렸고, 국호를 화령(和寧)과 조선(朝鮮) 중에서 정해줄 것을 중국에 요청하여 조선(朝鮮)이 비로소 개국하게 되었다.

'예제악작(禮制樂作).' 『예기(禮記)』 제19편 「악기(樂記)」에 보면, 예로부터 "왕이 공을 이루면 악을 지었고, 통치가 안정되면 예를 제정하였다(王者功成作樂.治定制禮)"는 말이 나온다. 조선의 태조 이성계는 비록 고려를 멸하고 조선을 개국한 공을 세웠지만, 악(樂)을 지을 수 있는 형편은 못되었기 때문에 고려의 예악을 이어받아 사용할 수밖에 없었다. 태종 때에 이르러 의례상정소(儀禮詳定所)를 설치하게 하였으며, 허조(許稠, 1369~1440)에게 명하여 길례(吉禮)의 서례와 의식을 찬술하게 하였다. 통치가 안정된 세종에 이르러서야 비로소 정척과 변효문(卞孝文, 1396~1461)에게 명하여 고려의 전례와 고사를 참조하고, 당송(唐宋)의 제도와 명(明)의 제도 중에서 버릴 것은 버리고 취할 것은 취하여 가례(嘉禮)·빈례(賓禮)·군례(軍禮)·흉례(凶禮)를 정하여 『세종실록』의 끝에 「오례」를 부록하였다.

세종 때의 정해진 고취의 제도는 그 이후 변모의 과정을 거친다. 세종이 「오례」를 찬술하게 하였으나 아직 반포하지 못하였는데, 성종이 신숙주에게 명하여 서로 틀린 곳을 바로잡게 하여, 성종 11년(1475) 『국조오례의』가 완성되었다.

『국조오례의』 고취는 세종 「오례」의 고취와 다른 점이 있었다. 세종 때 전정과 노부의 고취는 전부고취와 후부고취에 차이가 없이 동일하였다. 세종 「오례」의 고취에 장고가 20명이었으나, 『국조오례의』 고취에서는 장고 18명, 교방고 2명으로 바뀌었다. 또한 고취는 『국조오례의서례』의 정조 및

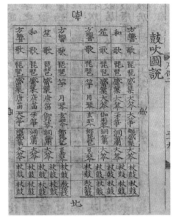

『국조오례의』
고취도설(한국학중앙연구원 장서각, K2-2113)

성절 망궐례에 대한 그림을 보면, 근정문 밖에 배설하였음을 알 수 있다.

그런데 고취는 어떤 때에 사용하였을까? 그리고 고취에 노래하는 이를 8명이나 배치하였는데, 이들은 어떤 노래를 불렀을까? 이에 대한 실마리를 영조의 보령(寶齡) 71세를 경축하며 경희궁 경헌당에서 올린 영조 41년(1765)의 『을유수작의궤(乙酉受爵儀軌)』에서 찾을 수 있다. 전하가 궁을 나설 때나 환궁할 때 속악을 사용하였는데, 이때 고취로 여민락령(與民樂令)을 연주하고 노래하였던 것이다.

이러한 고취에 대한 언급은 『세종실록』에서도 발견할 수 있다. 세종 29년(1447) 6월 5일 기사를 보면, 한글을 창제한 후 용비어천가를 지어서 종묘에서 사용할 뿐만 아니라, 여민락, 치화평, 취풍형 등을 공사간의 연향에 사용하고, 조참과 표문이나 전문을 배송하는 날 궁궐 밖을 나갈 때에는 여민락만을, 조참하는 날 환궁할 때와 표문이나 전문을 배송하거나 조칙을 맞으러 행차할 때는 여민락령을 황종궁으로 연주하였는데, 이때 바로 고취를 사용하여 연주하였던 것이다. 령(令)은 그 소리가 조금 빠른 것을 뜻하고, 만(慢)은 그 소리

가 매우 느린 것을 뜻한다(令則其聲稍急, 慢則其聲極緩,『經國大典註解 後集』).

그렇다면, 전정고취는 어떤 때 무슨 용도로 사용하였을까? 이에 대한 해답도『을유수작의궤』에서 찾을 수 있다. 여기에서 전상고취의 차비를 언급하면서, 필률 8, 대금 6, 당적 2, 통소 1, 비파 2, 해금2, 장고 2, 교방고 1, 담지 2, 방향 1, 담지 2, 모두 29명을 소개하고 있으며, 이와 함께 처용 5명, 무동 8명을 언급하고 있다. 이로부터 보면, 전정고취나 전상고취는 처용무를 출 때 반주하는 연향악으로 쓰였던 것이다.

이미 앞에서 말한 바와 같이, 풍물은 고취나 연향에 사용하였던 악기를 말한다. 노부에서의 고취는 왕이 궁을 나설 때나 환궁할 때 여민락을 고취하여 행차하였고, 전정에서는 처용무의 반주 음악으로 사용하였다는 것을 알 수 있다.

3) 고려, 국가적 경사 때도 연주

우리나라는 삼한(三韓)때부터 의장(儀章)과 복식(服飾)에서 토풍(土風)을 따랐다. 신라(新羅)의 태종 무열왕(太宗 武烈王) 때 이르러 당(唐)의 의례(儀禮)를 따를 것을 청하였으니, 이후 관복의 제도는 점점 중국을 따르게 되었다.

고려(高麗) 태조가 개국하던 초창기에 일이 많았으므로 신라의 구습을 사용하였다. 광종(光宗) 때 비로소 백관(百官)의 공복(公服)을 정하자 이에 존비(尊卑)와 상하의 등급과 위계가 명확해졌다. 의종(毅宗) 때 평장사(平章事) 최윤의(崔允儀, 1102~1162)가 조종(祖宗)의 헌장(憲章)을 모으고 당제(唐制)를 많이 참고하여 고금례(古今禮)를 상정(詳定)하니, 위로는 왕의 면복(冕服), 여로(輿輅)에서 의위(儀衛), 노부(鹵簿)에 이르렀으며, 아래로는 백관의 관복까지 갖추지 않은 것이 없어서, 일대(一代)의 제도가 구비되었다.(『고려

고려에는 고취악부가 있었다. 길례 대사인 하늘에 제사하는 원구에 왕이 친히 제사할 때의 의주를 보면, "어가가 움직이면 고취악부가 진작한다(鑾駕動, 鼓吹樂部振作)"고 하였다. 그리고 원구(圜丘)와 선농(先農)에서 제사할 때, 태묘에서 제향할 때, 연등회(燃燈會)·팔관회(八關會) 때 난가(鸞駕)가 궁궐을 나가게 되면 고취를 진설만 하고 연주하지 않고, 돌아올 때에만 연주하였으며, 조서(詔書)와 사로(賜勞)를 영접할 때에는 국문(國門) 밖에 진설하였다가 조서가 이르면 행렬을 인도하면서 고취를 연주하고 궁정(宮庭)에 이르면 그쳤다. 또한 태후를 책봉할 때, 원자(元子)가 탄생하여 왕이 조서를 내릴 때, 노인들을 위해 잔치를 베풀 때, 장수를 보내어 출정하였다가 군사가 돌아올 때 등, 고취악을 쓰는 사례를 자세하게 정해놓았다(『고려사악지』).

그렇다면 고려의 고취는 어떻게 구성되었을까? 고려의 고취는 금정(金鉦), 강고(掆鼓), 도고(鼗鼓)를 사용하였다. 법가노부의 경우, 금정이 10개로서 군사가 10명이고, 도고가 20개로서 군사 20명이 좌우에 나누어 섰다. 강고가 10개로서 군사는 30명으로 좌우에 나누어 섰는데, 강고를 드는 군사와 치는 군사로 구성되었기 때문에 강고 10개에 군사가 30명인 것이다.

고려의 고취를 금정, 강고, 도고로 구성하였다면, 조선의 고취는 이와는 다르게 방향, 비파, 향비파, 필률, 향필률, 월금, 당적, 대적, 아쟁, 가야금, 현금, 해금, 장고 등으로 구성하였다는 점에 주목할 필요가 있다. 조선의 고취는 용비어천가를 가사로 사용한 세종의 신악(新樂) 여민락을 궁궐을 나갈 때는 느린 만(慢)으로, 환궁할 때는 빠른 령(令)으로 노래하고 연주하였다, 특히 향비파와 향필률을 사용하였는데, 여민락은 백제의 노래 '정읍사'처럼 삼한 때부터 사용하였던 우리 고유의 악조를 이어받아 만든 음악이기 때문에 이러한 악기가 필요했던 것으로 추정된다.

이에 반하여 고려의 고취는 당나라 제도를 참고하여 상정하였다. 당나라의 예를 규정한 『개원례(開元禮)』의 대가노부는 전부고취와 후부고취로 구성되어 있는데, 전부고취는 강고 12면, 금정 12면, 대고 120면, 장명(長鳴) 120구, 요고(鐃鼓) 12면, 가(歌)·소(簫)·가(笳)가 각각 24, 대횡취(大橫吹)가 120구, 절고가 2면, 적(笛)·소·필률(篳篥)·가(笳)·도피필률(桃皮篳篥)이 각각 24, 강고 12면, 금정 12면, 소고 120면, 중명 120구, 우보고(羽葆鼓) 12면, 가(歌)·소·가(笳)가 각각 24로 총 938명이 동원되었다.

후부고취는 우보고 12면에 악공 12, 가(歌)·소·가(笳)가 각각 24, 요고 12면에 악공 12, 가(歌)·소·가(笳)가 각각 24, 소횡취(小橫吹) 120구에 악공 120, 적·소·필률·가(笳)·도피필률(桃皮篳篥)에 각각 악공 24로 총 408명이 동원되었다.

4) 고려만의 특색을 잃지 않은 고려의 고취

고려시대 초기 동아시아의 정세는 격동하고 있었다. 중국에서는 당나라가 멸망하고 오대십국의 분열기를 거쳐 송(宋) 왕조가 등장하였고, 북방에서는 거란이 일어나 전략적 요충지인 만리장성 이남의 연운(燕雲) 16주를 탈취한 후 국호를 대요(大遼)로 바꾸었다. 북송(北宋)은 대요와 대치하다가 1004년에 치욕적인 '전연의 맹(澶淵之盟)'이라는 평화조약을 체결할 수밖에 없었다. 이 조약에 따라 북송은 군비(軍備)로 요(遼)에 매년 비단 20만 필, 은(銀) 10만 냥의 세폐(歲幣)를 보내야 했으며, 송의 황제와 요의 황제는 형제의 교분을 갖게 되었다.

12세기 초 여진족이 금(金)을 건국함에 따라 대륙의 정세는 다시 바뀌었다. 왜냐하면 금이 거란을 멸망시키고(고려 인종 3년, 1125), 그 2년 뒤에는 송까지 남쪽으로 천도시켰기 때문이다. 이로써 12세기 이후 하북과 만주에는 여진족의 금나라가, 그 이남에는 한족의 남송이 서로 대립하게 되었다.

한편 거란의 세 차례에 걸친 침입을 물리친 고려는 대외적으로 거란과 송이 대치하고 있을 때와 마찬가지로 명분보다는 실리를 앞세우는 외교정책을 관철시켜나갔다. 금과는 정치적인 관계를, 그리고 송과는 상인을 내세운 민간차원의 경제·문화교류를 통해 고려는 국제적으로 실리에 바탕을 둔 평화적인 관계를 유지할 수 있었다.

거란과 여진을 의미하는 북조(北朝)와의 관계에서도 고려는 결코 신하의 예를 취하지 않았다. 조서를 가지고 오는 사신을 맞이할 때, 사신은 남쪽을 향하여 섰지만, 왕은 서쪽을 향하여 섰다. 신하의 예에 해당하는 북면(北面)을 하지 않은 것이다. 또한 북조의 기복고칙사(起復告勅使)를 맞이하는 의식에서 왕은 동편에, 북조의 사신은 서편에 앉았다. 주종관계를 의미하는 남면(南面)과 북면하지 않고, 동서로 앉은 것이다.

강감찬(姜邯贊, 948~1031) 등이 중심이 되어 동아시아의 최대 강국이라 할 수 있는 요나라의 공격을 물리치고 대승을 거둔 뒤 고려의 위상은 높아졌고, 송나라뿐만 아니라 송나라와 교역을 하던 다른 지역에서도 관심을 가졌다. 고려 팔관회 때 송의 상인, 대식국(大食國), 즉 아라비아, 동서번(東西蕃)의 여진족, 흑수(黑水), 탐라(耽羅), 탁라(乇羅), 일본(日本) 등의 상인들이 의례를 관람할 수 있는 지정된 좌석이 있었으며, 이들로 하여금 물장(物狀)을 올리게 하였다. 그리고 이들을 위한 객관(客館)을 열 곳이나 지었다.

고려의 고취는 당나라의 제도를 참고하여 제정하였지만, 노부와 의장에서는 고려만의 특색을 잃지 않았다. 고려의 노부를 보면, 가구선인대기(駕龜仙人大旗), 백질봉보주선인대기(白質捧寶珠仙人大旗), 가운집박선인대기(駕雲執拍仙人大旗), 봉보주선인대기(捧寶珠仙人大旗), 봉여의주선인대기(捧如意珠仙人大旗), 쌍무선인대기(雙舞仙人大旗), 가운취적선인대기(駕雲吹笛仙人大旗), 보주선인대기(寶珠仙人大旗) 등에서 다수의 선인(仙

人)이 등장하는데, 이러한 것은 당송의 노부에서는 찾을 수 없는 특징이다.

이러한 특징은 도교(道敎) 및 초제(醮祭)와 관련이 있다. 우왕(禑王) 14년(1388) 4월 사신을 보내어 육정(六丁)에 초제를 지내 군대를 도와줄 것을 빈 적이 있다. 육정은 12지 중에서 음(陰)에 해당하는 정축기(丁丑旗)·정묘기(丁卯旗)·정사기(丁巳旗)·정미기(丁未旗)·정유기(丁酉旗)·정해기(丁亥旗)를 뜻하는데, 도교와 관련이 있다.

우왕 5년(1379)에 가뭄이 심해서 민중(閩中)의 도사(道士)인 양종진을 시켜 비를 비는 초제를 지내게 하였다. 초제는 별에게 소원을 비는 제례이다. 특히 태일(太一)에게 빌어 태일 초제라고도 하는데, 이러한 제도는 조선에까지 이어졌다.

> "태일은 하늘의 귀신(貴神)이기 때문에, 한(漢)나라 이래로 역대에서 받들어 섬기어 여러 번 아름다운 상서(祥瑞)를 얻었습니다. 그러므로 전조(前朝)에서 복원궁(福源宮)·소격전(昭格殿)·정사색(淨事色)을 두고 따로 대청관(大淸觀)을 세웠으며, 또 간방(艮方)인 화령(和寧)·손방(巽方)인 충주(忠州)·곤방(坤方)인 부평(富平)·건방(乾方)인 귀주(龜州)의 머무르는 궁(宮)마다 궁관(宮觀)을 세워 초례를 행하고, 매양 액운(厄運)과 재변(災變)을 당하면 기도(祈禱)하는 별초(別醮)를 대청관에서 행하고, 만일 군사를 행(行)하려면, 장수가 대청관에 나가서 재숙(齋宿)하고 초례를 베푼 연후에 행하였으니, 대개 태일은 어진 별[仁星]이 있는 곳이어서 병역(兵疫)이 일어나지 않고, 방국(邦國)이 편안하기 때문입니다."(태종 4년 2월 20일 신묘 첫 번째 기사) [9]

---

9 『조선왕조실록』(국사편찬위원회), 『태종실록』 7권, 태종 4년 2월 20일 신묘 1번째 기사. "太一, 天之貴神, 自漢以來, 歷代奉事, 屢獲嘉祥. 是以前朝, 置福源宮、昭格殿、淨事色, 別建太淸觀. 又於艮【和寧】巽【忠州】坤【富平】乾【龜州】方, 逐所次之宮, 營建宮觀, 以行醮禮, 而每當厄運及災變, 則行祈禱別醮於太淸觀; 若行兵則將帥詣太淸觀, 齋宿設醮而後行. 蓋以太一, 仁星所在之地, 兵疫不興, 邦國又安故也."

5) 독특한 고려 고취: 안국기(安國伎)·고창기(高昌伎)·천축기(天竺伎)· 연악기(宴樂伎)

고려의 고취는 당나라 제도를 참고하였을 뿐 고려만의 독특한 고취를 운용하고 있었다. 노부와 의장에서 중국과 다른 고려만의 제도를 운용한 것이다. 특히 의장에서 보이는 다수의 선인은 고려만의 특색이라 할 수 있다. 그런데 고려는 교묘(郊廟)에 행차할 때 이전에 언급했던 고취와는 다른 제도를 운용하였다.

교묘 행차에서 방각을 쓰고 자주색 공복(公服)을 입고 홍정을 찬 교방(教坊)의 악관(樂官) 100명이 좌우에 나누어 서며, 안국기(安國伎) 한 무리와 잡기(雜伎) 한 무리, 각각 40인은 좌우에 나누어 섰다. 고창기(高昌伎) 한 무리 16명은 왼쪽에 서고, 천축기(天竺伎) 한 무리 18명은 오른쪽에 섰으며, 연악기(宴樂伎) 한 무리 40명은 좌우에 나누어 섰다. 입각을 쓰고 자주색 보상화(寶祥花)가 그려진 대수의(大袖衣)를 입으며 가은대를 두른 취각군(吹角軍) 한 무리 20명은 좌우에 나누어 서되, 모두 어가(御駕)의 앞에 섰다. 조사모자(皂紗帽子)를 쓰고 자의를 입으며 가은대를 두른 취라군(吹螺軍) 한 무리 24명은 어가의 뒤에 섰다.

금정, 강고, 도고의 악기를 사용한 고려의 고취와 달리, 이 경우에는 취각군 20명과 취라군 24명이 어가의 앞뒤에서 연주하였던 것이다. 이러한 예는 왕이 봉은사 진전을 참배할 때의 위장에서도 발견된다. 이때에는 교방의 악관 100명과 안국기와 잡기는 각각 40명, 취각군사 16인이 어가의 앞에 서고, 취라군사 24명이 어가의 뒤에 섰다.

이 외에도 취각군사와 취라군사가 어가의 앞뒤에서 연주한 경우는 중동팔관회 때의 위장, 왕이 서경과 남경을 순행할 때의 위장, 서경과 남경의 순행에서 돌아올 때 어가를 맞아들이는 위장에서도 발견할 수 있다. 또한 금정, 강고, 도고뿐만 아니라 취각군사와 취라군사를 동시에 사용한 경우도 있는데, 중동팔관회 때 왕이 간악전으로 행차하는 노부에는 도고가 20개, 강고가 10개, 금정이 10개, 취각군사는 10명을 동원하였다. 사면령을 선포할 때의 노부에서는 강고는 10개, 금쟁은 10개였으며, 취각은 20개인데, 모두 좌우에 나누어 세웠다.

그런데 정작 우리의 관심을 끄는 것은 교방악관, 잡기, 안국기, 고창기, 천축기, 연악기이다. 잡기는 백희라고도 하는데, 난쟁이 흉내[侏儒戲]와 창우희[倡優戲]를 지칭한다. 인종 원년(1123)에 송의 국신사 일행으로 고려에 온 서긍이 한 달 남짓 고려에 머물면서 보고 들은 것을 기록한 『선화봉사고려도경』에 의하면, "백희는 수백 명이 있는데 모두 매우 민첩하다."고 기록하였다.

그러나 『고려사』나 『선화봉사고려도경』에서 잡기나 백희에 대한 구체적인 기록을 찾을 수는 없다. 다행히 고려 말 이색(李穡, 1328~1396)이 지은 『목은집(牧隱集)』에는 '구나행(驅儺行)'이라는 시를 전하고 있는데, 이를 통하여 잡기에 대한 실마리를 더듬어볼 수 있을 뿐이다.

> 오방귀와 백택의 춤을 덩실덩실 추고 舞五方鬼踊白澤
> 불 토해 내기 칼 삼키기의 묘기를 펼치네 吐出回祿吞靑萍
> 서역의 나라 사람 고월의 가면극에는 金天之精有古月
> 혹은 검고 혹은 누렇고 눈은 새파란데 或黑或黃目靑熒
> 그중 늙은이는 굽은 허리에 키가 커서 其中老者傴而長
> 모두가 남극 노인이라고 경탄하거니와 衆共驚嗟南極星
> 강남의 장사꾼은 사투리를 조잘대면서 江南賈客語侏離
> 날리는 반딧불처럼 진퇴를 경쾌히 하지 進退輕捷風中螢
> 신라의 처용은 칠보를 몸에 장식하고 新羅處容帶七寶
> 꽃 가지 머리에 꽂아 향 이슬 떨어질 제 花枝壓頭香露零

긴 소매 천천히 돌려 태평무를 추는데 低回長袖舞太平

발갛게 취한 뺨은 술이 아직 안 깬 듯하고 醉臉爛赤猶未醒

황견은 방아를 찧고 용은 여의주 다퉈라 黃犬踏碓龍爭珠

춤추는 온갖 짐승이 요 임금 뜰 같고 말고 蹌蹌百獸如堯庭 [10]

'구나행'에는 불의 신(神) 회록(回祿)이 입으로 토해내는 기예인 토화(吐火), 보검인 청평검(靑萍劍)을 입으로 삼키는 기예인 탄도(吞刀), 그리고 바람 속의 반딧불처럼 가볍고 날래게 진퇴하는 줄타기의 기예들도 등장한다. 또한 처용무, 태평무, 오방무뿐만 아니라 고대 전설적인 신수(神獸)인 백택의 춤과 고월의 가면극도 등장하며, 방아를 찧는 누런 개와 여의주를 다투는 용, 온갖 짐승이 춤추는 잡상(雜像)의 놀이가 있었음을 '구나행'을 통하여 알 수 있다.

그런데 안국기, 고창기, 천축기, 연악기는 무엇을 말하는 것일까? 안국기는 중앙아시아 아무르 강 근처인 부하라(Bukhara)에 위치한 안국의 기예를 말하고, 천축기는 인도의 예술을 말하며, 고창기는 중국 신장(新疆)에 자리 잡은 고창국(高昌國)의 기악이다. 그런데 인도나 중앙아시아에서 유입된 외래 연희단이 왜 고려에 머물면서 공연을 펼쳤던 것일까? 이에 대한 해답을 찾으려면 고구려 시대로 돌아가야 한다.

6) 고구려, 백제, 신라도 고취 사용

고취는 왕족의 행차 등에 사용되었으며, 조선에서는 이에 쓰였던 악기를 풍

---

10 이색, 『목은시고』(한국고전번역원, 고전번역서), 제21권.

물이라고 하였다. 고려에도 고취악부가 있었다. 다만 조선과 달리 고려의 고취는 금정, 강고, 도고를 사용하였다. 그렇다면 삼국시대에도 고취를 사용하였을까? 그리고 고취는 언제 무슨 이유로 시작되었을까?

『삼국사기』에 의하면, 백제에서도 고취를 사용하였다. "고이왕 5년(238) 봄 정월에 하늘과 땅에 제사지낼 때 고취를 사용하였다(五年, 春正月, 祭天地, 用鼓吹.)." 백제에서는 행차뿐만 아니라 천신과 지신에 대한 제사에도 고취를 사용하였던 것이다.

신라 역시 고취를 사용하였다. 문무왕 13년(673) 7월 1일 김유신이 졸(卒)하였는데, 문무왕이 부음을 듣고 대단히 슬퍼하며 부의로 고운 빛깔의 비단 1천 필과 조(租) 2천 섬을 내려 장례에 사용하도록 하였고, 군악고취(軍樂鼓吹) 100명을 보내주었다. 그렇다면 신라가 사용한 고취는 어떠한 음악이었을까?

『삼국사기』에서는 문무왕 4년(664)에 "성천(星川)과 구일(丘日) 등 28명을 웅진(熊津) 부성(府城)에 보내어 당나라 음악을 배우게 하였다"고 전한다. 성천은 군관이었다. 성천은 문무왕 2년(662)에 귀당제감(貴幢弟監)으로서 군사(軍師) 술천(述川) 등과 함께 이현(梨峴)에서 고구려군을 만나 격살(擊殺)한 바 있다. 신라의 직제에 의하면, 대당은 6정 가운데 왕경에 주둔한 군단을 가리키는데, 귀당 역시 군단의 일종으로 보인다. 그리고 장군 밑에는 대관대감, 대대감, 제감의 군관이 있었으므로, 성천은 귀당에 소속된 군관이었다. 성천이 당나라 군대가 주둔하고 있었던 백제의 웅진(熊津)도독부 부성(府城)에 가서 고취를 배웠던 것이다.

『신당서』에 의하면, 고취에는 5부가 있었다. 첫째가 고취이고, 둘째가 우보이고, 셋째가 요취(鐃吹)이고, 넷째가 대횡취이고, 다섯째가 소횡취인데, 총 75곡이 있었다. 그리고 고취부에는 강고, 대고, 금정, 소고, 장명, 중명(中鳴)의 악기가 있었으며, 소횡취부에는 각(角), 적(笛), 소(簫), 가(笳), 필률(觱篥), 도피필률(桃皮觱篥)의 여섯 가지 악기가 있었다. 이에 따르면, 『삼국사기』에서 신라의 악으로 언급했던 가무의 가척과 무척은 소횡취의 곡으로 보인다.

　고구려도 고취를 사용하고 있었다. 『후한서(後漢書)』 「동이열전(東夷列傳)」에서는 "한무제(漢武帝)가 조선을 멸하고, 고구려를 현으로 삼아, 현토에 속하게 하고, 고취기인(鼓吹伎人)을 하사하였다."고 기록하고 있으나 이는 고조선과 한사군 때의 일이었다. 그러므로 고구려의 고취에 대한 언급으로 보기 힘들다. 다행히 고구려의 고취는 안악3호분 벽화의 대행렬도에서 살펴볼 수 있는데, 여기에는 두 사람의 악공이 분고(鼖鼓)로 보이는 악기를 메고 있으며, 금탁(金鐲) 또는 금탁(金鐸)으로 보이는 악기를 메고 가는 모습도 보인다.

　북과 종(鍾)은 성악(聲樂)을 조절하거나, 군사들을 조화롭게 움직이거나, 농사일을 바르게 할 때 사용한다. 특히 군사들이 행진할 때는 북을 쳐서 전진하게 하고, 금속악기를 쳐서 군사들을 조절하는데, 분고는 군사를 선동할 때 사용하는 악기이다. 이 분고와 호응하는 것이 금(金)이다. 『주례(周禮)』에 고인(鼓人)이 "금탁(金鐲)으로 북소리를 조절하고, 금요(金鐃)로 북을 그치게 하고, 금탁(金鐸)으로 북과 통하게 한다(以金鐲節鼓, 以金鐃止鼓,

안악3호분 대행렬도 일부(국립문화재연구소·한성백제박물관)

以金鐸通鼓"고 하였다.

고구려의 대행렬도에는 이 외에도 말을 타고 악기를 연주하는 고취악대의 모습이 보인다. 연주하는 이들이 4명 정도로 보이는데, 그림이 뚜렷하지 않아 이들이 연주하는 악기를 특정할 수는 없다. 다만 첫 번째 줄에서 연주하는 악기는 뚜렷하게 분별할 수 있는데, 바로 우보고(羽葆鼓)이다. 우보는 북(鼓) 위를 깃으로 장식한 것을 일컫는데, 말 위에서 치는 북이다. 그런데 고구려에서 왜 이런 고취를 사용하게 되었을까? 이에 대한 단서는 오로지 대행렬도 벽화뿐이다. 하루 빨리 남북 교류가 활성화되어 이 벽화에 대한 정밀한 조사가 진행되었으면 한다.

3부

풍물과 군악

1) 북소리에 전진, 징소리에 정지

인간은 전쟁과 더불어 살아왔다. 전쟁은 인간의 존립을 위협하기도 하지만, 동시에 인간의 존립 기반이기도 하다. 생존의 지평인 대지를 확대하거나 수호하기 위한 전쟁은 인간에게는 필수적인 요소이기 때문이다. 타인보다 더 많이 소유하고자 하는 인간의 욕망이 사라지지 않는 한, 전쟁 역시 사라지지 않을 것이다. 전쟁은 인간 욕망의 또 다른 표현이다. 이런 의미에서 인간의 역사는 전쟁의 역사이다.

"전쟁이란 국가의 큰일이며, 삶과 죽음의 바탕이고, 존속과 멸망의 길이니 살피지 않을 수 없다(兵者, 國之大事, 死生之地, 存亡之道, 不可不察也)."『손자병법(孫子兵法)』첫머리에 나오는 글이다. 전쟁에서는 이길 수 있는 방법을 취하고, 질 수 있는 길을 취하지 않는 것이 중요하다. 전쟁에서 우리의 진(陳)을 유지하고 상대방의 진을 깨뜨리면 승리할 수 있다. 이때 "소규모 전투의 병력처럼 대규모 병력을 운용하는 것이 형명이다(鬪衆如鬪寡, 形名是也)."『손자병법』우리의 병력이 모여서 하나가 되고, 적군의 병력은 분산되어 10이 되어, 그 10배의 병력으로 분산된 1을 공격하면, 아군의 병력은 많게 되고 적국의 병력은 적게 되기에 승리할 수 있다.

이때 중요한 것이 좌작진퇴(坐作進退)의 절차이다. 즉 앉고, 일어서고, 전진하고 후퇴하는 절차에 따라 진을 유지하면서 일사분란하게 움직이는 것이 핵심이다. 이러한 좌작진퇴는 어떤 신호에 의해서 이루어질까? 하나는 깃발이고, 다른 하나는 소리였다. 이것을 형명(形名)이라고 한다. 소리의 경우에 북(鼓)은 전진의 신호이고, 징(丁寧)은 정지의 신호였다.

> "군정(軍政)에서 '말로는 서로 듣지 못한다. 그러므로 북(鼓)과 징(金)을 사용한다. 보려고 해도 서로 보지 못한다. 그러므로 깃발(旌旗)을 사용한다'고 하였는데, 무릇 금고(金鼓)와 깃발은 사람의 귀와 눈을 한 사람처럼 만들기 때문이다. 백성들이 이미 전일(專一)하게 되면, 용감한 자는 홀로 전진하지 않고, 겁쟁이는 홀로 후퇴하지 않는다. 이것이 많은 병력을 운용하는 방법이다. 그러므로 야간 전투에서는 대부분 금고를 사용하고, 주간 전투에서는 대부분 깃발을 많이 사용하는데, 사람의 이목(耳目)과 변통하기 때문이다." 11

북과 징으로 전진과 후퇴를 알린 역사는 매우 오래되었다. 『춘추좌전(春秋左傳)』에 의하면, "초장왕과 약오씨가 고호에서 전쟁하였다. 자월초가 초장왕에게 화살을 쏘았다. 그러자 화살이 초장왕이 탄 전차의 말을 매기 위해 전차의 앞에 길게 나와 있는 끌채를 지나 북을 매다는 틀을 꿰뚫고 징(丁寧)에 맞았다(楚子與若敖氏戰于皐滸, 伯棼射王, 汰輈, 及鼓跗, 著於丁寧)"는 기록이 있다. 선공 4년(기원전 605)의 일이었다.

『주례』「대사마(大司馬)」에는 앉고 일어서고 나아가고 물러서며(坐作進退), 빨리 하고 서서히 하고, 가끔하고 자주하는(疾徐疏數) 절도에 대해 언

---

11 『孫子兵法』(中國哲學書電子化計劃, https://ctext.org/zh),「軍爭」. "《軍政》曰:「言不相聞, 故為金鼓, 視不相見, 故為旌旗.」夫金鼓旌旗者, 所以一民之耳目也. 民既專一, 則勇者不得獨進, 怯者不得獨退, 此用衆之法也. 故夜戰多金鼓, 晝戰多旌旗, 所以變人之耳目也."

급하고 있다.

> "중군(中軍)이 마상의 북인 비(鼙)를 울리도록 명령하면, 고인(鼓人)이 3번 북을
> 친다. 사마가 탁(鐸)을 흔들면 군리가 기(旗)를 일으키고, 전차와 보병이 다 일어
> 난다. 북을 치면서 행진하고, 탁(鐲)을 울리면 전차와 보병이 다 움직여 표(表)에
> 이르면 그친다. 세 번 북을 치고 탁(鐸)을 흔들면 군리들이 기를 쓰러뜨리고 전차
> 와 보병이 다 제자리에 앉는다. 또 세 번 북을 치고 탁(鐸)을 흔들면 기를 일으켜
> 세우고 전차와 보병이 다 일어서며, 북을 치면서 행진하고, 탁(鐲)을 울리면 전차
> 는 달리고 보병은 뛰어가서, 표에 이르면 그치는데, 앉고 일어서는 것을 처음과 같
> 이 한다. 또 북을 치면 전차는 질주하고 보병은 달려나가 표에 이르면 그친다. 북
> 을 쳐서 공격을 알리고 세 번 그칠 때, 전차에서 세 번 발사하고, 보병은 세 번 찌
> 른다. 북을 치면 후퇴하고, 요(鐃)를 울리면 또한 물러나 표에 이르면 그치는데,
> 앉고 일어서는 것을 처음처럼 한다." [12]

당연히 우리나라의 경우에도 전쟁 시에 금고와 깃발을 사용하였다. 『삼
국사기』를 보면, 고구려 유리왕(琉璃王) 11년(기원전 9) 4월 선비를 굴복시킬
때 왕이 깃발을 들고 북을 울리며 나아갔으며, 문무왕(文武王) 14년(674) 9월
영묘사 앞길에서 군사를 사열하고 육진병법(六陣兵法)을 보았다. 태종 무
열왕(武烈王) 7년(660) 7월 9일 신라와 백제가 황산벌에서 싸울 때, 품일(品
日)의 아들 관창(官昌)이 홀홀단신으로 적진에 들어가 싸우다가 사로잡혀,
머리를 베이고 말안장에 매달려 돌아오자, 삼군(三軍)이 (이를) 보고 슬퍼하
고 한탄하여 죽을 마음을 먹고 북을 치고 고함을 지르며 진격하자 백제의

---

12 『周禮』(中國哲學書電子化計劃, https://ctext.org/zh), 「夏官司馬·大司馬」. "中軍以鼙令鼓, 鼓人皆三
鼓, 司馬振鐸, 群吏作旗, 車徒皆作. 鼓行, 鳴鐲, 車徒皆行, 及表乃止. 三鼓, 摝鐸, 群吏弊旗, 車徒
皆坐. 又三鼓, 振鐸作旗, 車徒皆起, 鼓進, 鳴鐲, 車驟徒趨, 及表乃止, 坐作如初. 乃鼓, 車馳徒走, 及
表乃止. 鼓戒三闋, 車三發, 徒三刺. 乃鼓退, 鳴鐃且卻, 及表乃止, 坐作如初."

무리가 크게 패하였다.

2) 현행 풍물에 배어 있는 군악의 흉터

풍물은 "무릇 거동하실 때에 어가의 앞뒤에서 고취하거나 칙사를 환영하는 연향(宴享)할 때에 사용되는(凡擧動時, 駕前駕後鼓吹及, 迎勅宴享時所用, 인조 25년)" 악기를 일컫는다. 『세종실록』「오례」의 고취에 의하면, 풍물은 방향, 화(和)와 생(笙), 노래(哥), 비파, 필률, 우, 월금, 적, 현금, 가야금, 아쟁, 대쟁 (大箏), 향필률(鄕觱栗), 퉁소(洞簫), 해금, 대적(大笛), 장고라 할 수 있으며, 영조 41년(1765) 영조의 보령 71세를 경축하기 위한 수작을 기록한 『을유수작의궤』에 의하면, 풍물은 필률, 대금, 당적, 퉁소, 비파, 해금, 장고, 교방고, 방향이라고 할 수 있다. 즉 풍물은 고정된 것이 아니라 시대에 따라 그 구성을 달리하였던 것이다.

질 들뢰즈(Gilles Deleuze, 1925~1995)는 『차이와 반복』에서 "흉터는 과거에 당한 부상의 기호가 아니라 부상을 입은 적이 있다는 현재적 사실이다. 말하자면 흉터는 부상에 대한 응시"라고 하였다. 조선시대의 풍물과 달리 현행 풍물에는 군악에 대한 흉터가 있는데, 이는 풍물에 군악의 요소가 있었다는 과거의 기호가 아니라, 군악적 요소가 현재한다는 현행적 표현이다.

풍물에 존재하는 군악적 흉터는 달 표면의 곰보 자국처럼 여기저기 도처에 분포되어 있다. 그 대표적인 것이 복장이다. 복장은 왕조와 시대가 바뀌더라도 변하지 않는 동토(凍土) 속의 아이콘이다. 지금도 국립국악원의 악사들이 착용하고 있는 복두는 당나라 때부터 사용되었던 관(冠)이다. 『신당서』「거복지(車服志)」에는 복두에 대해 "태종이 일찍이 후주(後周)에서 시작된 복두를 사용하였는데, 무사(武事)를 편하게 하기 위한 것(太宗嘗以襆

頭起於後周,便武事者也)"이라고 언급하고 있다.

현재 국립국악원에서 세종이 지은 신악 문무(文舞) 보태평이나 무무(武舞) 정대업을 연주할 때, 악사들이 착용하는 관은 개책이다. 그런데 이 개책도 당나라 때부터 사용하였던 관이다. 『신당서』 「거복지」에서 군신의 복장(群臣之服)에 관해서 언급할 때 "개책(介幘)은 등가(登歌)하는 악공의 복장이다. 등가의 공인은 붉은 물감으로 이어진 치마에, 혁대하고, 검은 가죽신을 신었다(介幘者, 登歌工人之服也. 登歌工人, 朱連裳, 革帶, 烏皮履.)"고 하였다.

세종의 신악 무무 정대업의 춤을 출 때는 문무 보태평 때와는 다른 복장을 사용한다. 문무에 진현관을 사용한다면, 무무에는 피변(皮弁)을 사용한다. 그런데 이 피변의 생명력은 놀라울 만큼 오래되었다. 『예기』 명당위(明堂位)에서 "당상에 올라 청묘를 노래하고 당하에서 관악기로 상(象)을 연주하며, 붉은 방패와 옥으로 자루를 장식한 도끼를 잡고 대무(大武)를 추고, 피변과 소적(素積) 차림에 석의를 드러내고 대하(大夏)의 춤을 추었다(升歌清廟, 下管象, 朱干玉戚, 冕而舞大武, 皮弁素積, 裼而舞大夏.)"고 하였다.

청묘(清廟)는 주나라 문왕(文王)에게 제사하는 시(詩)이다. 그러므로 문왕의 덕을 형용한 『시경』 유청(維清)의 반주에 맞추어 상무(象舞)를 추었다. 방패와 도끼는 무력을 상징한다. 주나라 무왕이 무력으로 은상의 마지막 왕 주(紂)를 토벌한 사건을 상징하였던 것이다. 대하(大夏)는 하나라의 우(禹) 임금이 문무를 겸한 것을 형용한 것이다. 이때 피변과 소적의 차림을 한다.

세종이 신악 '균화(鈞和)'를 창제할 때, 태조 이성계가 언로(言路)를 열고 공신(功臣)을 보전하였으며, 토지제도가 무너져 강한 사람은 합치고 약한 사람은 줄어드는 폐해를 바로잡아 국가의 창고는 꽉 차고 백성은 휴식하게 되었는데, 토지 제도를 바로잡고 예악(禮樂)을 정한 문덕을 기리어 '보태평(保太平)'을 지었다. 태조가 요동방면을 지배하던 원나라 잔여세력 나하

추를 물리친 것과 왜구를 무찌른 공, 그리고 고려 말 신우(辛禑)가 왕위를 도적질한 것을 평정한 무공을 형용하여 '정대업(定大業)'을 지었다.

이 무무 정대업을 출 때 착용한 것이 피변이다. 하나라의 우 임금이 문무를 겸한 것을 형용한 춤을 출 때 사용한 피변이 조선의 세종을 거쳐, 지금 국립국악원에

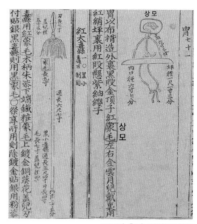

투구와 홍대둑(『악학궤범』)

서 사용하고 있는 것이다. 그런데 피변의 흉터는 여기에 그치지 않는다. 풍물에서 열두 발 상모를 돌릴 때 착용한 것이 바로 피변이다. 열두 발 상모 속에는 군악의 냄새가 짙게 배어 있는 것이다.

정대업의 무무를 출 때 사용하는 의물 중에 투구(冑)가 있다. 『악학궤범』에 의하면 "투구는 베를 배접하여 만들고, 바깥은 흑단으로 짠다. 금(金)으로 된 꼭지와 홍색 상모(象毛)를 얹고, 좌우에 금으로 된 운월아를 붙인다. 운두의 안은 홍초를 쓰고, 처마의 안은 홍단을 쓴다. 자주로 만든 끈을 단다(冑以布褙造, 外裏黑段, 金頂子, 紅象毛, 左右金雲月兒, 戴裏用紅綃, 坪裏用紅段, 懸紫紬纓子.)"고 설명하고 있다. 현행 풍물에서 상모를 돌릴 때 소위 벙거지라고 하는 것이 다름 아닌 조선의 군인들이 썼던 투구이고, 이 투구에 얹힌 상모를 지금 상모라고 하는 것이다. 상모라는 용어는 『악학궤범』의 홍대둑(紅大纛)에서도 발견할 수 있다. 대둑에는 길이가 9치인 홍색 상모를 쓰고, 흑둑에는 길이 7치인 상모를 사용하는데, 현행 부포의 유래이다.

3) 태평소, 조선 태조 때 첫 등장

현행 풍물은 조선시대의 풍물과 차이가 있다. 현행 풍물은 무수한 변화를 거쳐서 현재의 모습을 띠게 되었기 때문이다. 풍물의 변천사를 살펴볼 때 가장 숙고해야 하는 부분이 무엇일까? 그것은 바로 악기이다. 현행 풍물이 조선시대의 풍물과 현격하게 차이나는 악기가 바로 태평소(太平簫)와 북 (鼓), 소금(小金)과 징(鉦)이다.

현행 풍물에는 매우 독특한 악기가 있다. 풍물에 속하는 악기인 것도 같고, 그렇지 않은 것 같기도 한 악기가 있는데, 그것이 바로 태평소이다. 태평소는 고려시대에는 사용하지 않았던 악기이다. 고려시대 당악에는 방 향(16매), 통소(8구멍), 적(8구멍), 필률(9구멍), 비파(4줄), 아쟁(7줄), 대쟁(大箏, 15 줄), 장고, 교방고, 박(拍)을 사용하였고, 속악에는 현금(6줄), 비파(5줄), 가야 금(12줄), 대금(12구멍), 장고, 아박(牙拍, 6매), 무애(無㝵), 무고(舞鼓), 해금(2줄), 필률(7구멍), 중금(中笒, 12구멍), 소금(小笒, 7구멍), 박(拍)을 사용하였으며, 고취 에는 금정, 강고, 도고를 사용하였을 뿐, 태평소를 사용한 적은 없었다.

태평소라는 악기는 그 유래를 찾기 힘든 악기이다. 중국의 악기 관련 서적에도 호적(胡笛)이라는 악기는 있지만, 태평소라는 악기를 찾아볼 수는 없다. 호적과 태평소는 분명 다른 악기이다. 조선에서도 사정은 마찬가지 였다. 그렇다면 태평소라는 악기 명칭은 어디서 유래한 것이고, 언제 도입 된 악기일까?

태평소라는 악기가 처음 등장하는 것은 조선 태조 때였다. 『조선왕조실 록』 태조 3년(1394) 10월 5일의 기사에 의하면, "서북면 도절제사 최영지(崔 永沚)가 가족을 인솔하고 투화(投化)해온 사람 한 명을 잡아서 보내왔는데, 소를 잘 불었으므로 '대평소(大平簫)'라 하였다"는 것이다. 최영지는 안주(安 州)·의주(義州)·이성(泥城)·강계(江界) 등의 병마도절제사 겸 안주 목사였는데, 이때 소를 잘 부는 사람이 귀화하여 그를 대평소라 하였다는 것이다. 이러한 기록으로부터 태평소는 북방 민족이 사용하였던 악기라고 할 수 있다. '대평소'는 '태평소'와 통한다.

태종 때부터 태평소를 익히기 시작하였다. 태종 16년(1416) 7월 16일의 기사에 의하면, "태평소를 익히는 사람이 처음에는 29인이었는데 19명으로 줄이었다"는 기록이 있다. 또한 세종 8년(1426) 3월 12일 중국에서 사신 윤봉(尹鳳)과 백언(白彦) 일행이 서울에 들어온 적이 있었는데, 이때 사신이 태평소를 가지고 왔다. 세종은 병조에 군기감에서 그 모양대로 만들어 사람들에게 전습(傳習)시키라고 하였다.

태평소는 군대에서 사용하였던 악기였다. 세종 12년(1430) 4월 22일의 기사에 의하면, 병조에서 강무(講武)로 거동할 때에 취라치(吹螺赤)와 함께 중군(中軍)에 속한 태평소는 붉은 표장을 등에 붙이게 하였으며, 좌군(左軍)에 속한 취라취·태평소는 푸른 표장을 왼쪽 어깨에 붙이게 하였고, 우군(右軍)에 속한 취라취·태평소는 흰 표장을 오른쪽 어깨에 붙이게 하였다.

강무는 군막(軍幕)에서 군병을 훈련하고, 군사를 크게 사열(査閱)하며, 병법을 익히고, 싸우고 진(陣)치는 제도를 익히는 것을 말하는데, 사냥하는 법과 통하였다. 『세종실록』 부록에 수록된 「강무의(講武儀)」에 의하면, 병조에서 사냥하는 영(田令)을 나누어 알려서, 드디어 에워싸서 사냥하게 하였다. 그 양익(兩翼)의 장수(將帥)가 모두 기를 세우고 그 앞은 빠뜨린 채 에워싸면, 몰이하는 기병을 설치하였다. 유사가 이에 짐승을 세 번째 몰이하여 지나갈 때 임금이 그제야 짐승을 따라 왼편에서 이를 쏘았다. 몰이할 적마다 반드시 짐승 세 마리 이상으로 하였는데, 임금이 화살을 쏜 뒤에야 여러 군(君)들이 화살을 쏘고, 여러 장수와 군사들이 차례로 이를 쏘았으며, 이를 마치고 몰이하는 기병이 그친 뒤에야 백성들에게 사냥하도록 허락하였다.

현형 풍물에는 '모리'라는 용어가 많다. '휘모리'나 '중모리' 등이 좋은 예이다. 그런데 '모리'라는 용어는 어디에서 유래한 것일까? 필자는 사냥할 때의 '몰이꾼(驅軍)'과 관련이 있다고 생각한다. 왜냐하면, 사냥은 군사 훈련의 일환이고, 사냥할 때의 몰이꾼으로 재인과 화척 등이 쓰였으며, 이들이 나중에 풍물의 형성과 관련이 있기 때문이다.

> "충청도·경상도·전라도에 명하여 구군(驅軍)을 뽑아 보내게 하였다. 임금이 임실현(任實縣) 지방에 금수(禽獸)가 많다는 말을 듣고 순행(巡幸)하고자 하여, 경상도·충청도에서 각각 1천 명씩과 전라도에서 2천 명을 본월 24일에 금주(錦州) 남제원(南濟院)에 모이도록 기약하였는데, 각각 10일 양식을 싸오게 하였다. 전라도에서는 재인(才人)·화척(禾尺)과 각진(各鎭)의 번상(番上)한 군관(軍官)과 번하(番下)한 시위군(侍衛軍)을 전부 다 뽑아 보냈다." [13]

임금이 사냥할 때 몰이꾼이 필요하였고, 이때 재인이나 화척, 군관과 시위군을 몰이꾼으로 동원하여 충당하였던 것이다. 그런데 어떻게 사냥감을 몰았고, 어떠한 신호와 악기를 사용했을까?

> "병조에 전지하기를, '몰이꾼[驅軍]의 진퇴(進退)를 취각(吹角)으로만 신호하기 때문에 알기가 어려워서, 난잡한 행동으로 질서를 잃곤 하니 진실로 불가한 일이다. 금후로는 대가(大駕) 앞에 청·홍·백의 삼색 대휘(大麾)를 받들어놓고, 대각을 분 뒤에, 홍색 대휘를 사방으로 흔들면 중군이 정지하고, 청색 대휘를 사방으로 흔들면 좌군이 정지하고, 백색 대휘를 사방으로 흔들면 우군이 정지하며, 삼색 대휘를 일시에 사방으로 흔들면 삼군이 일시에 정지하여 서는데, 삼색의 휘를 혹은 앞으로 하고, 혹은 뒤

---

13 『조선왕조실록』, 『태종실록』 26권, 태종 13년 9월 16일 임진 두 번째 기사. "○命忠淸, 慶尙, 全羅道, 抄送驅軍. 上聞任實縣地禽獸之多, 欲巡幸也. 慶尙, 忠淸道各一千名, 全羅道二千名, 本月二十四日, 期會錦州 南濟院, 各齎十日糧. 全羅道則才人禾尺及各鎭番上軍官與番下侍衛軍, 盡數抄送."

로 하며, 혹은 흔들면, 중군이 이를 바라보고 각군을 지휘하게 하라' 하였다."[14]

사냥하는 법(田法)을 규정한 「강무의(講武儀)」에 따르면, 장차 사냥하는
장소에 이르러 어가가 북을 치면서 에워싼 데로 들어가는데, 동남쪽에 있는
사람은 서향하고, 서남쪽에 있는 사람은 동향하여 말을 탄다. 여러 장수들
이 모두 북을 치면서 가서 에워싼 데에 이른 후, 몰이꾼들이 취각의 신호에
의하여 짐승을 세 차례 몰이했던 것인데, 이러한 것이 현행 풍물의 '모리'와
관련이 있을 것으로 생각된다.

조선시대의 음악은 크게 등가(登歌)와 헌가(軒架)로 나눌 수 있다. 등가
는 당상에 올라 연주하는 음악인데, 이에 맞추어 당하에서 문무(文舞)를 춘
다. 뜰아래에서 배치하고 연주하는 것이 헌가인데, 이에 맞추어 무무(武舞)
를 춘다. 세종 때 헌가에서 태평소를 사용하였는지는 자료가 미비하여 명
확하게 알 수 없다. 그러나 세조 때 편찬된 악보 중에 헌가의 그림을 보면,
노래하는 이와 함께 월금, 가야금, 당비파, 방향, 필율, 장고 등과 더불어 태
평소 둘을 배치하여 연주하였다는 것을 알 수 있다. 이와 비슷한 그림이 성
종 5년(1474)에 펴낸 바 있는『국조오례의서례』의 「속부악현도설」에서는 종
묘나 영녕전 헌가 때 태평소 둘을 배치하였고, 전정헌가도설(殿庭軒架圖說)
에서도 태평소 둘을 배치하고 있다. 적어도 세조 때부터 헌가에서 무무를
출 때 태평소가 연주되었던 것이다.

세종이 창제한 신악(新樂) 문무 보태평과 무무 정대업은 세조 때 간략
하게 새로 정해지게 된다. 이때 종묘 제사의 초헌에서는 보태평을 연주하

---

14 『조선왕조실록』,『세종실록』63권, 세종 16년 2월 8일 병진 두 번째 기사. "○傳旨兵曹: 驅軍進退, 但以
吹角, 知會爲難, 因此亂行失序, 誠不可也. 今後駕前, 奉靑紅白三色大麾, 吹大角後, 以紅麾四方亂點, 則中
軍止; 以靑麾四方亂點, 則左軍止; 以白麾四方亂點, 則右軍止; 三色麾一時四方亂點, 則三軍一時立止; 三
色麾或前或後或點, 中軍望見, 指揮各軍."

였으며, 아헌에서 정대업을 연주하였다. 성종 때 편찬된『악학궤범』에서 태평소를 설명할 때, 정대업 중 첫 번째 악장인 소무(昭武), 여섯 번째 악장인 분웅(奮雄), 마지막 악장인 영관(永觀)에서 태평소를 겸용하였다고 하였다. 태평소는 문무와 달리 무공(武功)을 드러낸 악장에서만 사용하였던 것이다.

태평소는 마상병(馬上兵), 즉 군인이었다. 성종 6년(1475)에 취라치가 6백 40명이었고, 태평소는 60명이었으며,『대전』에 의하면, 취라치·태평소는 5번(番)으로 나누어 4삭(朔)마다 상체(相遞)하였다. 네 달마다 서로 임무를 교대한 것이다. 취라치와 대평소는 종5품에 거관(去官)하였다. 태평소는 국가에 큰 행사가 있을 때 전국에서 동원되어 행사를 마친 뒤에나 급료를 받았던 재인들과는 그 처지가 달랐다.

4) 징과 북, 전진과 후퇴의 신호

조선시대 쟁(錚)을 만들던 쟁장(錚匠)과 북을 만들던 고장(鼓匠)은 병조와 군기감에서 관리하였다. 쟁과 북이 군악기였기 때문이다. 세종 때 쟁장은 2명에서 4명으로 증원되었고, 고장은 6명이었으며, 세조 때 쟁장과 고장은 각각 15인이었다.『세종실록』「오례」에서는 정에 대하여『『운회』에서는 쟁(錚)은 정(鉦)이라고 하였다.『내전』에서는 '현녀(玄女)가 황제(黃帝)에게 정요(鉦鐃)를 주조(鑄造)해줄 것을 청하여 소리를 모방하였다'고 하였다. 지금의 동라(銅鑼)가 그 유제(遺制)이다(『韻會』 錚, 鉦也.『內傳』曰: '玄女請帝鑄鉦鐃以擬之聲.' 今銅鑼, 其遺制也.)」라고 하였다.

그렇다면 정이라는 악기는 어떤 악기일까?『세종실록』「오례」의 '군례서례 병기'에서는 정이라는 악기를 그림으로 설명하고 있는데, 이는 같은 곳에서 설명하고 있는 금(金)과 생김새가 똑같다. 성종 5년(1474)에 편찬된『국조오례서례』에서는 금에 대해, "운회(韻會)에서 행군(行軍)할 때 정(鉦)과 탁(鐸)은 금(金)이라 한다. 석명(釋名)에서는 금(禁)이라 하는데, 전진과 후퇴의 금령을 한다(韻會軍行鉦鐸曰金. 釋名云金也爲進退之金)"라고 하였다. 또한 북에 대해서 설명하면서 "북은 움직이며, 정은 정지한다(鼓動鉦止)"고 설명하고 있는데, 북의 신호에 의해 전진하고, 정의 신호에 의해 정지하는 것은 예로부터 있었던 군사 제도이다.

조칙을 맞이할 때와 사직과 종묘에 왕이 친히 제향할 때, 대가노부를 사용하였고, 임금이 선농(先農)에 친히 제향하고, 국학에 행차하여 석전례(釋奠禮)를 행하고, 사단에서 활쏘기를 할 때나 무과(武科)의 전시(殿試)에

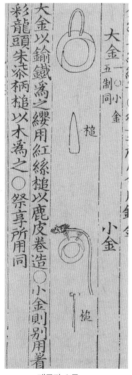

대금과 소금

사단에서 활 쏘는 것을 구경할 때 법가노부를 행하였으며, 능에 참배하고 활 쏘는 것을 관람할 때나 평상시의 대궐 문밖에 거동할 때 소가노부를 사용하였는데, 이때 나아가고 멈추는 신호를 금고(金鼓)로 하였다.

성종 24년(1493)에 편찬된『악학궤범』에서는 세종이 창제한 무무 정대업 정재의 의물 도설을 설명하면서, 대금(大金)과 소금(小金)을 소개할 때, "대금은 놋쇠로 만들고 끈은 홍색 실을 쓰며, 대금을 치는 퇴(槌)는 사슴가죽을 말아서 만든다(大金以鍮鐵爲之.緌用紅絲.槌以鹿皮卷造)"고 하였다. 소금은 "채색한 용두머리가 붙어있는 붉은 색을 칠한 자루를 별도로 쓴다. 소금을 때리는 퇴(槌)는 나무로 만든다(小金則別用着彩龍頭朱添柄.槌以木爲之)"고 하였다.

그렇다면 전진과 후퇴를 신호하는 금고가 왜 선조의 무공을 노래한 정대업의 반주에 쓰였던 것일까? 문덕을 노래한 문무와 무공을 칭송한 무무의 춤에는 각각 네 표(表)를 설치하였고, 표 사이의 거리를 4보(步)로 하였다.

악무(樂舞)의 앞으로 나아가고 뒤로 물러서는 법(樂舞進退之法)은 "표(表)를 일무(佾舞) 추는 위치에 세우고, 춤추는 사람이 남쪽 표로부터 둘째 표를 향하면 일성(一成)이 되고, 둘째 표로부터 셋째 표에 이르면 이성(二成)이 되고, 셋째 표로부터 북쪽 표에 이르면 삼성(三成)이 되며, 이에 돌아서 남쪽으로 오되 북쪽 표로부터 둘째 표에 이르면 사성(四成)이 되고, 둘째 표로부터 셋째 표에 이르면 오성(五成)이 되고, 셋째 표로부터 남쪽 표에 이르면 육성(六成)이 되는데, 음악도 또한 여섯 번 변하게 된다. 그러면 천신(天神)이 모두 강림하게 되는데, 이것이 천신에게 제사하는 환종궁(圜鍾宮)의 여섯 번 변하는 춤이다. 또 남쪽 표로부터 둘째 표에 다시 이르면 칠성(七成)이 되고, 둘째 표로부터 셋째 표에 이르면 팔성(八成)이 되는데, 음악도 또한 여덟 번 변하여 지기(地祇)가 모두 나오게 되는데, 이것은 지기(地祇)에게 제사하는 함종궁(函鍾宮)의 여덟 번 변하는 춤이다. 또 셋째 표로부터 북쪽 표에 다시 이르면 구성(九成)이 되는데, 음악도 또한 아홉 번 변하여 사람 귀신에게 예(禮)를 올릴 수 있으니, 이것은 사람 귀신에게 제향(祭享)하는 황종궁(黃鍾宮)의 아홉 번 변하는 춤이다(세종 12년, 1430년 2월 19일 박연의 상서上書 기사)"라고 하였다. 이 네 표에 따라 나아가고 물러서는 절차가 곧 무무의 법인데, 이때 나아가고 물러서는 반주를 금고로 하였다.

정조 11년(1787)에 장용영(壯勇營)에서 간행한 『병학지남(兵學指南)』은 명나라 척계광이 쓴 『기효신서(紀效新書)』에서 군대의 조련방법에 관한 부분을 요약한 것이다. 『병학지남』은 한문으로 기술하고 이를 한글로 풀어서 설명하고 있는데, 금(金)은 '증'으로, 고(鼓)는 '붑'으로 풀이하고 있다. 즉 금은 오늘날의 '징'에 해당하고, 고는 '북'에 해당한다는 것을 알 수 있다.

5) 좌작진퇴는 금고 담당

군사의 훈련에서 중요한 것이 형명(形名), 즉 깃발과 금고이다. 군사들이 앉고 일어서고 전진하고 후퇴하는 좌작진퇴와 관련된 것이 금고이다. 세종 3년(1421) 7월 9일, 병조에서 진법과 그 운용에 관한 글에서 금(金)과 고(鼓)의 쓰임새를 밝힌 바 있는데, 현행 풍물과 관련하여 시사하는 바가 많다.

　　우선 행진법(行陣法)에서는 중위(中衛)에서 각(角)을 한통(一通) 불고, 북(鼓)을 한통(一通) 치면, 각 위(衛)에서 이에 응하여 군사를 정돈하고, 중위에서 각을 불고 행진하라는 북을 진동하면, 우위(右衛), 전위(前衛), 중위(中衛), 후위(後衛), 좌위(左衛)의 순서대로 행진하였다. 그리고 네 위(衛)가 스스로 관기(官旗)를 세우고 천천히 행진하다가, 빠른 북(疾鼓)으로 진동하면 빨리 행진하며, 쇳소리(金)를 들으면 정지하였다.

　　결진(結陣)하는 법에서는 북이 울리어 다섯 위가 각기 그 진(陣)을 이루게 하였는데, 중위는 원진(圓陣), 좌위는 직진(直陣), 전위(前衛)는 예진(銳陣), 우위(右衛)는 방진(方陣), 후위(後衛)는 곡진(曲陣)을 이루게 하였다. 가운데(中)는 토(土)에 해당하고, 토(土)는 원(圓)에 해당한다. 왼쪽(左)은 목(木)에 해당하고, 목(木)은 직(直)에 해당한다. 앞쪽(前)은 화(火)에 해당하고, 화(火)는 예(銳)에 해당한다. 오른쪽(右)은 금(金)에 해당하고, 금(金)은 방(方)에 해당한다. 뒤쪽(後)은 수(水)에 해당하고, 수(水)는 곡(曲)에 해당하기 때문에 이렇게 배치한 것이었다.

　　여러 기병이 쇳소리(金)를 듣고 진 안으로 들어와 중위의 5개의 기를 모두 눕히고 북을 울리고 흰 기를 달면, 다섯 위가 각기 방진(方陣)을 이루었다. 중위의 검은 기를 달고 북을 울리면, 방진(方陣)이 곡진(曲陣)으로 변하였고, 푸른 기를 달고 북을 울리면, 곡진이 직진(直陣)으로 변하였으며, 붉은 기를 달고 북을 울리면, 직진이 예진(銳陣)으로 변하였고, 누런 기를 달고 북을 울리면, 예진이 원진(圓陣)으로 변하였고, 흰 기를 다시 달고 북을 울리면, 원진이 방진으로 변하였다.

오행에 의하면, 방(方)은 금(金)에 해당하고, 금(金)은 방위로는 서쪽이고, 색깔로는 백색(白色)이다. 곡(曲)은 수(水)에 해당하고, 수(水)는 방위로는 북쪽이고, 색깔로는 흑색(黑色)이다. 직(直)은 목(木)에 해당하고, 목(木)은 방위로는 동쪽이고, 색깔로는 청색(靑色)이다. 예(銳)는 화(火)에 해당하고, 화(火)는 방위로는 남쪽이고, 색깔로는 적색(赤色)이다. 원(圓)은 토(土)에 해당하고, 토(土)는 방위로는 중앙이고, 색깔로는 황색(黃色)이기 때문에 결진하는 법에서 이렇게 하였던 것이다.

적군(敵軍)과 응전(應戰)하는 법은 중위에서 각(角)을 불고 검은 기가 앞을 가리키고 북이 울리면, 후위가 먼저 나가서 적군을 대적(對敵)하였다. 검은 색은 후위를 가리키기 때문이다. 붉은 기가 앞을 가리키고 북이 울리면, 전위가 먼저 나가서 적군과 대적하였다. 붉은 색은 전위를 가리키기 때문이다. 마찬가지로 황색 기를 달면 중위가, 백색 기를 달면 우위가, 청색 기를 달면 좌위가 나가 적군을 대적하였다.

적군이 패하여 달아나면, 북과 각이 합하여 울려지고, 기마병이 나아가서 추격하는데, 쇳소리(金)를 들으면 그치고, 1쟁(一錚)이면 싸움을 늦추고, 2쟁(二錚)이면 싸움을 그치고, 3쟁(三錚)이면 뒤로 돌아서고, 4쟁(四錚)이면 뛰어서 후퇴하고, 5쟁(五錚)이면 급히 후퇴한다. 북이 급히 울리면 다시 나아가서 급히 공격하였다.

교장(敎場)의 법에서 사표(四表)에서 앞으로 가고 뒤로 물러가는 것은, 중위에서 북을 울리고, 다섯 기가 앞을 가리키면, 다섯 위가 나와 제1표(表)에 나아가서 북을 치면서 행진하였다가, 제2표에 이르러 쇠(金)를 치고 기를 내리면, 이에 그치고 모두 앉았다. 중위에서 북을 울리고, 기를 세우면, 다섯 위가 모두 일어나고, 북을 쳐서 행진할 것을 신호하면, 기병은 달리고, 보병은 쫓아가서 제3표에 이르렀으며, 쇠를 치고 기를 내리면, 이에 그치고 모두 앉았다. 북이 또 울려지고 기를 세우면, 다섯 위가 모두 일어나고, 북을 쳐서 행진할 것을 신호하면, 기병과 보병이 모두 빨리 달려서 제4표에 이르렀으며, 쇠를 치고 기를 내리면, 이에 그치고, 모두 앉았다. 기를 세우고, 각을 한통 불고, 북을 한통 치면, 기병은 한 번 돌면서 달리고, 보병은 한 번 돌면서 싸우는데, 무릇 세 번을 하고서 그쳤다. 쇠(金)가 1성(一聲)이면 싸움을 늦추고, 2성(二聲)이면 싸움을 그치고, 3성(三聲)이면 뒤로 돌아서서 행진하여 제3표에 이르러 이에 그치며, 앉고 일어나는 것을 처음과 같이 하였다. 쇠(金)가 4성(四聲)이면, 빨리 물러나서 행진하여 제2표에 이르러 그쳤으며, 앉고 일어나는 것은 처음과 같이 하였다. 쇠가 5성(五聲)이면, 급히 물러나서 행진하여 제1표에 이르러 그치며, 앉고 일어나는 것은 처음과 같이 하였다. 각을 한통 불고 쇠가 5성이면, 다섯 위가 급히 진에 나아가서 각기 그 문[扇]에 돌아갔다. 병사는 북(鼓)으로 전진하고, 후퇴할 때에는 요(鐃)를 울린다.

그런데 여기서 북을 한통 친다는 것은 어떻게 친다는 것일까? 그리고 쟁의 경우 1쟁, 2쟁, 3쟁, 4쟁, 5쟁이라고 하였는데, 쇠(金)의 경우 1금, 2금, 3금, 4금, 5금이라 하지 않고, 1성, 2성, 3성, 4성, 5성이라 한 것은 무엇 때문일까?

혹시 금 1성은 잰-잰-잰-잰이 반복되는 형식이고, 2성은 재잰-재잰-재잰-재잰이 반복되는 형식이며, 3성은 재재잰-재재잰-재재잰-재재잰의 반복 형식이고, 4성은 재재재잰-재재재잰-재재재잰-재재재잰의 반복 형식이며, 5성은 재재재재잰-재재재재잰-재재재재잰-재재재재잰이 반복되는 형식을 가리키는 것은 아닐까? 그리고 이러한 형식이 현행 풍물과 연관이 있는 것은 아닐까?

6) 조선, 오행진법 적극 사용하다

조선의 진법은 태조가 삼군부(三軍府)에 명령을 내려서 '수수도(蒐狩圖)'
와 '진도(陣圖)'를 간행하게 한 것에서 비롯되었다. 태조 때 정도전(鄭道
傳, 1342~1398)이 일찍이 '오진도(五陣圖)'와 사시의 사냥하는 것을 그린 그림
인 '사시수수도(四時蒐狩圖)'를 만들어 바쳤는데, 당시 정도전·남은(南誾,
1534~1398)·심효생(沈孝生, 1349~1398) 등이 군사를 일으켜 국경에 나가기를 꾀
하였기 때문이다.

세종은 오례를 정비하였는데, 군례의 의식 중에는 해마다 9월과 10월
중에 도성 밖에서 십간(十干)의 갑(甲)·병(丙)·무(戊)·경(庚)·임(壬)에 해당하는
강일(剛日)에 대열하는 의식인 대열의(大閱儀)가 있다. 대열을 할 때 정열하
는 위차가 정해지면, 동군(東軍)과 서군(西軍)이 매 50보마다 표(表)를 세워 1
행(行)으로 삼은 5행(行)의 서로 이기는 법에 의거하여 서로 진(陣)을 만들어
이에 응하고, 매양 진을 변경할 적에는 각각 칼과 방패를 가진 군사 50인을
뽑아서 두 군대 앞에 도전(挑戰)하게 하였다. 제1, 제2의 도전은 번갈아 공격
하고 방어하는 용겁의 형상(勇怯之狀)이 되었고, 제3의 도전은 균적(均適)한
형세가 되었으며, 제4와 제5의 도전은 승패(勝敗)를 겨루는 형상(勝敗之形)
이 되었다. 5진을 마치면, 양군(兩軍)이 모두 직진(直陣)이 되었다.

조선 전기의 진법은 문종 1년인 신미년(1451) 6월 19일 문종이 친히 '신
진법(新陣法)'을 지어서 수양대군(首陽大君) 및 김종서(金宗瑞, 1383~1453)·정
인지(鄭麟趾, 1396~1478) 등에게 명하여 함께 교정(校定)하게 하여 완성하였는
데, 세조가 즉위한 뒤 주해에 음역을 달아 알기 쉽게 해석하고, 진도의 그림
을 넣은 『소자진서(小字陣書)』를 세조 1년(1455)에 인쇄하였고, 세조 5년(1459)
에 『대자진서(大字陣書)』를 인쇄하였다.

오행 진법에 관한 이야기는 당 태종과 이정(李靖, 571~649)이 묻고 응답한

『이위공문대(李衛公問對)』에서 찾아볼 수 있다. 이정에 의하면, 오행진은 오방색으로 인하여 이러한 이름이 세워졌는데, 병법은 위배되는 도라 하여 군대에서는 평소에 오행 진법을 연습하지 않는다는 것이다.[15] 그러나 조선에서는 이 오행의 상생상극 하는 법에 의하여 진법을 수립하였다.

'진법'에서 기(旗)의 쓰임에는 응답하는 '응(應)'이 있고, 땅에까지 대지 않고 다시 일으키는 '점(點)'이 있고, 땅에까지 댄 뒤에 다시 일으키는 '지(指)'가 있고, 보고하는 '보(報)'가 있고, 휘두르는 '휘(揮)'가 있다. 휘(麾)에는 '응'이 있고, '점'이 있고, '지'가 있고, '휘(揮)'가 있고, 눕히는 '언(偃)'이 있고, 드는 '거(擧)'가 있다.

각(角)에는 영(令)하려는 때에 먼저 대각(大角)을 불어서 경계하는 '영'이 있고, 소각(小角)을 부는 '전(戰)'이 있고, '촉(促)'이 있는데, 대각의 촉은 진퇴(進退)에 쓰고, 소각의 촉은 교전(交戰)에 쓴다. 그리고 보고하는 '보(報)'가 있다.

고(鼓)에는 휘(麾)를 지(指)하고 북을 치는 '진(進)'이 있고, 전각(戰角)을 불고 북을 치는 '전(戰)'이 있고, 드물게 치면 전진(戰進)하는 '서(徐)'가 있고, 자주 치면 전진하는 '질(疾)'이 있다.

금(金)에는 자주 치는 '퇴(退)'가 있고, 드물게 치는 '지(止)'가 있다. 비(鼙)에는 고(鼓)를 요란하게 치면서 크게 외친다. 탁(鐸)에는 숙정(肅整)하여 떠들지 않는다.

군령은 매우 엄격하여 진퇴 좌우(進退左右)를 영(令)하여도 좇지 않는 자와 마음대로 진퇴 좌우하는 자는 다 목을 베는 참(斬)에 처하였다. 장표(章標)를 잃은 자는 참하고, 군사(軍事)를 누설한 자도 참하고, 적에게 항복한 자는 그 집을 몰수하였으며, 적과 사사로이 교통(交通)한 자는 참하고,

---

15 茅元儀, 『武備志』(文淵閣四庫全書電子版, 上海人民出版社, 1999). "太宗曰：五行陳如何? 靖曰：本因五方色立此名. 方, 圓, 曲, 直, 銳實因地形使然. 凡軍不素習此五者, 安可以臨敵乎? 兵, 詭道也. 故强名五行焉. 文之以術數相生相克之義. 其實兵形象水, 因地制流, 此其旨也."

금고기각(金鼓旗角)을 잃은 자도 참하였다.

그렇다면, 북의 타법 중에서 전진하라는 신호인 '진(進)'과 교전하라는 신호인 '전(戰)' 그리고 전진(戰進)할 때 드물게 치는 '서(徐)'와 자주 치는 '질(疾)'은 현행 풍물과 어떠한 연관이 있을까? 또한 금(金)의 경우, 후퇴할 때 자주 치는 '퇴(退)'와 멈출 때 드물게 치는 '지(止)'는 어떻게 치는 타법이며 현행 풍물과 어떠한 연관이 있는 것일까?

7) 군악과 병학지남

조선의 진법은 전기와 후기로 나누어진다. 전기의 진법은 북방의 기마병에 대한 방비책으로써 진법 훈련이 시행되었다. 반면 임진왜란을 기점으로 선조부터는 남방의 왜구를 효과적으로 방비하는 척계광의 절강 진법을 수용하면서 새로운 진법 체제로의 전환을 모색하였다. 조선의 침략방어 대상이 북방에서 남방 왜구를 변화되었다는 점과 기존의 북방 기마병을 막는 전술인 오위진법 체제로는 수군과 보병 위주인 왜구를 막을 수 없다는 것이 진법 전환의 주된 원인이라 할 수 있다.

1592년 일본군이 침략하여 처음 진격하여 왔을 때 조선군이 일시적으로 후퇴한 것은 당시 조선 군대 편제가 갖추어지지 않은 것과 그 무기가 졸렬한 것에도 원인이 있었다. 그렇기 때문에 임진왜란 이후 조총 및 기타 무기의 제조와 아울러 군대 편제 및 기예 단련에 많은 주의를 하게 되었다. 이때 영의정으로 있었던 유성룡(柳成龍, 1542~1607)은 금군 70여 명을 선발하여 명군에게 보내어 무예를 배우게 하였고, 이보다 먼저 선조는 명장 이여송(李如松, 1549~1598)을 평양에서 만났을 때, 자기 군대가 왜적에게 위력을 발휘한 것은 척계광(戚継光, 1528~1588)이 지은 『기효신서(紀效新書)』에 있는 '어왜지법(禦倭之法)'을 적용한 까닭이라는 말을 듣고, 명군에게서 이『기효신서』를 얻어내어 조선에서 연구하게 하였다.

척계광은 중국 산동성에 있는 군인 가정의 출생으로서 절강 도사의 참장(參將)으로 남방 방비에 종사하였다. 당시 이 지방은 일본 해적이 출몰하여 명나라는 많은 곤란을 겪고 있던 때였다. 그는 1556년, 1560년에 새로 군사를 훈련하고 새 진법을 사용하며 전함과 화기 등을 개조하여 왜적과의 전투에서 많은 성과를 거두었다. 척계광이 이때의 경험을 바탕으로 책으로 만든 것이 바로『기효신서』이다.

『병학지남(兵學指南)』은 척계광의『기효신서』를 정리한 것으로써 '지남'은 지침서라는 의미이다. 『병학지남』의 서문은 정조가 즉위 11년(1787) 중동(仲冬)에 썼는데,『기효신서』의 판본 중에 증보하고 삭제한 것이 잡다하고, 빠지고 잘못된 것이 많아서, 이제까지 간행된 책을 모아 다시 바로잡았음을 밝히고 있다.

> "우리 조선의 수군, 육군의 정비와 경군과 향군의 단련이 실로『신서』에서 나오지 아니한 것이 없다. … 남쪽 지방은 산과 물이 많으므로 나누고 합하는 것이 유리하고, 북쪽 지방은 평야가 많으므로 방진이 유리하다. … 병학에 법이 있는 것은 바둑에 기보가 있는 것과 같다고 말하지 않는가. 이 책을 읽은 사람은 바둑을 잘 두는 사람이 기보로써 바둑을 두지 않으면 위태롭다는 것을 안다."[16]

정조는 여기에서 병법의 원리는 바둑의 원리와 같다고 말하고 있다. 바둑은 장기와 달라서 정해진 길이 없다. 장기의 경우, 마(馬), 상(象), 차(車),

---

16 『兵學指南』(규장각한국학연구원, 一簣古355.5 B993), 003a, 004a~004b, 005b, 006a. "凡我東水陸征繕, 京外團練, 實無不新書乎自出, … 南地多山川, 故以分合爲利, 北地多原野, 故以方陣爲利. … 不曰兵之有法, 如弈之有譜乎, 讀是書者, 知善弈者之不以譜爲弈幾矣."

포(包), 졸(卒) 등은 행마법이 정해져 있다. 마(馬)가 상(象)처럼 가면 안 되고, 차(車)와 포(包)의 사용법은 미리 정해져 있다. 장기의 기물은 각기 미리 정해진 정체성이 있으며, 각각의 정체성에 따라 두어야 한다. 정체성의 게임이 바로 장기이다.

그런데 바둑의 경우에는 돌들에게 미리 정해진 사용법이 없다. 각각의 돌들에게는 장기와 같은 미리 주어진 정체성이 없다. 바둑의 돌들은 이어뻗기를 하거나 마늘모 행마를 하거나, 한 칸을 뛰거나 두 칸을 벌이거나, 날일 자 행마를 하기도 한다. 심지어 단신으로 적진 깊숙이 홀로 뛰어들기도 한다.

바둑은 한 수 한 수 둘 때마다 새로운 배치가 형성되는데, 차이 나는 요소들이 하나하나 쌓임에 따라 최종적인 그림이 그려지며, 한 판 한 판을 둘 때마다 새로운 세계가, 새로운 기보가 탄생한다. 기원의 자리에는 차이만이 있고, 이데아가 없는 시뮬라크르들이 으르렁거린다. 이러한 차이나는 요소들에 의해 최종적으로, 사후적으로 동일성을 지닌 대상이 출현하는 것이다.

바둑을 잘 둔다는 것은 무수한 기보에 통달했다는 것을 의미한다. 기보를 많이 알면 알수록 그만큼 더 바둑을 잘 둘 수 있다. 이러한 이유 때문에 이세돌과 알파고와의 세기의 대결 이후, 알파고에게 1승을 거둔 프로 기사가 다시는 등장하지 않았다. 무수한 기보와 학습한 알파고를 더 이상 당해낼 수는 없었던 것이다.

정조는 바둑에서의 전투 방법을 병법에 적용할 수 있다고 보았다. 바둑에서의 기보와 마찬가지로, 전쟁에 있어서 갖가지 경우의 수에 통달한다면, 어떠한 전쟁에서도 이길 수 있다는 통찰이었다. 차이 나는 요소들에 의해 그려지는 최종적인 배치가 승패를 좌우하는 것이다.

『병학지남』은 다섯 권으로 되어 있는데, 제1권은 기고정법과 기고총결에 관한 것이다. 기고정법에는 총통으로 하는 호령, 호적 부는 호령, 나팔

부는 호령, 바라 부는 호령, 명라(鳴鑼)하는 호령, 북치는 호령, 솔발하는 호령, 징치는 호령, 취타하는 호령, 기화하는 호령, 쇠북치는 호령 등의 신호규정과 그 사용에 대한 것이 서술되어 있고, 기고총결에는 이상의 신호를 종합적으로 사용하여 이에 대한 실제적 행동을 다루고 있다.

조선 후기 병법에 관한 지침서인『병학지남』에서 깃발과 북 등의 호령은 '기고정법(旗鼓定法)'에서 설명하고 있는데, 내용이 매우 복잡한 편이다. 이에 대하여 총체적으로 설명한 것이 기고총결(旗鼓總訣)이다. 여기에서 총통으로 호령하는 법, 쇄납, 북, 징, 라, 바라, 나팔, 취타, 오방기 등의 호령에 대해 설명하고 있다.

호포(총통)의 신호는 명령이 내린다는 것이다. 한번 놓는 것은 명령이 내리거나 혹은 명령을 다시 고쳐 내린다는 것이다. 세 번 놓는 것은 정숙하게 하라는 것, 혹은 원수(元帥)가 장막에 장병을 소집하여 군사를 논의하거나 명령을 내리는 승장(升帳) 혹은 영을 닫는다는 것이다. 수없이 여러 번 놓는 것은 분산 혹은 집합하라는 것이다.

호적(號笛, 쇄납 吶 또는 태평소라고 한다)은 발방(명령과 호령)이 있다는 것이다. 교련장에서 불면 대장(隊長) 이상이 출두하고 관문에서 불면 초관 이상이 출두한다.

북은 전진하라는 것이다. 한 번 치는 동안에 약 20보를 나가는데 이것을 점고(點鼓)라고 한다. 이것은 행군하라는 것이다. 한 번 치는 동안에 한 걸음씩 나가는 것을 긴고(緊鼓)라고 한다. 이것은 빨리 가라는 것이다. 치는 소리가 연이어 우레 같은 것을 뇌고(擂鼓)라고 하는데 이것은 교전(交戰)하는 것, 혹은 물과 나무를 준비하라는 것, 또는 초경(初更)이란 것이다. 각과 궁을 번갈아 치는 것(角宮迭行)을 득승고(得勝鼓)라고 한다. 이것은 제자리에 돌아가란 것이다.

징(金)은 그치고자 함이니, 세 번 울리는 것은 퇴병(退兵) 혹은 취타(吹

打)를 정지하라는 것이고, 두 번 울리는 것은 취타하라는 것이며, 연이어 두 번 울리는 것은 퇴병하며 돌아서라는 것이다. 또 한 번 울리는 것은 치고 부는 것을 정지하며 혹은 기를 눕히라는 것이다. 징의 가(金邊)를 울리는 것은 복로 혹은 당보 및 기초를 보내라는 것이다.

라(鑼)는 앉으라는 것이다. 처음 울리는 것은 말에서 내리라는 것이요, 두 번째 울리는 것은 앉아서 휴식하라는 것이며, 계속하여 울리는 것(傳鑼)은 편안히 쉬라는 것이다.

바라(哱囉)는 일어서라는 것이다. 처음 부는 것은 출발 준비를 하라는 것이요, 두 번째 부는 것은 무기를 갖고 말을 타라는 것이다. 홑 소라를 부는 것은 두목으로 하여금 출발하라는 것이다.

나팔(喇叭)은 벌리라는 것이다. 북을 천천히 치며 나팔을 부는 것을 파대오(擺隊伍)라고 하는데 이것은 대열을 대대로 편성하라는 것이다. 대대가 정하여진 다음에 또 길게 부는 것을 단파개(單擺開)라 하는데, 이것은 열을 소대로 혹은 단열(單列)로 산개(散開)하라는 것이다. 소리를 길게 빼어 불면서 기를 가로 흔드는 것을 전신(轉身)이라 하는데, 이것은 어떤 곳으로 향하여 몸을 돌리라는 것이고, 길게 한번 부는 것을 천아성(天鵝聲)이라 하는데(긴 소리를 하나의 소리로 부는 것을 천아성이라 함), 이것은 고함 혹은 일제히 무기 즉 총이나 활을 쏘라는 것이다. 그리고 혼자 부는 것을 장호(掌號)라 하는데, 한 번 부는 것은 군사들이 밥을 지으라는 것이고, 두 번 부는 것은 군사들이 교련장으로 나가라는 것이며, 세 번 부는 것은 주장이 출발한다는 것이다.

솔발(捽鈸)은 거두라는 것이다. 처음 울리는 것은 대오를 거두라는 것이며, 다시 울리는 것은 대대를 형성하고 깃발을 거두라는 것이다.

취타(군악)는 개폐(開閉)하라는 것이다. 대취타는 영을 개폐하라는 것, 혹은 앞서 있던 곳(信地)으로 돌아가라는 것이고 소취타는 문을 조금만 열라는 것이다. 취타를 하지 않고 영을 닫는 것은 비밀히 진을 치라는 것이다.

인기는 살펴서 분별하라는 것이다. 있던 곳에 깃발을 세운 것은 그 깃발 밑에서 보고를 하고 영을 들으라는 것이다. 기를 가로 흔드는 것을 마(磨)라 하는데 이것은 장령들을 오라는 것이고 기를 휘두르는 것을 휘(麾)라 하는데 이것은 흩어져 돌아가라는 것이다.

오방기와 고초는 앉는 것, 일어서는 것, 나가는 것, 그치는 것 또는 전후좌우로 돌라는 것이다. 단독 기를 하나만 세우는 것을 입(立)이라 하는데, 이것은 어느 영이든지 살펴보라는 것 혹은 어떤 수(手, 기수 고수 등)의 호령이든지 주의하라는 것이다. 징을 울리고 기를 눕히는 것은 영대로 행하라는 것이고, 기로써 가리키는 것을 점(點)이라 하는데 이것은 가리키는 데로 좇아서 가라는 것이다. 마(磨)하는 것은 영에 따라서 행하라는 것이요, 눕히는 것은 모두 누우라는 것이며, 드는 것[擧]은 모두 들라[擧]는 것이요, 응하라는 것은 모두 기를 사용하라는 것이다. 마는 것은 일이 있으면 펴라는 것이요, 펴는 것은 이어서 전(傳接)하라는 것이다.

8) 풍물과 세악수

예로부터 지금까지 군악이 반드시 전쟁과 관련되어 쓰였던 것은 아니었다. 지금도 군악대가 각종 행사 때 위문공연을 하듯이, 옛날에도 군악이 각종 연향에 사용되었다. 당(唐)의 두우(杜佑, 735~812)가 저술한 『통전(通典)』에 의하면, 중국에서도 천자가 군신들과의 향연에서 고취를 사용하였는데, 이를 '황문고취(黃門鼓吹)'라 하였다. 신라 때 고취악에 쓰였던 '가(笳)'라는 악기가 연향인 가무(笳舞)에 쓰인 적이 있고, 백제에서도 정월에 하늘과 땅에 제사지낼 때 고취를 사용하였는데, 그때에는 반드시 춤이 수반되었을 것이다. 조선에서도 군악과 연향악을 동시에 연주한 이들이 있었는데, 이를 특별히 '세악수(細樂手)'라 하였다.

세악수라는 직책은 조선 전기에는 발견되지 않는다. 『승정원일기』의 숙종 23년(1697) 11월 13일 기사에 의하면, 우참찬 민진장(閔鎭長, 1649~1700)이 "군문의 세악수는 근년 이래에 비로소 창립하였으나, 상시 별도로 아주 요긴하게 쓸 데가 없었지만, 진법을 익힐 때, 대장의 앞에 섰습니다. 단지 봄과 가을에 의복과 재물을 지급했지만, 잡급을 지급하지는 않았습니다(軍門 細樂手, 自近年來, 始爲創立, 常時別無緊用之處. 習陣時, 立於大將之前, 而只給 春秋衣資, 不給料食矣.)"라고 한 것으로 보아 이때 비로소 세악수가 생겼다고 할 수 있다.

그런데 『조선왕조실록』 숙종 29년(1703) 2월 18일의 기사를 보면, 총융사 이우항(李宇恒, ?~1722)이 과거에 오른 자와 혼인을 맺어 친척이 된 집안에 그 군문의 세악수를 친히 거느리고 모여서 종일토록 잔치를 벌였으니 그를

'안릉신영도(安陵新迎圖)' (국립중앙박물관)

추고해야 한다는 기록이 등장한다. 내상(內喪)의 기년(朞年)은 상제(喪制)가 비록 끝나더라도 음악을 쓰지 못하는 것은 예(禮)에 명백한 조문이 있는데, 이를 어겼으니 처벌해야 한다는 것이다.

그렇다면 세악수는 과연 어떤 악기를 연주했을까? 1785년 악산헌의 아버지가 안릉(평안도 안주목)의 목민관으로 부임했을 때, 그 행렬의 성대함을 보고 약산헌이 1786년 화공 김사능(김홍도)에게 그리게 했다는 '안릉신영도(安陵新迎圖)'를 보면, 세악수라는 표기와 함께 여섯 명의 악사가 등장하는데, 이때 악사가 연주한 악기는 북, 장고, 대금, 필률 2, 해금의 여섯 가지였다.

세악수가 연주한 여섯 가지의 악기를 흔히 '삼현'이라고 한다. 1843년 유만공(柳晩恭, 1793~1869)이 편찬한 『세시풍요(歲時風謠)』는 정월 초하루부터 섣달그믐까지 다양한 세시풍속이 월별로 기록되어 있는데, 유만공은 19세기 세시기를 지은 『경도잡지(京都雜志)』의 저자 유득공(柳得恭, 1748~1807)의 손위 사촌간이며, 당대 진보적 문장가인 연암 박지원(朴趾源, 1737~1805)과

'무동'(김홍도, 국립중앙박물관)

도 교우했던 사람이다. 유만공은 『세시풍요』의 원석(元夕), 즉 정월 보름날 밤에 "중촌 사람들이 밤에 모여서 노는 것을 촉유라고 하고, 세악은 삼현이라고 한다(中村夜會曰燭遊, 細樂曰三絃)"고 설명하고 있다.

군문의 세악수는 진법을 익힐 때 소용되었지만, 직업 군인은 아니었다. 그러므로 국가로부터 봄과

'쌍검대무'(신윤복, 국가유산청)

가을에 의복과 재물을 받고 있었지만, 정해진 월급을 받지는 않았다. 그러므로 생계를 유지하기 위해서는 별도의 활동을 해야 했는데, 이러한 활동을 묘사한 그림이 바로 김홍도가 그린 '무동'과 신윤복이 그린 '쌍검대무'이다.

김홍도가 그린 '무동'에도 여섯 명의 악사가 등장하여 북과 장고, 필률 2, 대금, 해금을 연주하고 있는데, 피리를 부는 악사와 해금을 연주하는 악사는 군복을 입고 있으며, 나머지 네 명은 갓을 쓰고 도포를 입고 있다. 반면에 혜원이 그린 '쌍검대무'에는 북을 치는 악사만이 군복을 입고 있고, 나머지 악사는 도포에 갓을 쓰고 있다.

고종 4년(1867)에 반포한 육조 각 관아의 사무 처리에 필요한 행정법규와 사례를 편집한 법제서인 『육전조례』를 보면 각 군문 중에서 금위영의 취고수(吹鼓手)가 100명, 세악수가 35명이었으며, 어영청의 취고수 117명, 세악수가 25명이었고, 용호영의 취고수가 39명, 세악수 15명, 겸내취 10명이었으며, 훈련도감의 취고수 196명, 세악수는 25명, 겸내취 12명이었다.

『조선왕조실록』 정조 22년 10월 19일의 기사를 보면, 용인, 진위, 안산, 시흥, 과천의 군액 총수를 나열하고 있는데, 용인에는 장악원 악생보 12명,

안산에는 내취보가 1명, 장악원 악생보 3명, 세악수 4명이었으며, 시흥에는 장악원 악생보가 4명이었고, 과천에는 세악수가 20명이었다. 또한『승정원 일기』정조 4년(1780) 9월 4일의 기록을 보면, 총융청에서 계하기를 파주의 취고수가 36명, 세악수가 6명이었으며, 1832년 임효헌(林孝憲)이 편찬한 개성의 향토지리지인『송경광고(松京廣攷)』를 보면, 취고수가 50명, 세악수가 30명이었다.

　　『비변사등록』고종 12년(1875) 9월 기록에서는 인천 방어영에 세악수가 6명이었고, 1871년『경기읍지(京畿邑誌)』중의 「인천 부읍지」에 의하면, 본읍인 인천읍의 세악수보가 18명이었고, 훈국에서 보내온 기물 중에는 호적이 2, 나팔이 2, 목대각이 2, 나 1, 솔발 1, 행고 2좌였다. 또한 대한 광무3년(1899) 「부평 군읍지」에 의하면 취고수가 49인이었는데, 전국 각지에 세악수가 배치되어 각종 연행에 참여하였다는 것을 알 수 있다.

9) 풍물과 대포수

조선의 풍물은 현행 풍물과 동일한 의미를 뜻하는 것은 아니다. 조선 풍물과 현행 풍물이 다른 모습을 지니고 있지만, 그렇다고 전혀 상관이 없는 것도 아니었다. 현행 풍물에는 조선 풍물의 흔적이 남아 있기 때문이다. 대표적인 것이 상모(象毛)이다. 정대업의 무무를 출 때 사용하는 의물 중에 투구(冑)가 있는데, 이때 홍색 상모를 얹었다. 또한 현행 열두 발 상모를 돌릴 때 사용한 것이 피변인데, 이 또한 무무 정대업을 출 때 착용한 것이었다.

　　조선 풍물과 현행 풍물의 연관성을 알려주는 것이 또 하나 있는데, 그것이 바로 대포수이다. 현행 풍물에서 대포수는 치배들의 동선에서 이탈하여 자유롭게 돌아다니면서도 딱히 별도의 역할은 없는 듯하다. 현행 풍물에서 있어도 그만 없어도 그만인 것 같이 보이는 대포수는 어떤 이유로 조선 풍물에서 등장하게 되었을까?

조선의 빈례에 의하면, 중국의 칙사가 오기 직전에 성문을 나서서 연습하는 것이 관례였다. 순조 때 제작한 『빈례총람(儐禮總覽)』에 따르면 "칙사가 한양에 들어올 때에 헌가를 교외로 끌고 나가 의례를 사습한다(勅使入京臨時, 軒架曳出郊外私習儀.)"라고 기록하고 있다. 1784년에는 문효세자(文孝世子)의 책봉이 거행되어 청나라의 봉전칙사(封典勅使)가 11월에 오게 되었는데, 영조는 1738년에 사도세자의 책봉을 위한 행사를 전례로 삼아 나례를 거행하도록 명하였다. 거의 50년 만에 정식으로 나례가 설행하게 된 것이다.

11월에는 칙사가 한양에 당도하기 때문에 영접을 위한 준비가 이전부터 바쁘게 진행되었다. 이번 칙사의 특별한 행차를 환영하기 위해 전무후무한 환영식을 준비하였던 것이다. 그러나 대대적인 환영행사를 준비하는 과정에서 큰 사건이 발생하였다. 바로 정조 8년(1784) 11월 한밤중에 일어난 방포(放砲) 소동인데, 이에 대한 이야기가 『훈국등록(訓局謄錄)』과 『승정원일기』에 자세하게 기재되어 있다.

이번 나례에서 연희와 관련한 부분은 변수(邊首) 두 사람이 책임을 맡고 있었다. 도변수(都邊首), 즉 전체 책임자는 탁문한(卓文漢)이었고, 변수는 심사득(沈四得)이었다. 탁문한은 산대의 조성을 책임진 장인변수였고, 심사득은 유희를 책임진 유희변수였다.

도변수 탁문한은 본인이 장인변수로서 산대의 조성을 담당하고 있는데, 처음 만든 산대가 무너지는 사태가 발생하였다. 사습(私習)하는 장면을 보려고 양반을 비롯한 여러 사람들이 난간에 올라가 구경하다가 이를 무너뜨린 것이다. 이에 탁문한은 사습하는 갖가지 유희를 모두 함께 문밖으로 내쫓았다. 그런데 다시 만든 산대를 검사하는 중에 세 방의 총성 소리가 도성을 뒤흔들었다.

　금위영(禁衛營) 대년군(待年軍)으로서 나례도감의 변인은 임광록(林光錄)이었다. 50년 만에 열리는 나례이기 때문에 그는 제대로 해보고 싶었다. 그때 변수 심사득이 유희를 사습하기 전에 방포하고 취타하는 예가 있었다고 조언하였는데, 이것이 화근이 되고 말았다. 11월 4일 밤, 총을 쏘면 좋은 구경거리가 되겠다고 생각한 임광록은 여러 사람과 상의한 후에 조총과 화약을 가져다가 쏘았던 것이다. 그러나 그는 조총에다가 철환을 넣었어야 했으나 도리어 화약을 과도하게 넣은 후 세 차례나 방포하였다. 그런데 그 소리가 너무 커서 도성 안 사람들이 모두 놀라 동요하는 소동이 발생한 것이었다.

　대체로 나례청은 예로부터 좌변(左邊)과 우변(右邊)으로 나뉘어 나례를 준비하였다. 그 때문에 갖가지 변괴의 일을 숱하게 만들어내고서는 기이한 구경거리로 삼아 서로 이기려는 고질병이 있었다. 변인 임광록의 방포 사건도 좌우변 나례의 경쟁심 때문이었다.

　이 사건의 여파로 칙사가 올 때 나례를 설행하던 관례가 이후부터 폐지되기에 이른다. 이에 대한 정황은 순조 24년(1824) 팔도의 광대들이 모여 인원동원과 관련된 광대 조직을 정비하면서 관청의 허가를 받은 문서인 「갑신완문(甲申完文)」에서 확인된다. 갑진년인 1784년 한밤중에 일어난 방포(放砲) 소동으로 인하여 좌우 나례 산대가 설행되지 않았던 것이다.

　　"우편의 완문으로 팔도 재인 등이 병자(丙子) 이후 칙령으로 행하고 설치한 일을 거행하였음을 모두 알 수 있다. 좌우 산(山)을 거행한 재인 중 도산주(都山主)라고 부르는 재임자와 각 도(道), 각 읍의 재인 등이 모두 올라와서 각각 준비를 차리고 무사히 봉행하고 돌아갔다. 갑진년 이후 좌우산이 설행(設行)하지 않았으나 전례에 기록된 칙행(勅行) 시의 분부이니 각 도 재인 등은 각 도의 맡은바 관청에 등대하게 한즉 팔도 재인 중 책임을 맡은 이름을 올린 자가 곳곳에 많이 있는바 매번 착란이 있기 때문에 지금에 이르기까지 옛 법을 다시 준행하기로 한다." [17]

그러나 사건은 차이 나는 방식으로 반복되기 마련이다. 그래서 사람들은 가면을 쓰고 위장한 반복을 새것으로 착각하는 것이다. 나례 때 행해지던 방포 역시 이번에는 놀이라는 형식으로 반복하게 되었는데, 그것이 바로 '산행노리'였다.

1865년 대원군은 임진왜란 이후 폐허로 남아 있던 경복궁을 중건하여 왕실의 권위를 강화하고자 하였다. 이때 일꾼들의 고된 노동을 위로하기 위하여 전국의 공연패들을 불러 모아 대규모 공연을 펼쳤는데, 그때의 정황을 기록한 「기완별록(奇玩別錄)」에 기재되어 있는 '산행노리'는 그중의 하나였다.

"어니 피(牌) 순힝(山行)노리 천연히 수며쓰니

호녀복식(胡女服色) 조근 아히 츄긔(麤氣) 잇고 희미ᄒ다" [18]

나례 때 행해지던 방포는 사악한 것을 물리치는 벽사의식의 하나였다. 그러한 방포가 정조 때의 사건에 의해 폐지되었다가, 대원군 때 '산행노리'라는 가면을 쓰고 화려하게 부활하였던 것이다. 그러나 그 이후 '산행노리'는 독자적인 명맥을 유지하고 못하고, 현행 풍물에서 대포수의 모습으로 초라하게 그 흔적을 남기고 있다.

---

17   이경엽, 「재인청의 역사적 전개 양상」(남도민속연구 제45집, 2021), 144~145쪽 참조.

18   史眞實, 「山戱와 野戱의 공연 양상과 연극사적 의의-「奇玩別錄」에 나타난 공연 행사를 중심으로」(고전희곡연구 제3집, 2001), 266쪽 참조.

4부
풍물과 연향

1) 음악은 하늘로 말미암아 지어진다

"어떤 악기도 풍물이 아니다." 이 명제가 참이기 때문에 전칭부정명제의 환위에 의한 명제도 참이 된다. "어떤 풍물도 악기가 아니다." 조선시대에는 악기와 풍물을 서로 구별하였다. 그래서 각종 의궤에는 '악기풍물(樂器風物)'이라고 병기하였다. 악기는 제사와 조회에 사용하였고, 풍물은 고취와 연향에 사용하였다.

앞선 언급했듯이 『예기』「악기」에 의하면 "왕이 된 자가 공을 이루었으면 음악을 짓고, 통치가 안정되면 예를 제정"하는 것이 관례였다. 작(作)은 '짓다'로 해석되는데, 시를 '짓는다'라고 말하지 '제정했다'고 하지 않는 것과 통한다. 『설문해자(說文解字)』에 따르면, 작(作)은 사람(人)과 사(乍)로 구성되어 있다(从人从乍). 사(乍)는 그친다는 뜻이다(乍: 止也). 따라서 작(作)은 사람의 인위적인 행위를 그친다는 의미를 가지고 있다. 이러한 측면에서 보자면, 시를 짓는 시인은 언어 예술의 마술사가 아니라, 단지 하늘의 명령(天命)을 전달하는 대변인이고, 방언과 같은 하늘의 언어를 인간들이 이해할 수 있게 통역해주는 동시통역사라고 할 수 있다.

이에 반하여 제정한다는 의미를 지닌 제(制)는 칼(刀)과 미(未)로 구성되어 있다(从刀从未). 미(未)는 만물이 숙성되면 맛이 있게 되어 재단할 수 있다는 뜻이다(未, 物成有滋味, 可裁斷). 사람의 인위적인 행위가 포함되어 있다는 의미가 제(制)이다.

이러한 작악제례(作樂制禮)의 의미는 「악기」에서 말한 바 있는 "음악은 하늘로 말미암아 지어지고, 예는 땅으로써 제정된다(樂由天作, 禮以地制)"는 뜻과 일맥상통한다. 음악은 우주의 음악이고, 예는 지구라는 땅과 관련된다는 의미이다. 음악은 우주의 운행 원리이기 때문에 사람이 인위적으로 개입할 수 없다. 공을 이루는 것도 천명(天命)에 의한 것이지, 어떤 영웅에 의한 것이 아니다. 그래서 인간은 우주의 운행 원리를 말미암은 음악을 드러내는 데 그칠 수밖에 없다.

태조 이성계가 조선을 건국하자, 정도전은 그 공덕을 기리기 위해서 음악을 지을 것을 건의하였다. 조선을 개국한 공덕을 이루었으니, 이를 칭송하는 새 음악을 지어야 한다는 뜻이었다.

> "신이 보건대, 역대 이래로 천명을 받은 인군은 무릇 공덕이 있으면 반드시 악장에 나타내어 당시를 빛나게 하고, 장래에 전하여 보이게 되니, 그런 까닭으로 '한 시대가 일어나면 반드시 한 시대의 제작이 있게 된다'고 하였습니다."[19]

태조 이성계의 문덕을 읊은 악장이 있는데, 언로를 열고 공신을 보전하고, 토지 제도를 바로잡고 예악을 정한 것을 칭송한 것이다. 무공을 칭송한 악장으로는 나하추를 물리친 공을 노래한 '납씨곡', 왜구를 물리친 공을 노래한 '궁수분곡', 위화도에서 회군하여 임금의 자리를 도적질한 신우를 평정한 것을 노래한 '정동방곡'이 있다.

---

19 『조선왕조실록』, 『태조실록』 4권, 태조 2년 7월 26일 기사 첫 번째 기사. "臣觀歷代以來, 受命之君, 凡有功德, 必形之樂歌, 以焜耀當時, 而垂示後來, 故曰一代之興, 必有一代之制作."

대체로 혁명에 성공한 자는 자신의 사리사욕에 의한 것이 아니라 천명을 받아 수행한 것임을 강조하고 있다. 이성계도 마찬가지로 자신이 천명을 받은 것을 칭송한 것으로는 '수보록(受寶籙)'과 '몽금척(夢金尺)'이 있다. 이성계가 아직 왕이 되지 않았을 때에 어떤 사람이 지리산 석벽 속에서 이상한 글을 바친 적이 있다. "용감한 목자(木子)가 기회를 타서 일어났는데 누가 그를 보좌하겠는가? 주초(走肖)가 그 덕망 있는 사람이며, 비의(非衣) 군자는 금성에서 왔으며, 삼전삼읍(三奠三邑)이 도와서 이루었으며, 신도에 도읍을 정하여 왕위를 800년이나 전한다"는 내용이었다. 그리고 이를 악장으로 만들었으니 바로 '수보록'이다. 목자(木子)는 이(李)성계를 뜻하고, 주초(走肖)는 조(趙)준을, 비의(非衣) 군자는 배(裵)극렴을, 삼전삼읍(三奠三邑)은 정(鄭)도전을 뜻한다.

이성계가 왕이 되기 이전에 꿈에 신인이 나타나 그에게 금(金)으로 된 자(尺)를 준 적이 있었다고 하는데, 이를 악장으로 만든 것이 '몽금척'이다. 신인이 "경시중은 깨끗한 덕행은 있으나 또한 늙었으며, 최삼사는 강직한 명성은 있으나 고지식하다"고 말하면서, 이성계는 자질이 문무를 겸비했으며 덕망도 있고 식견도 있어 백성들이 희망을 품게 되었기 때문에 금척(金尺)을 주었다는 것이다. 여기서 경시중은 경복흥을 말하고, 최삼사는 최영을 의미한다. '몽금척(夢金尺)'은 1902년 고종황제의 기로소(耆老所) 입소를 축하하는 연향인 임인(壬寅) 진연(進宴) 때까지 각종 연회에서 빠짐없이 연행되는 단골 메뉴였다.

2) 사신을 성대하게 접대한 조선

조선은 성리학으로 무장한 신흥사대부가 주도하여 탄생한 국가이다. 고려 후기에 등장한 신흥사대부는 과거를 통해서 중앙정계에 대거 진출하였는데, 그들은 신흥지주로서 주자학을 기반으로 한 지식인들이었다. 신흥사대부가 주자학으로 무장하게 된 데에는 원나라의 과거제도와 깊은 관련이 있다.

성리학이 크게 성행하여 관학(官學)으로서의 권위를 갖게 된 것은 원나라 때이다. 이에 따라 원나라에서 과거 시험을 통해 관리가 되기 위해서는 정이(程頤)·정호(程顥) 형제, 주희(朱熹, 1130~1200) 등이 지은 사서오경(四書五經)의 성리학 주석서들을 반드시 공부해야만 했고, 주희의 『사서집주(四書集注)』는 모든 과거 응시자들의 필독서가 되었다. 그 결과 성리학이 원나라의 관학으로 자리매김하게 되었던 것이다.

신흥사대부는 귀족들의 사장(詞章) 중심의 한(漢)과 당(唐)의 유학을 배격하고자 하였다. 그들의 주장에 힘입어 충렬왕 이후 과거가 실시되었으며, 이곡(李穀, 1298~1351)·이제현(李齊賢, 1288~1367)·이색 등 일부 유학자들은 원나라의 제과에 응시하여 합격하기도 하였다.

배불숭유(排佛崇儒)의 기치를 내건 조선이 건국 초기의 혼란을 수습하고 겨우 안정을 찾은 것은 태종 때였다. 역성혁명에 공헌한 공신들 사이의 갈등, 공신들과 왕권의 갈등, 그리고 왕권 내부에서의 권력 투쟁에서 최종적으로 승리한 태종이 각종 제도를 정비하기 시작하였다. 숭유 색채를 본격적으로 드러내기 시작한 것이다. 이때 생긴 것이 의례상정소이다. 태종 2년(1402) 6월 예조에서 의례상정소 제조와 의논하여 악조를 올렸다.

"신 등이 가만히 보건대, 전조(前朝) 고려에서 삼국(三國) 말년의 악을 이어받아 그대로 썼고, 또 송조(宋朝)의 악을 따라 교방(敎坊)의 악(樂)을 사용토록 청하였으니 그 말년에 이르러 또한 음란한 소리[哇淫之聲]가 많았사온데 조회(朝會)와 연향(宴享)에 일체 그대로 썼으니 볼 만한 것이 없습니다. 지금 국초(國初)를 당하여 예전의 풍습을 그대로 따르는 것은 불가하옵니다."[20]

태조 때 정도전이 「악기」를 인용하여 공을 이루었으니 이를 드러낼 악장을 지어야 한다고 건의한 것처럼, 태종 때에도 「악기」에서 말한 바 있는 "음(音을) 살펴서 악을 알고, 악(樂)을 살펴서 정사를 안다.", "악을 합하여 천신과 지기를 이르게 하며 나라를 화합하게 한다.", "바른 소리는 사람을 감동시키되 순한 기운이 응하게 하고, 간사한 소리는 사람을 감동시키되 거슬리는 기운이 응하게 한다"는 언급을 인용하여, 음란한 소리가 많은 고려의 음악을 따르지 말고 성리학과 부합하는 음악을 써야 한다고 간언한 것이다.

예로부터 예절에는 도수(度數)가 수반된다('節有度', 『춘추좌전』 양공 29년). 조선의 왕에게 만세(萬歲)을 못하고 천세(千歲)를 할 수밖에 없었던 것처럼, 사대부가 아흔아홉 칸을 넘어 백 칸의 집을 지을 수 없는 것처럼, 예절은 반드시 도수를 수반하고, 도수는 신분질서를 표현하였다.

연향에도 물론 도수가 있었다. 중국의 황제가 연향에서 술을 마실 때 다섯 잔을 올리는 데 불과하였고(『문헌통고』), 북송(北宋) 개봉(開封)의 풍속과 번영을 기록한 「동경몽화록(東京夢華錄)」을 보더라도, 재상이 왕과 종실, 백관에게 술을 올릴 때 아홉 잔에 불과하였다. 그런데 조선에서는 국왕이 사신에게 베푸는 가장 성대한 잔치에서는 열한 번 잔(盞)을 올리고, 아홉 번 탕(湯)을 올렸다. 술을 마음껏 대접하여 사신의 마음을 사려고 했던 것일까? 이에 반해 국왕이 종친과 형제에게 잔치를 베풀 때에는 일곱 번 탕을 올리고, 일곱 번 잔을 올렸다.

음식을 대접할 때는 음악을 연주하는 것이 관례였다. 주나라 때의 관직

20 『조선왕조실록』, 『태종실록』 3권, 태종 2년 6월 5일 정사 1번째 기사. "臣等竊觀前朝承三國之季, 因用其樂, 又從宋朝, 請用敎坊之樂, 及其季世, 又多哇淫之聲, 朝會宴享, 一切用之, 無足可觀. 今當國初, 不可因襲."

을 규정한 『주례』를 보면, '선부(膳夫)'라는 관직은 왕의 음식과 음료 등을 관장하였는데, 왕이 음식을 먹을 때 음악을 연주하였다(以樂侑食). 음악을 관장한 이는 대사악(大司樂)이었다. 왕의 대식(大食)에는 세 번 권하는데, 종고(鍾鼓)를 연주하도록 명령하였다

태종 때 의례상정소에서 건의한 글에 의하면, 외국의 사신에게 잔치를 베풀 때에는 『시경(詩經)』의 '녹명(鹿鳴)', '황황자화(皇皇者華)', '사모(四牡)', '어려(魚麗)' 등을 노래하였다. 음악은 고려 때 사용하던 당악(唐樂) '하성조령(賀聖朝令)', '전화지조(轉花枝調)', '금전악조(金殿樂調)' 등을 사용하고, 정재는 고려 때의 당악 '오양선정재(五羊仙呈才)', '연화대정재(蓮花臺呈才)', '포구락정재(抛毬樂呈才)', 향악 '아박정재(牙拍呈才)', '무고정재(舞鼓呈才)'를 하였으나, 노래만은 성리학에 부합하는 『시경』 「풍아(風雅)」의 시(詩)를 사용했던 것이다. 이에 반해 국왕이 종친과 형제에게 잔치를 베풀 때에는 당악 '오양선정재', '포구락정재', 향악 '무고정재'를 하기도 하였으나, 태조 때 정도전이 지어서 올린 '수보록정재(受寶籙呈才)', '몽금척정재(夢金尺呈才)'를 하였고, 문덕곡(文德曲)을 노래한 점이 외국의 사신에 대한 연향과 다른 점이었다.

3) 세종, 중국을 능가하는 아악을 완성

세종 12년(1430) 윤12월 1일 아악보를 완성하고, 정인지가 이에 서문을 달았다. 그해 12월 7일 세종이 새롭게 완성한 아악보에 대해 이렇게 언급하였다. "우리나라의 음악이 비록 다 잘 되었다고 할 수는 없으나, 반드시 중국에 부끄러워할 것은 없다. 중국의 음악인들 어찌 바르게 되었다 할 수 있겠는가.(我朝之樂, 雖未盡善, 必無愧於中原之樂, 亦豈得其正乎?)" 세종은 우리

가 완성한 아악이 중국의 것보다 더 잘 되었다는 자신감을 드러내었다. 이때 비로소 우리가 중국을 능가하는 문화선진국의 지위로 올라섰다는 것이다.

세종이 아악을 지을 때에는 조정의 조회와 제사의 의식에만 설치하고자 하였을 뿐 회례(會禮)에 미치지는 않았었다. 그러나 신하들의 거듭된 요청에 의해 회례악기의 제작과 공인(工人)의 관복과 문무(文武)의 두 가지 춤에 쓸 기구도 제조하게 된 것은 세종 13년(1431) 때의 일이었다.

회례악과 관련하여 중요하게 논의한 사항 중의 하나가 바로 여악(女樂)의 문제였다. 태조 때 대사헌 박경(朴經, 1350~1414)이 여악을 금하고 가까이 하지 않으면 인심이 즐거워하고 하늘의 노여움이 풀릴 것이라 상소하였고, 세종 때 김종서는 여악을 폐지할 것을 아뢰었다.

여악에 대한 논의는 매우 오래되었다. 공자도 이 문제 때문에 골머리를 앓았는데, "제나라 사람이 여악을 보내오자 계환자가 이를 받았다. 사흘 동안 정사를 펴지 않자, 공자가 떠났다(齊人歸女樂, 季桓子受之. 三日不朝, 孔子行.)."(『논어』 「미자」) 제나라가 노나라의 계환자에게 여악을 보낸 것은 망국의 술책이었던 것이다.

중국 명나라가 조선에 처음 사신을 보내온 것은 태종 때이다. 태종 1년(1401) 2월 6일 중국의 사신으로 예부 주사(禮部主事) 육옹(陸顒)과 홍려 행인(鴻臚行人) 임사영(林士英)이 조서(詔書)를 받들고 오니, 산붕(山棚)·결채(結綵)·나례(儺禮)를 베풀었다.

2월 15일 태종이 후원(後園)의 임정(林亭)에서 사신들에게 잔치를 베풀었다. 그런데 육옹에게는 구구절절한 사연이 있었다. 그가 처음에 황주(黃州)에 이르러 기생 위생(委生)을 사랑하게 된 것이다. 한양에 이르러서도 그녀를 잊지 못하자, 예조에서 공문을 보내어 그녀를 불러서 역마를 타고 오게 하였는데, 이날에 마침 당도하니 육옹이 매우 기뻐하여 극진히 즐기고 파(罷)하였다.

사신 육옹과 임사영이 2월 30일 돌아가려 하자, 임금이 백관을 거느리고 영빈관에서 전송하였다. 육옹은 작별하면서 "지성으로 대국을 섬기니, 내가 장차 아뢰면 고명(誥命)을 줄 것이다"라고 말하였다. 통상적으로 중국 중심의 국제질서 속에서 외국 국왕을 책봉할 때는 고명을 발급하였는데, 태조와 정종 때에는 고명을 요청하였으나 받지 못한 바 있다.

드디어 태종 1년(1401) 6월 황제가 통정시 승(通政寺丞) 장근(章謹)과 문연각 대조(文淵閣待詔) 단목예(端木禮)를 보내어 왕에게 고명을 주었다. 이때 태종은 산붕(山棚)과 결채(結綵)를 베풀고, 나례와 백희(百戲)를 갖추어 접대하였는데, 임금이 고명을 받고 나서 위로연을 베풀었다. 여악이 들어오니, 사신이 "여악은 제거하는 것이 좋습니다"라고 하였지만, 우리나라 풍속이 그러함을 들어 잠깐 행하였으나 장근 등은 즐거워하지 않았다. 또한 그 다음날의 잔치에서는 여악은 물리치고 당악만을 들었다.

육옹이 귀국하자 황제가 물었다. "예전에 들으니, 조선이 원나라를 섬길 때에 여악으로 사신을 혹(惑)하게 하였다고 하는데, 지금도 있느냐?" 육옹은 쩔쩔매며 답하였다. "없습니다. 지금 조선의 예악(禮樂)은 중국과 다름이 없습니다."

육옹은 비밀히 기생 위생에게 사명을 받들고 다시 오겠다는 약속을 한 바 있는데, 육옹은 황제의 명을 받아 다시 조선에 오게 된다. 그가 발해에 이르자, 고명을 전하고 중국으로 돌아가는 장근과 단목예를 만나게 되었다. 장근은 육옹에게 "조선에 여악이 있는데, 네가 없다고 대답한 것은 무슨 까닭인가? 내가 장차 상부에 아뢰겠다"라고 힐난하였다. 마침내 육옹은 두려워서 심질(心疾)을 얻었다.

그런데 여악의 문제는 이후 어떻게 되었을까? 세종 말기에 해당하는 세종 25년(1443) 김종서 등이 여악의 폐지를 끈질기게 주장하였으나, 세종은 끝내 이를 받아들이지 않았다. 여성과 남성은 성악적 차이가 있으며, 여악을 써야 할 때 남악을 쓰면 음률이 맞지 않는다는 이유였다.

> "나도 음율(音律)을 제법 아는데, 지금 연향할 때에 남악이 음률에 맞지 않는 것
> 이 많으며, 또 우리나라에서는 사람이 드물고 경비도 넉넉지 못하다. 남악은 모름
> 지기 연소(年少)한 자를 가려서 써야 하는데, 두어 해 동안에 장성하면 쓸 수 없을
> 것이니, 내 생각에는 잇달아 구하기도 어려울 듯하며, 모든 그들의 치장도 일체 나
> 라에서 지출하게 되면 그 비용도 적지 않을 터이니, 나는 경비가 넉넉하지 못할까
> 두려워한다." 21

4) 세종, 향악의 폐지에 반대

조선에서 연향과 관련된 주된 논의는 여악과 향악의 문제였다. 여악이 성
리학과 관련된 윤리적 가치의 문제였다면, 향악은 국제적 질서 속에서 강대
국 문화를 어떻게 수용할 것인가의 문제였다. 즉 외래문화와 고유문화와의
관계를 설정하는 틀 속에서 향악이 논의되었다.

조선은 초기에 옛 습관에 따라 아악(雅樂)은 종묘의 제사에 사용하였
고, 전악(典樂)은 조회에 사용하였다. 연향에는 향악과 당악을 번갈아 연주
하였으니, 이른바 향당교주인데, 이 문제를 처음 거론한 것은 태종이었다.

태종은 음악을 쓰는 절차가 난잡하므로 아악은 곧 당악이니, 참작 개정
하여 종묘에도 쓰고, 조회와 연향에도 쓰는 것이 옳다는 견해를 제출하였
다. 어찌 일에 따라 음악을 달리 쓸 수 있겠느냐는 것이었다. 이러한 태종의

---

21 『조선왕조실록』, 『세종실록』 100권, 세종 25년 4월 17일 임인 두 번째 기사. "然予頗知音律, 今宴饗之
時, 男樂多見其不協於音律. 且我國人物鮮少, 財用不敷, 男樂須擇年少者用之, 數年而壯大無用, 予恐其難
得. 凡其資粧, 一出於國, 其費不貲, 予恐財之不給."

의견에 대해 황희는 단호하게 대답하였다. "향악을 쓴 지 오래이므로 고칠 수 없습니다."

　그런데 태종은 왜 이러한 견해를 제출하였을까? 태종은 어릴 때 인질로 중국에 간 적이 있다. 태조 이성계가 요동 지역에 대한 욕심을 버리지 않고 있다고 의심한 중국이 친아들을 보낼 것을 요구하자, 태조는 네가 아니면 황제의 물음에 답하지 못할 것이라 생각하여 보냈으니, 갑술년인 1394년의 일이었다.

　이때의 일을 악장으로 지어 연향악으로 삼은 것이 곧 '근천정(覲天庭)' 과 '수명명(受明命)'이다. '근천정'은 천정(天庭)에 들어가 황제를 뵌 것을 읊은 악장이고, '수명명'은 황제에게 고명을 받은 것을 노래한 악장인데, 향악을 쓰지 말자는 태종의 견해는 이러한 사태와 무관치 않아 보인다.

　향악의 문제는 세종 때 다시 불거졌다. 우리나라는 본디 향악에 익숙한데, 종묘의 제사에 당악을 먼저 연주하고, 세 번째 술잔을 올릴 때에 이르러서야 겨우 향악을 연주하니, 조상 어른들이 평시에 들으시던 음악을 쓰는 것이 어떤가 하는 것이었다(세종 7년, 1425).

　세종 12년 7월 봉상 소윤 박연이 종묘의 제사에 아악을 쓰고 향악을 쓰지 말자고 건의하여 세종이 이를 받아들였으나, 그해 9월 세종은 아악 연주의 타당함에 대해 이견을 제시한다.

　　"아악은 본시 우리나라의 성음이 아니고 실은 중국의 성음인데, 중국 사람들은 평소에 익숙하게 들었을 것이므로 제사에 연주하여도 마땅할 것이다. 우리나라 사람들은 살아서는 향악을 듣고, 죽은 뒤에는 아악을 연주한다는 것이 과연 어떨까 한다." [22]

---

22 『세종실록』49권, 세종 12년 9월 11일 기유 첫 번째 기사. "雅樂, 本非我國之聲, 實中國之音也. 中國之人平日聞之熟矣, 奏之祭祀宜矣, 我國之人, 則生而聞鄕樂, 歿而奏雅樂, 何如?"

『주례』에서 예악을 관장한 대사악에 의하면, 제사에서의 음악은 천신(天神)을 하강하게 하거나, 지시(地示, 지신)가 나오게 하거나, 조상인 인귀(人鬼)에게 예를 드릴 수 있게 한다. 음악은 하늘로부터 온 것이니, 이른바 '악유천작(樂由天作)'이다. 사람은 죽어 혼(魂)은 하늘로 돌아가고, 백(魄)은 땅으로 돌아간다. 그러므로 하늘의 원리인 음악은 영혼을 인도할 수 통로를 여는 웜홀 또는 네비게이션이라 할 수 있다. 우리나라 사람들은 평소에는 향악을 들었는데, 죽어서 중국의 성음인 아악을 연주한다면, 조상의 영혼이 강림할 때 헷갈릴 수 있다는 것이다.

아악을 담당했던 아악서(雅樂署)의 악공은 모두 양인(良人)이고, 전악서(典樂署)의 악공은 천인(賤人)이었다. 아악서의 좌우방 재랑(齋郞)은 오로지 제향 때 노래하고 춤추게 하기 위하여 설치한 것이었다. 좌방의 재랑은 등가(登歌)의 아장(雅章)을 담당하였는데, 양민(良民)의 자제로서 나이가 약관에 가깝고 글자도 좀 아는 사람을 뽑았다. 우방의 재랑은 문무(文舞)의 춤을 담당하였는데, 모두 이조(吏曹)로 하여금 그 벼슬하기를 자원하는 사람 중에서 나이 젊고 총명한 사람을 뽑아서 정하였다. 면류관을 쓰고 방패를 잡아 무무(武舞)를 추는 무공(武工)은 병조로 하여금 나이 젊고 일을 감당할 만한 사람 중에서 충당하였다.

그렇다면 조회에 사용하는 전악(典樂)은 누가 연주했을까? 세종 12년 봉상 소윤 박연(朴堧, 1376~1458)이 올린 글에 의하면, "조회에 복무할 악공은 모두 공사 노비(奴婢)의 자식으로서 양인에게 출가하여 출생한 자, 또는 간척(干尺)과 보충군에게 출가하여 출생한 자로서, 서울에 거주하는 점쟁이(賣卜), 맹인(盲人), 불경을 읽어 악귀를 쫓는 승려인 경사(經師), 무녀(巫女) 및 각색 보충군의 자손을 모두 찾아내어 소속시키게 하였다." 하늘과 통하는 음악을 천하다고 여긴 점쟁이, 맹인, 경사, 무녀 등이 담당했다는 사실이 아이러니컬하다.

영조 20년(1744) 『갑자진연의궤』에는 내진연할 때에 어제구호 기생, 헌선도정재 기생, 포구락정재 기생, 연화대정재 기생, 금척정재 기생, 아박정재 기생, 향발정재 기생, 하황은정재 기생, 처용정재 기생이 나열되어 있으며, 관현맹인 13인의 이름도 열거되어 있다. 관현맹인으로는 필률이 다섯 명이고, 대금이 두 명이며, 해금이 두 명, 현금이 한 명, 비파가 두 명, 풀피리(草笛)가 한 명이었다. 또한 풍물차비(風物差備) 기생이 기록되어 있는데, 현금은 채옥(彩玉), 장고는 죽선(竹仙)과 수금(守今), 방향은 귀금(貴今), 교방고는 옥섬(玉蟾), 가야금은 난애(丹愛)가 담당하였다.

5) 시각장애인에게 관현 연주를 맡기다

앞서 언급한 것처럼 조선시대에 아악은 종묘에 쓰고, 전악은 조회와 연향에 사용하였다. 연향할 때의 전악은 향악과 당악을 사용하였다. 아악의 악공은 양민 중에서 선발하였고, 전악의 경우 천인 중에서 선발하였다. 그렇다면 당연히 전악보다 아악을 중히 여기고 그에 걸맞게 대접해야 하지 않을까?

태종 때의 기록을 보면, 아악의 공인이 거관(去官)하면 7품에 그치고, 전악의 거관은 5품이었다. 거관이란 관직에서 물러나는 것을 말하며, 최고로 승진할 수 있는 한계를 말하는데, 전악이 아악보다 두 단계나 높았다. 아악의 악공보다 전악의 악공을 높게 친 것이다.

세종 16년 전악서(典樂署)의 악공(樂工)은 향악공(鄕樂工)과 당악공(唐樂工)을 합하여 190명에 달하였다. 전악서의 당악공들이 다루어야 하는 악기로는 당비파·아쟁·대쟁·당피리·당적·퉁소·봉소(鳳簫)·용관(龍管)·생·우·화·금(琴)·슬·장고·교방고·방향이 있었고, 향악공이 사용하는 악기로는 현금·가야금·비파·대금·장고·해금·당비파·향피리가 있었다. 당악공과 향악공은 1년을 주기로 맡은 바를 바꾸게 하였다.

연향에 쓰이는 향악과 당악을 연습시키는 업무는 관습도감이 맡았다. 노래를 담당하는 창기(倡妓)뿐만 아니라 연화대와 처용무를 추는 영인(伶人) 등은 모두 가난해서 살아가기에도 겨를이 없었는데, 추위와 무더위와 장마에도 항상 기술을 익혀야 했다.

이런 사정을 염려하여 4번으로 나누어 매년 춥고 더운 여섯 달을 제외하고 2월부터 4월까지, 8월부터 10월까지 날마다 기술을 연습하게 하였다. 현금·가야금·향비파·장고·아쟁·해금·필률·대금·소금 등을 가르쳤는데, 능한 자는 다른 재주도 가르쳤고, 능하지 못한 자는 오로지 한 가지 기예만을 가르쳤다.

또한 모두 가곡(歌曲)을 가르쳤으며, 당비파 같은 것은 모두 배우게 하되, 그 배우는 바에 따라서 각기 스승을 정하여 온전히 교수하게 하였다. 제조(提調)가 때때로 그 기예를 살펴서 능하지 못한 자는 벌주었고, 만약 부지런히 교수하지 않으면 그 스승을 벌하여 징계하였다. 재색이 없는 자는 내보내어 억지로 그 고향으로 돌려보냈다. 재주가 있다는 이름이 예전부터 드러난 자인데도 불구하고, 각 고을에서 붙잡고 아껴서 보내지 않는 자는 관습도감에서 지명하여 일러서 서울로 보내게 하였으니, 세종 25년(1443)의 일이었다.

세종 13년(1431) 관습도감사 박연이 위에 올린 글에 의하면, 여악을 사용하지 않기 위하여 선발하는 정재(呈才)의 무동(舞童)은 11세 이상 13세 이하의 용모가 단정하고 깨끗하며, 성품과 기질이 뛰어나게 총명하여 어전의 정재에 갖출 만한 노비의 자식 중에 경상도에 15명, 충청도와 강원도에 각각 7명, 경기도와 황해도 그리고 평안도에 각각 5명, 함경도에 3명을 원래의 정원으로 하여 서울로 올려 보내게 하고, 관청에서 의복과 양식을 주었으며, 또한 관원이 공무 및 특정 사유로 인하여 여행을 하게 될 경우, 여행 지역의 역참(驛站)과 관(官)으로부터 말과 숙식(宿食) 및 각종 편의를 제공받을 수 있도록 발급한 문서인 초료(草料)도 주었다. 그러나 후에 익숙해질 만하면 곧 장정이 되어버리므로 악공(樂工)으로 대체하였다.

관현을 맡은 맹인으로 관습도감에 들어온 자는 겨우 18인 정도였으나, 재주를 취할 만한 자는 4~5인에 불과하였다. 그들 중에 연회에 모신 지 시일이 오래된 사람은 동반(東班) 5품 이상의 정원(定員) 외에 임시로 녹봉(祿俸)을 주기 위하여 설치한 허직(虛職)인 검직(檢職)을 제수하고, 만약 총명하고 나이 젊어서 여러 음악을 통해 알면서 지원하여 입속하는 사람은 처음에 7품 검직을 제수했다가 그들이 익힐 때를 기다려 예에 의거하여 조회에 참여할 수 있었던 참직(參職)을 주어 자손들의 후일의 길을 열어주었다.

대개 관현의 음악을 맹인에게 담당하게 한 것은 오래된 일이었다. 『주례』의 「춘관종백(春官宗伯)」에는 고몽(瞽矇)이란 직책이 있었는데, 그들은 관현 등을 관장하는 일에 종사했었다. 그런데 어떻게 하여 맹인들이 관현을 관장하게 된 것일까?

"대개 귀와 눈은 형체이고, 귀밝음과 눈밝음은 정신이다. 귀머거리는 정신이 눈에 있지 귀에 있지 않으므로 보는 일을 맡게 해서 불을 관장하게 하였다. 고몽은 정신이 귀에 있지 눈에 있지 않으므로 듣는 일을 맡게 해서 음악을 연주하게 하였다."[23]

시각장애인들이 다른 사람들보다 탁월한 것은 청력이다. 그래서 이들에게 목관악기와 현악기의 연주를 맡긴 것이다. 좀 오래된 영화이지만, 중국 제5세대 감독인 천카이거(陳凱歌)가 제작한 〈현 위의 인생〉(1991)이라는

23　陳暘, 『樂書』(文淵閣 四庫全書), 69권. "盖耳目, 形也. 聰明, 神也. 聾瞶者, 其神在目, 不在耳, 故以之司視而掌火, 矇瞍者, 其神在耳, 不在目, 故以之司聽而鼓樂."

영화가 있다. 현을 연주하는 주인공은 맹인인데, 눈을 뜨게 할 수 있는 비방이 담긴 상자를 열려면 1천 개의 현이 끊겨야 한다. 1천 개의 현이 거의 끊길 즈음, 그의 연주는 신기에 가까웠고, 싸움이 있는 곳에 평화를 가져오는 신통력마저 생겨 성자로 추앙받게 될 지경에 이른다. 그에게 탁월한 것은 바로 귀였다.

북극지방의 누나비크어(Nunavik)에는 '작살로 강도를 확인한 뒤에 깨지는 얼음', '밀물 중에 몰려들고 쌓인 물의 무게 때문에 초래된 해변 얼음의 내려앉음', '조수 변화 때문에 갈라지고 추위 때문에 다시 얼은 얼음' 등 '바다얼음'과 관련된 단어가 무려 93개가 있다고 한다. 그들은 바다얼음에 관하여 일반인보다 매우 섬세한 감각을 지녔기에 그럴 것이다. 이와 비슷하게 시각장애인들은 청각만큼은 매우 섬세하여, 귀명창은 물론이거니와 절대음감의 최고 능력을 지녔다고 할 수 있다. 그래서 오래 전부터 그들에게 관현 연주를 맡겼던 것이다.

6) 세종이 창제한 음악 '균화', 백성들과 조화로운 삶 꿈꾸다

제왕이 공업을 이루면 음악을 지어 대대로 그 명성을 전하고 있다. 중국 요제(堯帝)의 음악은 대함(大咸)과 대장(大章)이라 하였고, 우(虞)나라 순제(舜帝)는 대소(大韶)이며, 상(商)나라 탕왕(湯王)은 대호(大濩)이고, 주(周)나라 무왕(武王)은 대무(大武), 송(宋)나라는 대성(大晟), 금(金)나라는 대화(大和), 원(元)나라는 대성(大成)이라 하였다.

그에 반해 고조선부터 조선에 이르기까지 우리에게는 나라를 이룬 공업을 칭송한 악명(樂名)이 없었다. 세종에 이르러 예와 악을 정비하고, 한글을 창제한 후 용비어천가를 지은 것과 동시에 신악도 창제하여 그 이름을

'균화(鈞和)'라 하였다.

'균화'에서 '균(鈞)'은 대균(大鈞)은 하늘인데, 하늘이 우주 공간에 깨알처럼 만물을 퍼뜨리듯이 만민을 교화하고자 하는 뜻을 취하였고, '화(和)'는 「악기」에서 말한 바 있는 대악(大樂)은 천지와 더불어 조화를 함께한다는 의미를 취하였다.[24] '균화'라는 음악을 통해 조화로운 우주처럼 백성들이 조화롭게 사는 세상을 꿈꾼 것이다.

세종 때 악명인 '균화'는 『예기』 「악기」의 "대악은 천지와 더불어 조화를 함께 한다(大樂, 與天地同和)"는 뜻에서 '화(和)'라는 글자를 취하였고, '균(鈞)'이라는 글자는 『강희자전(康熙字典)』에서 "대균은 하늘이니, 만민을 교화하는 것이 마치 하늘에 만물이 뿌려진 것과 같다(大鈞, 天也, 敎化萬民, 如大鈞之播物)"는 말에서 취한 것인데, '대균파물(大鈞播物)'은 『전한서(前漢書)』 「가의전(賈誼傳)」의 '복조부(鵩鳥賦)'라는 시에 나오는 표현이다.

'복조부'는 가의(賈誼)가 장사(長沙)로 유배를 가서 장사왕의 태부가 된 지 3년이 되던 해에 부엉이가 가의의 숙소에 날아 들어와 좌석의 모퉁이에 앉았던 일을 보고, 스스로 상심하여 오래 살 수 없다고 여겨 슬퍼하며 지은 도가적 색채가 짙은 시이다.

> 어리석은 이는 세속에 얽매어 拘士繫俗兮,
> 죄수인양 묶여 있지만 攌如囚拘.
> 至人은 현실에서 초연하여 至人遺物兮,
> 홀로 도와 함께하도다. 獨與道俱.
> 미혹에 빠진 뭇사람들은 衆人或惑兮,
> 애증의 감정만 가득하건만 好惡積意.

---

24 『조선왕조실록』, 『세종실록』 111권, 세종 28년 2월 6일 갑진 첫 번째 기사. "大鈞, 天也, 敎化萬民, 如大鈞之播物, 大樂, 與天地同和, 取此義以爲名."

眞人은 담담해서 眞人恬漠兮,

홀로 도와 함께 쉬도다. 獨與道息.

지혜도 버리고 형체도 벗어남이여 釋知遺形兮,

나조차도 잊어버리고, 超然自喪.

횅하니 텅 빈 채로 寥廓忽荒兮,

도와 더불어 비상하도다." 與道翱翔.[25]

가의는 두 분의 스승에게서 배웠다. 한 명은 오공인데, 오공은 진나라의 법가 사상가인 이사에게서 배웠다. 다른 한 명의 스승은 순자의 제자였던 장창이었다. 순자의 제자 중의 한 명이 이사라는 점에서 보면, 가의의 사상은 유가적이면서도 법가적이라고 할 수 있다. 그런데 또한 가의의 사상에는 유가·법가사상 이 외에 도가사상도 그의 사상을 형성하는 중요한 부분이었다. 특히 가의는 국가의 정체(政體)를 논할 때에는 유가적 입장에 서 있었지만, 치술(治術)을 논할 때에는 황노술적(黃老術的)인 경향을 드러내었는데, 그는 정교(政敎)의 근본을 도(道)라고 보았고, 도의 본질을 허(虛)라고 보았다.[26]

가의가 저술한 『신서(新書)』에는 공자를 비롯하여 노자(老子)·관자(管子)·묵자(墨子)·안자(晏子) 등 제자(諸子)의 말들이 다양하게 인용되어 있다. 이는 가의가 한초의 다른 사상가들과 마찬가지로 제자백가가 혼합되어 있는 경향을 갖고 있었음을 보여준다. 이는 가의만의 독특한 특징이라기보다는 유가·법가·도가 등 여러 사상이 뒤섞여 있는 한대(漢代) 초기 사상계의 일반적인 경향이라고 보는 것이 더 타당하다.

이러한 관점에서 볼 때, '복조부'에서 보이는 지인이나 진인은 『장자(莊

---

25 賈誼, 『신서(新書)』, 박미라 譯(e-Book, 소명출판, 2012).

26 賈誼, 『신서(新書)』, 박미라 옮김, (e-Book, 소명출판, 2012).

子)』에서 도가를 상징하는 인물이라고 볼 수 있다. 또한 "지혜도 버리고 형체도 벗어남이여(釋知遺形兮)"라는 표현은 "육체란 본래 고목처럼 될 수 있고, 마음도 (애초) 불 꺼진 재가 될 수 있다"는『장자』「제물론」의 표현과 맞닿아 있다고 보이며, "나조차도 잊어버리고(超然自喪)"라는 구절은『장자』의 '오상아(吾喪我)', '좌망(坐忘)' 등의 개념과 일맥상통한다고 할 수 있다. 따라서 가의가 말한 '대균파물'에서의 '대균'을『강희자전』에서는 "대균은 하늘이다(大鈞, 天也.)"라고 풀이한 것을 보면, '대균'은『장자』「제물론」에서 말하는 '천균'이라고 할 수 있다. 가의는 복조부에서 "하늘이 만물을 뿌린 듯한데, 넓어서 끝이 없도다(大鈞播物兮, 坱軋無垠.)"라고 노래하였는데, 이는 우주에 모래알처럼 뿌려져 있는 별들의 모습을 연상케 한다. 또한『회남자』에서는 중앙 하늘을 '균천(鈞天)'이라 하였는데, 일맥상통하는 의미라고 할 수 있다.

세종 29년(1447)에 이르러, 용비어천가를 관현에 올려 느리고 빠름을 조절하여 여민락, 치화평, 취풍형 등을 지어 공사간 연향에 모두 통용케 하였으며, 문무 두 가지 춤곡조를 제작하였는데, 문은 보태평이라 하고 무는 정대업이라 하였다.

또한 속악도 정하였는데, 정동방곡(靖東方曲)·헌천수(獻天壽)·절화(折花)·만엽치요도(萬葉熾瑤圖)·최자(嗺子)·소포구락(小抛毬樂)·보허자(步虛子)·파자(破子)·청평락(淸平樂)·오운개서조(五雲開瑞朝)·중선회(衆仙會)·백학자(白鶴子)·반하무(班賀舞)·수룡음(水龍吟)·무애(無㝵)·동동(動動)·정읍(井邑)·진작(眞勺)·이상곡(履霜曲)·봉황음(鳳凰吟)·만전춘(滿殿春) 등이 있었다. 그렇다면 세종은 무엇을 참고로 하여 여민락, 치화평, 취풍형 등의 신악을 지었을까? 그것은 다름 아니라 고려의 당악과 향악이었다.

세종 때 창제한 악무 봉래의(鳳來儀)는 전인자(前引子), 진구호(進口號), 여민락, 치화평, 취풍형, 후인자(後引子), 퇴구호(退口號)로 구성되어 있다.

봉래의(鳳來儀)는『서경(書經)』순전(舜典)에서 유래한 용어인데, 순제(舜帝)
가 전악인 기(夔)에게 음악을 연주시킬 때, "소소를 아홉 번 연주하자 봉황
이 와서 춤을 추었다"는 봉황래의(鳳凰來儀)에서 따온 것이다.

봉래의에서 전인자는 죽간자를 든 두 명이 춤추는 이들을 인도하고 등
장할 때 연주하는 음악이고, 진구호는 본격적으로 공연을 하기에 앞서 소개
하는 말을 읊조리는 것인데, 후인자와 퇴구호 역시 이와 비슷한 의미이다.

이러한 구조는 고려 때 사용하던 당악의 구조를 본뜬 것이었다. 고려
가 사용한 당악 중에 헌선도(獻仙桃), 수연장, 오양선, 포구락, 연화대의
구조가 전인자, 진구호, 본 공연, 후인자, 퇴구호의 방식으로 구성되어 있
었던 것이다.

또한 고려 때 사용한 당악에는 헌천수·절화·만엽치요도·최자·소포구락·
보허자·파자·청평악·오운개서조·중선회·백학자·반하무·수룡음 등이 있는
데, 세종 29년(1447)의 기록에서는 이를 당악이라 기록하지 아니하고 속악이
라 소개하고 있다. 그 이유는 무엇일까?

당악을 속악이라 기록한 경우가 고려 때에도 있었다. 고려사 악지 속
악편에는 동동, 무애, 처용 등이 실려 있고, 삼국 속악 백제 편에는 정읍이
실려 있다. 그런데 여기에서 고려의 속악으로 풍입송(風入松)을 소개한
적이 있다.

> "해동의 천자이신 우리 임금께서는 부처님과 하늘이 보조하여 교화를 펴러 오셨
> 네. … 성덕(聖德)은 요임금이나 탕임금에게도 견주기 어려우리. … 사해(四海)
> 가 태평하고 덕이 있음이 모두 요임금 시절보다도 낫구나." [27]

---

27 『고려사』(국사편찬위원회, 한국사데이터베이스). "海東天子當今帝, 佛補天助敷化來. … 盛德堯湯難
比. … 四海昇平有德, 咸勝堯時."

풍입송은 위진 때 혜강(嵇康)이 지은 것으로 전해지며, 당나라 시대의 시인 교연(皎然)이 지은 풍입송가(風人松歌)도 있었다. 그런데 고려 때 지은 풍입송에서 고려 왕은 스스로 해동의 천자라고 선포하고 있으며, 덕이 있음 (有德)은 요임금을 능가한다고 노래하고 있으니, 이는 분명 고려 때 지은 속 악 풍입송이라 할 수 있다.

그렇다면『고려사(高麗史)』악지에서 전하는 당악은 중국에서 사용했던 당악을 그대로 쓴 것이 아니라, 고려인들이 중국의 당악을 참고하여 스스로 지은 것이 아닐까? 마찬가지 이유로 세종 29년의 기록에서도 고려 당악 헌 선도에 등장하는 헌천수 악곡을 속악이라 기록한 것은 아닐까?

이에 대한 실마리를 정조 19년(1795) 윤2월 9일부터 16일까지 화성에서 열린 바 있는 정조의 어머니이자 사도세자의 부인인 혜경궁 홍씨의 회갑연 을 기록한『원행을묘정리의궤』에서 찾을 수 있다. 이 의궤에서 헌선도에 관 하여 "송나라 때 사곡에는 선려궁 왕모도라는 명칭이 있는데, 고려 때 헌선 도 악곡을 짓고 연주하여 찬양하고 축하하는 음악으로 삼았다. 조선에서도 역시 이를 사용한다(宋時詞曲有仙呂宮王母桃之名, 麗朝做作獻仙桃曲以爲 頌祝之樂, 我朝亦用之.)"고 기록하고 있다.

신태영은「고려 당악정재의 전래와 수용」이라는 논문에서『송사』142권 교방에 곡파(曲破) 29종 중, 선려궁(仙呂宮)의 '왕모도(王母桃)'가 보인다. 더 자세한 내용이 없지만 중국에 유사한 내용의 가무희가 많이 유전하였고, 또 제목이 비슷한 것으로 보아 이를 바탕으로 '헌선도'를 만든 것으로 보인다" 고 언급하고 있으나, 추측만 할 뿐『원행을묘정리의궤』에서 제시된 결정적 인 기록에 이르지는 못하였다. 그러나 고려 때 사용한 당악 헌선도는 송사 (宋詞) 왕모도를 참작하여 지은 고려의 당악이 확실하니, 이에 대해 전면적 으로 인식을 전환할 필요가 있다.

7) 고려 때 빈번한 행사로 연주 명인들 탄생

조수는 밀려왔다 다시 밀려가고 潮來復潮去

오가는 뱃머리 서로 잇대었도다 來船去舶首尾相連

아침에 이 누각 밑을 떠나면 朝發此樓底

한낮이 못되어 남만에 이르도다 未午棹入南蠻天

사람들은 배를 물 위의 역마라고 하는데 人言舟是水上驛

바람처럼 달리는 준마도 이보다 늦으리 我導追風駿足較此猶遷延

만약 돛단배 바람 속에 달리듯 한다면 若使孤帆一似風中去

순식간에 봉래 선경(仙境)에 이르리니 焂忽想到蓬萊仙

어찌 구구히 남만의 경계뿐이랴 何況區區蠻觸界

이 배 타면 어딘들 가지 못하랴 假此木道何處不洄沿 [28]

이규보(李奎報, 1169~1241)의 『동국이상국전집(東國李相國全集)』에 실린 시의
일부이다. 당시 고려는 아라비아의 대식국(大食國), 인도반도 동해의 코르
만텔(Coromandel) 해안에 있는 작은 나라인 마팔국(馬八國), 지금의 태국에 해
당하는 섬라곡국(暹羅斛國) 등 남방의 여러 나라들과 빈번한 해상무역을 통
해 귀중한 보배들이 들어오고 있어서, 중국의 송으로부터 별 도움을 받지
않아도 될 정도로 무역이 성행하였다.

특히 11월 15일에 열렸던 중동(仲冬) 팔관회(八關會) 때는 각국의 상인
들이 모여들었다. 이들을 위해 객관(客館) 10곳을 새로 지었으며, 행사에서
는 이들을 위한 좌석을 별도로 마련하였다. 팔관회 의식에서는 송나라 상
인의 우두머리인 강수(綱首)가 예물을 바치고 축하를 드리는 순서가 있었으

---

28 이규보, 『동국이상국집』(한국고전번역원, 고전번역서)

며, 뒤이어 동서의 번자(蕃子)와 탐라(耽羅)가 공물을 바치고 축하드리는 예절이 정해져 있었다.

팔관회는 태조 왕건 때부터 시행되었다. 태조는 '훈요십조(訓要十條)'에서 "팔관은 하늘과 5악(岳)·명산·대천·용신(龍神) 등을 봉사하는 것이니, 후세의 간신이 신위(神位)와 의식절차의 가감(加減)을 건의하지 못하게 하라"고 유언하였으니, 신라에서 매번 중동에 팔관회를 크게 벌리고 복을 빌었던 제도를 이어받았던 것이다. 구정(毬庭)에 윤등(輪燈) 하나를 달고 향등(香燈)을 그 사방에 달았으며, 또 2개의 채붕을 각 5장 이상의 높이로 설치하여 백희를 연행하고 춤추고 노래하였다.

그 중 사선악부(四仙樂部)와 용(龍)·봉(鳳)·상(象)·마(馬)·차(車)·선(船) 등의 잡상을 설치하고, 이와 관련된 연희를 펼쳤는데, 모두 신라 때 옛 행사였다. 백관들은 도포를 입고 홀을 가지고 예식을 거행하였는데 구경꾼이 거리에 쏟아져 나왔다.

옛날 신라에서는 선풍(仙風)이 크게 행하여져서 이로 말미암아 용천(龍天)이 즐거워하고 기뻐하며 백성과 만물이 안녕하였다. 그러한 까닭에 고려에서도 그 선풍을 숭상하여 개경과 서경의 양경(兩京)에서 팔관회 때 사선악부(四仙樂部) 연행을 펼친 것이다. 사선이 누구인지는 명확하지 않으나, 영랑·술랑·안상·남석행이라는 견해도 있다. 이인로(李仁老, 1152~1220)는 『파한집(破閑集)』에서 사선에 대해 다음과 같이 언급하고 있다.

"신라의 옛 풍속에는 남자 중에 겉모습이 아름다운 사람을 택하여 보석으로 장식하고 이름을 화랑이라고 하였으며, 온 나라 사람들이 그를 받들었다. 화랑의 무리가 3천여 명에 이르러 마치 평원군·맹상군·춘신군·신릉군이 선비들을 양성한 것과 같았으며, 그 중에 재능이 뛰어나고 훌륭하여 비할 데 없는 자를 선발하여 조정에서 벼슬을 시켰는데 오직 사선의 문도만이 가장 번성하여 '자신들에 관한' 비

(碑)를 세울 수 있었다."[29]

고려의 팔관회에서는 양가(良家)의 자제 4명을 선발하여 신선이 입는 무지개처럼 아름다운 옷[霓衣]을 입고 뜰에 나란히 서서 춤추게 하니, 막고야산(邈姑射山)에 신인(神人)이 있었다고 하는데, 이들이야말로 경주 월성(月城)의 네 사람과 마찬가지일 것이라고 하였다.

막고야산의 신인은 『장자』에 나오는 신선이다. 또한 『파한집』을 보충하여 지은 『보한집(補閑集)』에 의하면 "옛날에 사선이 있었는데, 각각 무리 1천여 명을 거느렸고, 노래법이 성행하였다. 또 옥부선인(玉府仙人)이 있었는데, 처음으로 곡조(曲調) 수백 개를 지었다(古有四仙, 各領徒千餘人, 歌法盛行. 又有玉府仙人, 始制曲調數百.)"고 언급한 것으로 보아, 사선악부의 노래와 춤을 팔관회 때 연행하였을 것으로 보인다.

고려 때에는 팔관회, 연등회 등 각종 행사가 빈번하였으며, 그로 인해 연주를 잘 하는 명인들이 탄생하였다. 『고려사』 악지에 수록되어 있는 「한림별곡(翰林別曲)」에는 이들의 이름을 나열하며 노래하고 있는데, 이어(俚語)는 생략하였다. 그렇지만 『악장가사(樂章歌詞)』에 원문이 기재되어 있어, 이를 풀이해 보면 이와 같다.

> 아양(阿陽)의 거문고, 문탁(文卓)의 피리, 종무(宗武)의 중금
> 대어향(帶御香)과 옥기향(玉肌香)의 쌍 가얏고
> 금선(金善)의 비파, 종지(宗智)의 해금, 설원(薛原)의 장고
> 아아! 밤을 지새우는 풍경, 그것이 어떠하겠습니까?

---

29 이인로, 『파한집』(국사편찬위원회 한국사데이터베이스). "雞林舊俗, 擇男子美風姿者, 以珠翠飾之, 名曰花郎, 國人皆奉之. 其徒至三千餘人, 若原嘗春陵之養士, 取其穎脫不群者, 爵之朝, 唯四仙門徒最盛, 得立碑."

(葉) 일지홍의 비스듬히 부는 피리, 일지홍의 비스듬히 부는 피리

아아! 듣고야 잠들지라.[30]

8) 고구려 음악의 독특한 맵시

세종께서 "우리나라 사람은 성음이 중국과 다르다(我國之人, 聲音異於中
國)"고 하였다. 옛날 사람들은 소리를 따라서 음악을 제정했는데, 우리의 성
음이 중국과 다르기 때문에 음악도 중국과 다를 수밖에 없다는 것이다.

우리 음악은 처음부터 중국과 관련이 적었다. 특히 고구려의 음악이 그
러하였다. 고구려는 연향할 때 호선무(胡旋舞)를 추기도 하였는데, 춤추는
자가 공 위에 서서 바람처럼 도는 춤이었다(『신당서』). 그런데 고구려의 호선
무는 강국(康國)의 영향에 의한 것이었다. 강국은 지금의 중앙아시아 우즈
베키스탄의 사마르칸트에 위치했던 중앙아시아의 최고(最古) 국가로 비단
길의 중계무역으로 번창한 곳이었다.

또한 고구려에는 연향할 때 무릎을 살짝 구부리고 두 다리를 X자 형으
로 교차시켜 추는 춤이 있었다. 안악3호분 벽화에서 등장하는 춤사위인데,

'안악3호분'(국립문화재연구소)

30 『악장가사』(규장각 한국학연구원, 奎15177). "阿陽琴, 文卓笛, 宗武中笒, 帶御香玉肌香双伽倻고, 金
善琵琶, 宗智琵琴, 薛原杖鼓, 위過夜景긔엇더ᄒ니잇고, 葉, 一枝紅의 빗근笛吹, 一枝紅의 빗근笛吹, 위듣
고아좀드러지라."

이 또한 서역과 관련이 있는 춤이다. 인도의 남쪽 지역에서 추는 인도 무용의 원조 바라따나띠얌 중에 스와스띠까 자세가 안악3호분 벽화에서 발견된 것이다.

고구려의 음악에는 어떤 것이 있었을까? 『수서(隋書)』「음악지」에 의하면, 고구려의 가곡에는 '지서(芝棲)'가 있고, 무곡(舞曲)에는 '가지서(歌芝棲)'가 있었다고 한다. 그런데 안국(安國)의 가곡에는 '부경단시(附鞓單時)', '가지서(歌芝栖)'가 있었고, 춤곡에는 '말해(末奚)', '무지서(舞芝栖)'가 있었던 것으로 보아, 고구려의 음악은 안국의 음악과 매우 친밀했다고 여겨진다. 안국은 우즈베키스탄 부하라 부근에 있었던 국가이다.

그렇다면 고구려에서는 어떤 악기를 사용하고 있었을까? 진양(陳暘, 1064~1128)이 쓴 『악서(樂書)』에 의하면, 고구려인들이 사용하던 악기로는 와공후(臥箜篌), 수공후(竪箜篌), 비파, 탄쟁(彈箏), 오현(五絃), 생, 소, 횡적(橫笛), 소필률(小觱篥), 도피필률(桃皮觱篥), 요고(腰鼓), 제고(齊鼓), 담고(擔鼓), 동발(銅鈸), 패(貝) 등 14종이 있었다고 전한다.

고구려는 처음부터 이러한 악기를 사용하고 있지는 않았다. 고구려는 북연(北燕) 때문에 서역과 교류하지 못하다가 후위가 북연을 평정한 뒤부터 각종 악기를 서역으로부터 받아들이기 시작하였던 것이다. 『수서』에는 "소륵·안국·고려는 모두 후위가 풍씨(馮氏)를 평정한 때로부터 서역을 통하여 그 기(伎)를 얻은 후에 점차 그 소리가 많이 모였기 때문에 태악과 구별되었다"[31]라고 기록하고 있다.

북위가 북연을 정벌한 후, 고구려가 서역을 통하여 음악을 받아들일 때, 가장 영향을 많이 받은 것은 서량기(西涼伎)였다. 왜냐하면 『수서』 고려

---

31 이에 대한 자세한 내용은 필자의 졸고 「진양의 악서에 수록되어 있는 마한, 부여, 신라, 백제 고려의 춤 및 악(樂)에 관한 연구」(한국동양정치사상연구 제18권 2호, 2019)를 참조 바람.

'오회분 4호묘'(국립문화재연구소)

기(高麗伎)에 등장하는 악기의 대부분이 서량기의 악기와 중첩되기 때문이다. 고구려가 서량악(西涼樂)을 접하게 된 것은 북위(北魏)와 우호적 관계를 유지하고 있었던 장수왕 때, 즉 5세기 중엽 이후였다. 서량기는 지금의 돈황(敦煌) 지역에 있던 나라의 음악을 말한다.

서량기의 악기로는 종(鐘), 경(磬), 탄쟁, 추쟁(搊箏), 와공후, 수공후, 비파, 오현, 생, 소, 대필률, 장적(長笛), 소필률, 횡적, 요고, 제고, 담고, 동발, 패 등 19종이 있다. 종, 경을 제외하면, 서량기와 고려기의 악기 사이에는 큰 차이가 없다.

고구려인들이 각종 연향에서 사용했던 악기들은 안악3호분, 오회분 4호묘, 오회분 5호묘 등의 벽화에서 확인할 수 있다. 특히 6세기 후반의 작품으로 평가되는 오회분 4호묘 벽화에는 요고, 사현금, 횡적이 등장하고, 안악3호분의 벽화에는 완함이 등장하는데, 요고는 천축국, 즉 인도의 동고(銅鼓)에서 비롯된 것이라 알려져 있다.

동고는 몸체를 구리로 만들었다. 그 중에서 작은 것은 머리는 크고 배는 가늘게 만들어 가죽으로 면을 덮었는데, 형체는 요고와 같았다. 인도의 동고가 간다라 지역을 거쳐 실크로드를 통하여 서량(西涼), 안국(安國), 소륵(疎勒), 구자(龜玆), 고창(高昌) 등으로 전파되었으며, 고구려도 이를 사용한 것이다.

고구려는 요고 등의 악기를 통하여 높은 수준의 음악을 발전시켰다. 그래서 중국 수나라 때 펼쳐진 국제 음악 페스티벌에서 항상 최고 수준의 대접을 받았다. 이때 펼쳐진 청상기(淸商伎), 고려기(高麗伎), 천축기(天竺伎), 안국기(安國伎), 구자기(龜玆伎), 문강기(文康伎)를 7부기(部伎)라 하였고, 이에 미치지 못하는 소륵(疏勒), 부남(扶南), 강국(康國), 백제(百濟), 돌궐(突厥), 왜국(倭國)의 기예를 잡기(雜伎)라 하였다.

당나라 때는 한부(漢部)의 연악을 비롯하여, 청악, 서량, 천축, 고려, 구자, 안국, 소륵, 고창, 강국의 공연으로 이루어진 10부악 페스티벌을 벌였다. 청상기과 문강기는 중원의 무도(舞蹈)이고, 구자(龜玆)는 고차(庫車)라고도 하는데, 지금의 신장 위구르 자치구 지역에 있었던 국가이다. 소륵은 타클라마칸 사막 서쪽 가장자리에 있었던 국가이고, 고창은 서역 교통의 중추인데 지금의 신장 투르판 지역에 있었던 국가이다.

고구려의 음악은 수나라 때나 당나라 때에도 그 진가를 알아줄 정도로 독자적이며 독특한 맵시를 지니고 있었다. 그런데 이는 주로 중국과 교류하며 형성한 것이 아니라, 인도를 비롯하여 돈황, 우즈베키스탄, 투르판 등의 서역과 문화를 교류하며 발전시킨 음악이었다. 이 때문에 우리나라 사람은 성음(聲音)이 중국과 달랐다.

9) 빈손으로 춤추는 것이 춤의 근본

조선에서 풍물은 고취와 연향에서 사용되는 악기를 지칭하는 용어였다. 조선의 고취가 군악과 밀접한 관련을 맺고 있다면, 연향에서의 사정은 어떠할까? 그리고 연행에 사용된 각종 음악과 악기는 현행 풍물과 어떠한 연관이 있을까?

연향에 관한 전반적인 규정은 세종 때 정해졌다. 세종 31년(1449)에 새로 정한 제악 중에서 산정하여 종묘·조회·공연(公宴)의 음악에 쓰게 하였는데, 발상, 정대업, 보태평, 봉래의, 외양선, 포구락, 연화대, 처용, 동동, 무애, 무고, 향발 정재가 있었다.

세종 이후의 연향을 살필 수 있는 자료로는 인조 8년(1630)에 인목대비의 장수를 기원하는 수연으로 열린 연회를 기록한 『풍정도감의궤』가 있다. 정재색(呈才色)에 헌선도, 수연장, 금척, 봉래의, 연화대, 포구락, 향발, 무고, 처용무의 아홉 정재를 낙점하였는데, 세종 때와 큰 차이는 없었다.

숙종 45년(1719)에 왕의 기로소 입소를 경축한 '기해진연(己亥進宴)'에서는

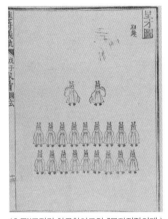

'초무'(규장각 한국학연구원, 『무자진작의궤』)

외연만이 열렸는데, 초무, 아박, 향발, 무고, 광수무, 처용무가 일곱 번의 술잔을 드릴 때 연희되었다. 이 중에 초무(初舞)와 광수무(廣袖舞)는 숙종 때 처음 연희된 정재였다. 드디어 세종 때 규정된 연행 절차와는 다른 정재가 숙종 때 연희되었던 것이다.

초무는 어떻게 추는 춤일까? 순조 28년(1828) 순원왕후의 40세 생일을 경축하는 의미로 2월과 6월 각각 거행된 진작의식을 기록한 『무자진작의궤』에서는 『고금도서집성』 87권 「무부휘고(舞部彙考)」에서 인용한 바 있는 명나라 주재육(朱載堉, 1536~1611)의 『율려정의(律呂精義)』를 참고하여 초무에 대해 설명하고 있다.

『주례』에서 악사는 소무를 가르치는 것을 관장하는데, 유염(劉濂)은 처음 춤을 배우는 자의 경우 2일(佾)이면 좋다고 하였다. 「악기」에서 손을 내뻗어 떨치고, 발

로 땅을 세차게 디딤이 매우 급한 것은 무엇 때문인가? 처음 춤출 때, 즉 손과 발을 내뻗어 떨치고, 땅을 밟되 맹렬하고 세찬 것이다.『도서집성』에 들어 있는 명나라 주재육이 쓴『무보(舞譜)』'용독도(舂牘圖)'에서 전초세(轉初勢)의 오(敖)자를 밟는 것은, 측은지인(惻隱之仁)을 형상하는데, 이를 제1용(舂)으로 삼았다. 무동 2명이 북쪽을 향하되, 손을 바꾸어 가면서 이마에 대는 춤이다."[32]

주재육은『무보』에서『예기』「곡례상(曲禮上)」서 언급하고 있는 "오만(敖)은 길어서는 안 되고, 욕망은 좇을 수가 없으며, 뜻하는 것은 채울 수가 없고, 쾌락은 그만둘 수가 없다(敖不可長, 欲不可從, 志不可滿, 樂不可極)"는 노래에 맞추어 춤을 설명하고 있는데, 이를『무자진작의궤』에서 인용하여 초무를 설명하고 있는 것이다.

이로부터 숙종 때 처음 춤추기 시작한 초무는 주재육이『율려정의』에서 언급한 바 있는 인무(人舞)라 할 수 있다. 그렇다면 왜 인무인가?『율려정의』에서 "군자는 근본에 힘쓰는데, 근본이 세워지면 도(道)가 생겨난다. 춤을 배움에도 역시 근본이 있는가?"라고 묻자. "문무의 깃과 무무의 방패를 잡지 않고, 빈손으로 춤추는 것이 춤의 근본이다. 이 때문에 춤을 배우려면 우선 인무를 배운다"라고 대답하는 대목이 있다.

『율려정의』에서는 이어서 춤의 네 가지 자세와 여덟 가지 자세에 대해 언급하고 있다. 춤의 네 가지 자세는 사단(四端)을 상징하는데, 첫째 상전세(上轉勢)는 측은지인(惻隱之仁)을 형상하고, 둘째 하전세(下轉勢)는 수오지의(羞惡之義)를 형상하며, 셋째 외전세(外轉勢)는 시비지지(是非之智)를 형상하고, 넷째 내전세(內轉勢)는 사양지례(辭讓之禮)를 형상한다는 것이다.

---

32 『戊子 進爵儀軌』(규장각 한국학연구원, 奎14364). 卷之一, 0022.jpg. "○周禮樂師掌敎小舞劉濂謂初學舞者二佾可也. 樂記發揚蹈厲之已蚤可也. 初舞時卽手足發揚蹈地而猛厲, 〈圖書集成〉. 明朱載堉舞譜春牘圖轉初勢蹈敖字象惻隱之仁是爲第一春○兩舞童北向換手加額而舞."

상전은 손님을 맞이하는 자세이고, 하전은 손님을 보내는 자세이며, 외전은 움직여 나가는 자세이고, 내전은 불러서 들어오는 자세와 같다.

여덟 가지 자세는 오상(五常)과 삼강(三綱)을 형상한다. 첫째 전초세(轉初勢)는 측은해하는 인(惻隱之仁)을 형상하고, 둘째 전반세(轉半勢)는 부끄러워하고 미워하는 의(羞惡之義)를 형상하며, 셋째 전주세(轉周勢)는 독실한 믿음(篤實之信)을 형상하고, 넷째 전과세(轉過勢)는 옳고 그름을 가리는 지혜(是非之智)를 형상하고, 다섯째 전유세(轉留勢)는 사양하는 예(辭讓之禮)를 형상한다. 이 다섯 가지 자세가 오상을 형상한다. 여섯째 복도세(伏睹勢)는 신하가 군주를 존경하는 것을 표시하고, 일곱째 앙첨세(仰瞻勢)는 자식이 어버이를 친애하는 것을 표시하고, 여덟째 회고세(回顧勢)는 지어미가 지아비에게 조화하며 따르는 것을 표시하는데, 이 세 가지 자세가 삼강이다.

인무는 사단을 상징하는 상전, 하전, 외전, 내전과 오상과 삼강을 형상하는 전초세, 전반세, 전주세, 전과세, 전유세, 복도세, 앙첨세, 회고세로 이루어져 있다. 즉 상전의 8자세, 하전의 8자세, 외전의 8자세, 내전의 8자세로 이루어진 32박의 춤이 바로 인무이다.

인무는 달리 말하면 덕무(德舞)이다. 유교의 덕목인 사단과 오상 그리고 삼강을 형상하는 춤이 바로 인무인데, 춤을 보고 그가 쌓은 덕을 알 수 있기 때문이다. 이러한 춤을 숙종 때 처음 추어 초무라 하였으니, 진연이나 진찬, 진작 때 처음 순서에 배치되었다는 의미에서 초무(初舞)이며, 고종 때까지 계속 이어졌다.

조선의 초무는 중국과 달리 두 무동이 북쪽을 향한 채 손을 바꾸어가면서 이마에 대는 춤이었다. 북 소리에 맞추어 춤추었는데, 왼손이 소매를 들면 오른손은 소매를 떨어뜨리고, 오른손이 소매를 들면 왼손은 소매를 떨어뜨리면서 춤추다가, 손을 모으고 잰 걸음을 걸으며 퇴장하였다.

10) 혜경궁 홍씨 회갑연에 '처용가' 연희

각종 연행에서 정재를 춘 이들은 어디에 사는 누구였을까? 공연하는 사람들의 명단과 해당 기예의 전담 스승을 처음으로 밝힌 것은 『갑자진연의궤』이다. 이는 영조 20년(1744) 대왕대비인 인원왕후의 58세 생일을 기념하기 위한 내진연과 사흘 뒤 영조의 망육순을 맞아 기로소 입소를 경축하기 위한 외진연을 기록한 것이었다.

내진연에서는 헌선도, 포구락 9수, 연화대, 몽금척, 아박, 향발 4수, 하황은, 처용무가 연희되었고, 외진연에서는 오운개서조(五雲開瑞朝)를 연주하여 초무을 추었고, 보허자령(步虛子令)을 연주하여 광수무를 추었으며, 아박, 향발, 무고, 처용무가 연희되었다.

출연한 여기(女妓)는 충주 기생 1명, 공주 기생 2명, 원주 기생 2명, 안동 기생 4명, 해주 기생 4명, 전주 기생 1명, 황주 기생 2명, 안악 기생 1명, 평양기생 4명, 함종 기생 1명, 청주 기생 1명, 성산 기생 2명, 상주 기생 1명, 나주 기생 1명, 경주 기생 3명, 성천 기생 10명, 안주 기생 10명, 광주 기생 2명으로 총 52명이었다.

장고는 공주 기생 죽선(27세)과 전주 기생 옥섬(31세)이 담당하였다. 이들의 스승은 각각 김재홍, 박만의였다. 현금은 안동 기생 채옥(36세), 스승은 함덕형, 가야금은 황주 기생 난애(30세), 스승은 황대세, 교방고는 경주 기생 순랑(36세), 스승은 황세웅, 방향은 광주 기생 귀금(30세), 스승은 이지영이었으며, 나머지 기생은 노래와 정재에서의 춤을 담당하였다.

나이가 많은 참가자로는 노래를 담당한 성천 기생 월빈(노래, 70세)과 여기 중 우두머리인 도기(都妓)를 담당한 안주 기생 양대운(도기, 61세) 그리고 공주 기생 해월(도기, 52세)이 있었다. 나이 어린 기생으로는 동기(童妓)를 담당한 성천 기생 태매와 인애가 있었는데, 모두 11세였다.

처용무는 안동 기생 낙선(41세), 옥섬(37세), 몽안(25세), 상주 기생 조녀(38세), 경주 기생 옥란(36세)의 차지였다. 경상도 기생들이 처용무를 담당한 것이다. 전담 스승으로는 김준영, 임두성, 박만적, 박천빈, 강취성이 있었는데, 출신을 따로 밝히지는 않았다.

처용무는 다른 지역의 기생이 아니라 오로지 안동과 경주의 기생이 담당하였다. 순조 29년에 거행된 『기축진찬의궤』를 보면, 평안

'처용무'(『원행을묘정리의궤』, 奎14518)

도에서 20명, 강원도에서 5명, 공충도에서 7명, 황해도에서 17명, 전라도에서 15명, 경상도에서 21명의 여령(女伶)이 참여하였는데, 경상도 여령 중에서 처용을 잘 추는 자 6명은 경주와 안동에서 정하였다고 기록하고 있다.

여러 여령 중에서 처용무를 춘 여령에게는 특별한 보상이 주어졌다. 진찬이 끝난 후, 경주와 안동의 여령 6명은 금번 진찬에서 처용무를 잘 추었기에 매우 가상하여, 각별히 수고로움에 보답하는 의미에서 경상감영에게 두 읍에서 마땅히 조치를 취할 것을 교시하였던 것이다.

처용무에 대한 설명은 정조의 어머니이자 사도세자의 부인인 혜경궁 홍씨의 회갑연을 기록한 정조 19년(1795)의 『원행을묘정리의궤』에서 처음 보인다. 이에 의하면, 신라 때 처용가(處容歌)가 있었는데, 스스로 처용이라 한 신인(神人)이 저잣거리에서 춤추고 노래하였다는 이야기가 전하였다고 한다. 이 노래를 『악학궤범』과 『악장가사』에서 전하고 있는데, 이 신인을 다름 아닌 열병신(熱病神)이라 기록하고 있다. 처용 신인은 천연두·홍역·학질

을 담당하는 신인이라는 것이다.

처용무는 다섯 명이 춤추는 경우가 있었고, 처용 5명과 5인 또는 6인의 협무와 함께 추는 경우도 있었다. 처용 가면은 『악학궤범』에서는 피나무(椵木)를 깎아서 만들고, 옻칠한 베로 껍데기를 만들고 채색하였다고 하였다.

연산군 때에는 "전에는 처용무의 가면(假面)을 오래 쓸 생각을 하지 않고 한때만 쓰는 것을 취택하였으므로 곧 빛이 변하였으니, 앞으로는 베로 먼저 싸고 살빛으로 칠(漆)을 입혀서 해가 오래 되어도 변하지 않도록 하소서(曩者處容舞假面, 不爲長久之計, 但取一時之用, 故隨卽變色. 今後以布先裹, 以肉色著漆, 雖年久使不變.)"라는 기록이 있었다.

정조 때 『원행을묘정리의궤』에 의하면, 처용 가면을 피나무를 사용하여 새로 제작하였는데, 1척 5촌, 즉 45센티미터에 달하였다. 처용무는 헌종 때에도 각종 진찬이나 진연에서 빠짐없이 거행되었으나, 고종 때에는 어떤 이유에서인지 단 한 차례도 연행되지 않았으니 매우 아쉬울 따름이다.

11) '수제천'과 '정읍사'는 다른 곡

조선시대의 연향에서 그 이전과 비교하여 커다란 변화가 생긴 것은 순조 때였다. 순조는 재위 27년(1827) 2월 18일에 인정전에서 하례를 받고 세자 청청에 관한 반교문을 내렸고, 순조 27년 9월 10일 자경전에서 왕세자에게서 진작례를 받았다. 그러나 이때의 연향은 예전과 크게 다르지 않았다.

순조 28년(1828) 2월 12일 자경전에서 중궁인 순원왕후의 40세 생신을 축하하기 위한 잔치를 열었는데, 이것이 이른바 '무자진작'이다. 또한 순조 29년 2월 9일 순조가 교화를 베푼 지 30년이 되었고, 보령 사순(四旬)을 기념하기 위하여 명정전에서 수작(受爵)을 하였으며, 같은 해 2월 12일 자경전에서 내진찬을 받았으니, 이것이 '기축진찬'이다.

그런데『조선왕조실록』의 '자경전진작'이나 '무자진작' 및 '기축진찬'에서 언급하고 있는 연향은 초무, 아박, 향발, 무고, 광수무, 첨수무, 하황은, 포구락, 선유락, 연화대, 수연장, 몽금척, 헌선도인데, 이는 영조 때『갑자진연의궤』에서 언급하고 있는 초무, 광수무, 그리고 정조 때『원행을묘정리의궤』에서 언급하고 있는 선유락, 첨수무와 더불어 세종 때부터 연행되고 있었던 정재였다.

즉『조선왕조실록』이나『승정원일기』에서는 순조 때 효명세자가 대리청정하면서 창제한 각종 정재를 애써 언급하지 않은 것이다. 그런데 이러한 정황은 왕권과 신권의 충돌 및 대리청정 3년 3개월 만에 훙서(薨逝)한 효명세자의 사정을 살펴보아야 이해할 수 있다.

1828년 2월에 거행된 '무자진작'은 자경전에서 열리기도 했지만, 또한 6월 1일 연경당에서 열리기도 했는데, 예제(睿製), 즉 왕세자 창제한 정재는 오로지 연경당 진작에서만 거행되었다. 즉 대리청정했던 왕세자가 순조 및 순원왕후를 위해 준비한 정재를 연경당에서 첫선을 보였던 것이다.

그때 효명세자가 창제한 정재로는 망선문(望仙門), 경풍도(慶豊圖), 만수무(萬壽舞), 헌천화(獻天花), 춘대옥촉(春臺玉燭), 보상무(寶相舞), 영지(影池), 박첩(撲蝶), 춘앵전(春鶯囀), 첩승(疊勝), 무산향(舞山香舞)이 있었다. 세간에 왕세자가 직접 창제한 것이라고 알려진 가인접목단(佳人剪牧丹)은 심향춘(沈香春舞), 연화무(蓮花舞), 춘광호(春光好), 최화무(催花舞), 고구려(高句麗), 향령(響鈴), 공막무(公莫舞)와 더불어 예제(睿製)가 아니었다.

왕세자가 직접 정재를 창제할 때 참고한 서적으로는『당회요』,『패문운부』,『도서집성』,『법원주림』,『연감류함』등이 있다. 예제(睿製)인 만수무(萬壽舞)에 대하여 "송나라 주밀은 천기성절 악차에서 여러 부가 곡파인 '만수무강', '박미'를 합주한다고 하였다.『도서집성』에서는 명나라 영락제의 유식 악장에 첫 잔은 만수곡을 연주하여 올린다고 하였다(宋周密天樂次, 諸部合 ‘萬壽无疆’薄媚’曲破. 〈圖書集成〉明永樂, 侑食樂章, 一奏上萬壽之曲)”고 설명하고 있다.

예제(睿製) 만수무(萬壽舞)는 송나라 때 주밀이 지은 『무림구사(武林舊事)』를 참고하여 창제한 것으로 보인다. 이에 의하면, 성절(聖節) 즉 정월 5일 왕의 생일을 맞이하여 천성기절(天聖基節) 배당 악차를 설명하고 있는데, 여기에서 ‘만수무강’, ‘박미’를 언급하고 있기 때문이다.

> “음악은 협종궁을 연주한다. 필률로 ‘만수영무강’ 인자를 시작한다. 오래 살기를 비는
> 뜻으로 잔에 술을 부어서 드릴 때, 첫 번째 잔은 필률로 ‘성수제천악만’으로 춤을 시작
> 하고, … 열세 번째 잔을 바칠 때에는 곡파인 ‘만수무강박미’를 합주한다.”[33]

이 외에 ‘무자진작’에서는 이제까지 연주되지 않았던 많은 악곡이 등장한다. 이곳에서는 만수영무강인(萬壽永無疆引), 만년락(萬年樂), 경풍년(慶豐年) 등의 악곡을 열거하고 있는데, 이 가운데 세취 악대가 수제천(壽齊天)이라는 곡을 향당교주로 연주한다는 대목이 등장한다(細吹作壽齊天之曲鄕唐交奏).

수제천은 ‘정읍사(井邑詞)’와는 전혀 다른 악곡이었다. 왜냐하면 수제천과는 별도로 “세취가 경신년이라는 곡을 연주하여 아박무를 드리는데, 정읍만기 향악이다(細吹作慶新年之曲呈牙拍舞 井邑慢機鄕)”라고 설명하고 있기 때문이다. 즉 향당교주로 연주된 수제천과 아박무의 반주곡으로 쓰인 향악 정읍만기는 각각 다른 곡이었던 것이다.

수제천과 정읍은 헌종 때에도 각종 연향에서 별도로 연주되었던 곡이

---

33 周密, 『武林舊事』(Internet Archive, https://archive.org/details/06044547.cn), “樂奏夾鐘宮, 觱篥起 《萬壽永無疆》引子, 上壽第一盞, 觱篥起舞《聖壽齊天樂慢》, … 第十三盞, 諸部合《萬壽無疆薄媚》曲破.”

었으며, 고종 24년 '정해진찬'에서도 수제천과 정읍은 각각 따로 연주되기도 하였다. 그러나 고종 29년 때부터 의궤에서 수제천은 연주되었지만, 정읍이 연주되었다는 기록은 없다.

그런데 현재 국립국악원에서 제작한 '청소년이 꼭 알아야 할 우리 음악과 춤'이라는 영상 중 '수제천 해설편'에서 "가장 대표적인 궁중음악 중 하나로 원래 명칭은 정읍이다"라고 설명하고 있다. 그렇다면 정읍이 수제천이 된 것일까? 아니면 수제천이 정읍이 된 것일까? 수제천과 정읍은 별개의 곡이라는 점을 감안하면, 원래대로 '정읍'이라고 해야 하지 않을까?

5부
풍물과 나례

1) 외국 사신들이 반한 조선의 나례

현행 풍물은 조선시대의 고취와 군악 그리고 연향과 밀접한 연관을 지니면서 발전해왔다. 조선시대의 연향은 왕실에 경사가 있을 때 거행되었던 진연이나 진찬 등의 의식도 있었지만, 외국에서 사신이 왔을 때 벌였던 나례의 형식도 있었다.

이른바 계동 대나의(大儺儀)는 『세종실록』의 「오례」 중에 군례 의식에 나열되어 있는데, 이는 고려의 의식과 조금의 차이도 없었다. 이 의식에서는 나이 12세 이상으로부터 16세 이하의 48명으로 구성되는 진자(侲子)가 등장한다. 이들은 가면을 쓰고, 붉은 옷을 입었으며, 채찍을 쥐었다.

이들 외에 방상씨(方相氏) 4인은 네 개의 눈이 달린 황금으로 된 가면(假面黃金四目)을 썼고, 곰 가죽으로 만든 검은 웃옷과 붉은 치마를 입었으며, 오른손에는 창을 쥐고, 왼손에는 방패를 쥐었다. 창수(唱帥) 4인은 몽둥이를 쥐고, 가면을 쓰고, 붉은 웃옷을 입었고, 북을 치는 집고(執鼓) 4인과 쟁을 치는 집쟁(執錚) 4인, 피리를 부는 취적(吹笛) 4인, 그리고 공인(工人) 20명은 모두 붉은 건을 쓰고, 붉은 웃옷을 입었다.

이 의식은 역질(疫疾)을 쫓기 위한 행사였다. 나자(儺者)가 북을 치고 함성을 지르고, 방상씨는 창을 쥐고 방패를 들면서 소리를 지르면, 진자가 모두 화답하는 형식인데, 12신(神)으로 하여금 악한 귀신과 흉한 귀신을 내쫓는 의식이었다. 악귀들이 물러가지 않으면, 몸뚱이를 불태우고, 간을 끌어내고, 살을 갈가리 찢고, 간장을 뽑아낼 것이니 썩 물러가라는 것이다.

이런 계동 대나의에 등장하는 방상씨는 그 유래가 매우 오래되었다. 주나라(기원전 1046~기원전 256) 때 관료들의 직책을 규정한 「주관(周官)」에서 군정을 관장했던 하관사마(夏官司馬)에 방상씨(方相氏)가 등장하는데, 이에 대해 "곰 가죽을 뒤집어쓰고, 황금으로 된 네 개의 눈을 하고, 검은 웃옷과 붉은 치마를 입는다. 창을 잡고 방패를 들고 관리들을 인솔하고 때에 따라 나례할 때, 집안을 수색하여 역귀를 내몰았다(掌蒙熊皮, 黃金四目, 玄衣朱裳, 執戈揚盾, 帥百隸而時難, 以索室驅疫)"고 설명하고 있다.

조선의 경우에도 나례에 대한 기록이 많지만, 세종 1년 12월 28일의 기록에서도 "제야(除夜)이므로 나례를 행하였다(以除夜設儺禮)"고 기록하고 있다. 여기서 '제(除)'라는 한자는 '섣달그믐날'을 의미한다. 즉 12월 마지막 날에 나례 행사를 가진 것이다. 그런데 나례에는 꼭 계동 대나의만 있는 것은 아니었다.

외국에서 사신이 왔을 때나 왕실의 각종 행사에서도 나례를 펼치기도 하였다. 예를 들면, 태조가 청주에 도달하자 목사와 판관 등이 나례를 갖추어 북교에서 맞이한 적이 있으며(1393년 2월 5일), 태종이 환궁할 때 유후사의 여러 신하들이 나례와 백희를 펼치기도 하였는데, 이때의 나례는 계동 대나의와는 다른 내용이었다.

그렇다면 이때의 나례는 어떠한 행사였을까? 성종 17년(1486) 12월 29일 임금이 창경궁 인양전에 나아가서 나희(儺戲)를 구경하고, '관나(觀儺)'라는 제목으로 칠언율시를 짓게 한 적이 있었다. 이때 성현이 지은 시를 통해서 우리는 나례의 또 다른 면모를 가늠할 수 있다.

깊은 궁전 봄볕 아래 채붕을 높이 띄우고 祕殿春光泛彩棚

붉은 옷 붉은 바지 종횡으로 어지럽고 朱衣畫袴亂縱橫

공 놀림은 참으로 의료의 기교 같거니와 弄丸眞似宜僚巧

줄 타는 건 또한 비연이 가볍게 날아가는 것 같구려 步索還同飛燕輕

조그만 방 네 문 곁엔 괴뢰를 숨겨 두었고 小室四旁藏傀儡

백척 긴 장대 위엔 술병 술잔이 춤추는데 長竿百尺舞壺觥

군왕께서는 배우의 희극은 안 좋아하시고 君王不樂倡優戲

여러 신하들과 함께 태평을 누리고자 하네 要與群臣享太平"[34]

성현이 지은 '관나'라는 시를 보면, 지금의 저글링에 해당하는 농환(弄丸)뿐만 아니라, 줄타기에 해당하는 보삭(步索), 인형극에 해당하는 괴뢰(傀儡), 솟대타기를 지칭하는 장간(長竿) 등을 나례에서 연행하였다는 것을 알 수 있다. 이러한 행사를 나희라고도 하여 계동 대나의와 구분하기도 하였는데, 이때 임시 야외공연장에 해당하는 채붕을 설치하고 백희를 베풀었으며, 성균관의 생도들과 교방의 창기들이 가요를 드리기도 하였다.

2) 궁중유희, 희학과 풍자도 있었다

조선시대의 나례는 중국에서 사신이 왔을 때 거행되기도 하였고, 궁중에서 유흥을 즐기기 위해서 거행되기도 하였는데, 크게 두 가지 형식이 있었다. 하나는 규식지희(規式之戲)이고, 다른 하나는 소학지희(笑謔之戲)이다.

소학지희에는 수척(水尺)과 승광대(僧廣大) 등이 웃고 희학하는 놀이였

---

34 성현, 『허백당집(虛白堂集)』(한국고전번역원, 한국고전종합DB, 한국문집총간), 제7권/시(詩)

다. 규식지희에는 광대(廣大)와 서인(西人)의 주질(注叱)·농령(弄鈴)·근두(斤頭) 등과 같은 유희가 있었는데, 주질은 줄타기이고, 농령은 방울받기이고, 근두는 땅재주를 말한다.

수척과 승광대가 펼쳤던 소학지희에는 음담패설 등의 희학도 있었던 것 같다. 세종 11년(1429) 10월 28일 세자가 나희를 보자 신하들이 관람하지 말 것을 건의한 적이 있었기 때문이다.

> "전하께서 나희를 관람하시는 것도 오히려 불가하옵거든 하물며 세자께서는 그 연령이 바야흐로 어리시고 덕을 잡으심이 아직 굳지 못하시니, 마땅히 요사한 것을 멀리하고 미리 덕성을 기르셔야 할 터인데, 이제 나희를 보심으로 인하여 마음을 잃고 학업을 폐한다는 것은, 신은 불가하다고 생각합니다."[35]

소학지희에는 또한 평소 조정에서 볼 수 없었던 신랄한 풍자도 자행되었던 것 같다. 일종의 예외 상태라고 할 수 있는데, 이러한 예외적 상황 속에서 수척과 승광대는 처벌을 두려워하지 않고 가차없는 비판을 가했던 것이다.

예를 들면, 세조 14년(1468) 우인(優人) 수십 명이 나례로 인하여 모두 당상관의 복장을 갖추고 전정(殿庭)에 들어와서 서로 희롱한 적이 있었다. "영공(令公)은 어느 때에 당상관이 되었기에 복장이 이러한가? 내가 경진년(세조 6년, 1460)에 무과에 급제하여 신사년(세조 7년, 1461) 겨울에 양전 경차관(量田敬差官)이 되고, 정해년(세조 13년, 1467)에 이시애(李施愛, ?~1467)를 잡아서 여기에 이르렀다" 하니 듣는 자가 모두 조소하였다.

영공은 정삼품과 정이품의 관원을 일컬으며, 일명 영감이라고도 한다.

---

35 『조선왕조실록』『세종실록』46권, 세종 11년 10월 28일 신축 세 번째 기사. "殿下之觀儺戲, 猶爲不可, 況世子年方幼沖, 執德未固, 宜遠妖邪, 預養德性, 今因觀儺, 喪心廢學, 臣以爲不可."

이시애의 난을 평정한 공로로 고속 승진한 자의 당상관 복장을 빗대어, 그 당시의 상황을 풍자한 것이다. 함길도(함경도)는 태조 이성계의 고향으로서, 조선 왕실의 발상지였다. 조선은 개국 이후 함길도를 효율적으로 통치·방어하고 왕실의 발상지를 우대하고자 하는 목적에서 본토 출신 호족을 지방관으로 임명하여 대대로 다스리게 하였다.

하지만 세조가 등극한 후 중앙집권정책을 강화하여 북쪽 출신의 수령을 점차 줄이고 중앙에서 남쪽 출신의 수령을 파견하자, 함길도의 호족들은 이에 큰 불만을 품게 되었다. 더욱이 중앙에서 파견한 관리들이 축성 등의 사업으로 백성들을 괴롭히자 함길도의 민심은 크게 반발하였다. 이에 세조 13년(1467) 세조의 중앙집권적 정책에 반발해 이시애가 함길도민을 규합하여 반란을 일으킨 것이다.

나례의 소학지희에 참여하였던 연희자들의 지적 수준은 매우 높았던 것 같다. 연산 5년(1499) 12월 30일의 기록을 보면, 나례가 거행될 때, 우인 공결(孔潔)이란 자가, 이신(李紳, 780~846)의 시 '민농(憫農)'을 외워 낭송하였으며, 삼강령(三綱領)과 팔조목(八條目) 등의 말을 논하였다고 한다. 이에 승전색(承傳色)의 관리가 "네가 문자를 아느냐. 글은 몇 책이나 읽었느냐?" 하고 물으니, 공결이 "글은 알지 못하고, 전해 들은 것뿐입니다" 하고 서서 대답하자, 물러가 놀이를 하라 하여도 따르지 않았으니 자못 무례하다 하여, "의금부에 내려서 형장 60대를 때려 역졸(驛卒)에 소속시키라" 하였지만, 승지 등이 아뢰기를, "공결은 우인으로서 놀이하는 것을 알 뿐입니다. 어찌 예절로 책망하오리까" 하였다.

삼강령과 팔조목은『대학(大學)』에 나온다. 대학의 도는 "명덕을 밝히는 데 있고, 백성과 친하는 데 있으며, 지극한 선(善)에 머무는 데 있다"는 것이 이른바 삼강령이고, 격물(格物), 치지(致知), 성의(誠意), 정심(正心), 수신(修身), 제가(齊家), 치국(治國), 평천하(平天下)가 팔조목이다. 천인(賤人)인 우인 공길이 대학을 운운하자 괘씸하게 여긴 것이다.

　이신은 당나라 때의 시인이다. 이백이나 두보만큼 유명한 시인의 반열에 오르지는 못하였지만, 그의 시 '민농'은 당시 농민의 어려움을 사실적으로 묘사한 것으로 유명한데, 우인 공결이 이를 낭송하여 시대를 풍자한 것이다.

> 김매는 날 한낮이면 鋤禾日當午
> 땀방울 벼 포기 적셔 땅에 떨어지네 汗滴禾下土
> 누가 알겠는가 밥상 중의 밥이 誰知盤中飧
> 알알이 모두 (농부의) 피땀인 것을 粒粒皆辛苦 [36]

　이에 그치지 않고 배우 공길(孔吉)이란 자는 늙은 선비 장난을 하며, "전하는 요·순 같은 임금이요, 나는 고요(皐陶) 같은 신하입니다. 요·순은 어느 때나 있는 것이 아니나 고요는 항상 있는 것입니다" 하고, 또 『논어』를 외어 말하기를, "임금은 임금다워야 하고 신하는 신하다워야 하고, 아비는 아비다워야 하고 아들은 아들다워야 한다. 임금이 임금답지 않고 신하가 신하답지 않으면 아무리 곡식이 있더라도 내가 먹을 수 있으랴" 하니, 왕은 그 말이 불경한 데 가깝다 하여 곤장을 쳐서 먼 곳으로 유배(流配)하였다고 한다(연산 11년 12월 29일).

3) 신선이 줄을 타듯, 봉황새도 '얼쑤'

조선의 나례는 궁궐에서 열리기도 했다. 그러나 이때 어떠한 기예가 연행되었

---

36 李紳, 「憫農」(https://www.chinesewords.org/poetry/25217-413.html), 번역은 필자에 의함.

2장 풍물, 왕실에서 고취나 연향 때 사용했던 악기　135

는지에 대한 왕실의 기록은 없다. 한편 나례는 외국의 사신이 왕래했을 때 거행되기도 하였는데, 사신 중의 일부가 나례에 대한 기록을 남기고 있다.

성종 19년(1448) 3월 한림원 시강이었던 동월(董越)이 정사(正使)로서 조선에 파견된 일이 있었다. 『조선부(朝鮮賦)』는 명나라 동월이 지은 부(賦) 형식의 조선 견문 기록인데, 조선에서는 성종 23년(1492) 6월에 이를 인쇄하여 바치도록 하였다. 『조선부』는 일반적인 부의 형식과 같이 서문, 본문, 결어의 3단으로 구성되어 있고, 본문은 그 내용에 따라 크게는 네 부분으로 나뉜다.

대개 내용은 여정과 풍경, 풍속과 세태에 대하여 서술하고 있다. 전반부는 먼저 조선의 지리 방위, 형세, 예의 가르침을 기술하고 기자(箕子)의 유풍을 칭송하였다. 후반부는 기내의 경관과 한강의 절경, 주변의 가옥과 복식 및 물산 등을 서술하였는데, 전반부에 나례에 대한 내용이 수록되어 있다.

"거리는 온통 늙은이와 아이들에 의해서 채워져 막혀 있고, 누대는 모두 비단 무늬에 의해서 치장되어 있다. (거리의 집들은 모두 명나라 조정에서 반포하여 내려준 예법, 제도와 같고, 채색 비단을 벌려놓고 그림을 걸었다.) 음악 소리는 느린 듯하면서도 빠르고, (편경과 편종이 아직 걸려 있지 않은) 텅 빈 설대는 화려하고 또한 곱다. 침단향은 새벽 해의 연기와 안개를 뿜어내고, 복숭아와 오얏은 봄바람에 날리는 비단처럼 아름답다. 떼를 지어 가니 거마 소리가 진동하고, 어룡만연의 유희가 나온다. (이하는 모두 백희를 베풀어 조사를 맞이하는 광경을 적은 것이다.) 자라는 산을 이고 (신선이 거주하는) 봉래산과 영주산이 있는 바다 해를 둘러싸고 (광화문 밖에 동서로 오산의 두 자리가 벌여 있는데, 높이가 광화문과 같고 극히 교묘하다.) 원숭이는 새끼를 안고 무산협 물을 마신다. (사람의 두 어깨에 두 동자가 서서 춤춘다.) 땅 재주를 넘는데 상국사(相國寺)의 곰과 비교할 수 없고, (白馬가) 긴 바람에 우니 어찌 소금 수레를 끄는 천리마가 있겠는가? 동아줄을 따라가는데 가볍기는 능파선자(凌波仙子) 같고, 외나무다리를 밟으매 날뛰는 산

(生) 귀신인가 놀라며 본다. 사자와 코끼리를 장식한 것은 모두 벗긴 말가죽을 뒤집어썼고, 봉황새와 난새가 다시 춤을 추니 들쑥날쑥한 꿩 꼬리를 모았도다. 대개 황해도나 서경에서 베푸는 솔무를 두 번 보아도, 모두 이처럼 좋고 또한 아름답지 못했다. (평양이나 황주 모두 오산붕을 설치하고 백희를 진설하여 조사를 환영했으나, 오직 왕경만이 뛰어났다.)"[37]

여기서 왕경은 한양을 말한다. 광화문 밖 동서에 오산대를 설치하고 나례를 하였는데, 사자와 코끼리의 잡상을 설치하고, 침향산을 설치하여 학·연화대 춤을 추고, 어룡만연(魚龍蔓延) 등의 유희를 펼쳤다.

땅 재주를 넘는 모습은 구양수(歐陽脩, 1007~1072)의 『귀전록(歸田錄)』을 인용하였고, 유능한 인재가 주군을 잘못 만나 제 기량을 발휘하지 못하는 모습을 소금수레를 끄는 천리마에 비유하였는데, 이는 『전국책(戰國策)』「초책(楚策)」에 나오는 고사이다. 이를 통하여 마상재(馬上才)를 형용하였다.

이 밖에 마치 신선이 가볍게 걷는 듯한 줄타기와 양산귀(梁山鬼) 같은 솟대놀음, 그리고 사람의 어깨 위에 동자가 서서 춤을 추는 무동춤도 펼쳐졌는데, 이와 같은 나례의 모습은 영조 1년(1725), 청나라 옹정 3년에 아극돈(阿克敦, 1685~1756)이 네 차례의 조선 사행을 마친 후 사신 임무를 수행하는 그림을 그린 '봉사도(奉使圖)'에 잘 드러나 있다.

'봉사도' 제7폭에는 가마 옆에서 대접을 돌리는 장면과 가면을 쓰고 춤을 추는 모습 그리고 땅재주와 줄타기가 그려져 있으며, 오른쪽 화폭에는

---

37 董越, 『朝鮮賦)』(한국학중앙연구원 장서각, K2-5127). 16~17쪽 참조. "巷陌盡為毳倪所擁塞, 樓台盡為文繡所衣被. (街巷人家, 皆如頒降禮制, 設彩掛畫.) 樂聲也若緩以嘽, 虛設也亦華以麗. 沈檀噴曉日之煙霧, 桃李豔東風之羅綺. 騈闐動車馬之音, 曼衍出魚龍之戲. (以下皆書陳百戲迎詔.) 鰲戴山擁蓬瀛海日, (光化門外東西列鰲山二座、高與門等, 極其工巧.) 猿抱子飮巫山峽水. (人兩肩立二童子舞.) 翻筋斗不數相國之熊, 嘶長風何有鹽車之驥? 沿百索輕若凌波仙子, 躡獨蹻驚見跳梁山鬼. 飾獅象盡蒙解剝之馬皮, 舞鵷鸞更簇參差之雉尾. 蓋自黃海、西京兩見其陳率舞, 而皆不若此之善且美也. (平壤、黃州皆設鰲山棚, 陳百戲迎詔, 而惟王京為勝.)"

'봉사도'(아극돈, 중한문화교류사료총서)

두 사람의 장정이 예산대(曳山臺)를 밀고 있는 장면도 그려져 있다. 예산대
에는 낚시하는 강태공과 나무 타는 원숭이 등의 형상이 조각되어 있다.

　18세기 말 조선 한양의 풍속을 노래한 시가 있는데, 바로 '성시전도응
령(城市全圖應令)'이다. 정조는 1792년 한양 전체를 그린 '성시전도(城市全
圖)'를 그리게 하고, 그 그림을 소재로 규장각 문신들에게 장편시를 지으라
고 하명하였다. 대궐에 입직한 신하들의 응제에서 병조 좌랑 박효성(朴孝
成, 1748~1817)이 삼하(三下)를 맞아 수석을 차지하였으므로 종이 2권, 붓 2지,
먹 2홀을 사급하였고, 병조 정랑 정동간(鄭東幹, 1755~1813)이 차상(次上)을 맞
아 지차(之次)를 차지하였으므로 종이 1권을 사급하였다. 초계 문신과 검서
관의 시권은 모두 실망스러워서 별로 뽑을 만한 것이 없었다. 그래서 '성시
전도'로 칠언백운고시(七言百韻古詩)의 시제(詩題)로 삼아 초계 문신과 검
서관을 다시 시취하고, 대궐에 입직한 신하들은 어제 응제한 신하들과 오늘
새로 제수한 사람들도 응제하게 하라고 명한 적이 있는데, 1등은 병조정랑
신광하(申光河, 1729~1796)였고, 2등은 검서관 박제가(朴齊家, 1750~1805)였다.

박제가는 '성시전도응령(城市全圖應令)'이라는 시를 남겼다.

거리를 한가로이 지나가노라니 忽若閒行過康莊

홀연 와자지껄 떠드는 소리 들리는 듯 如聞嘖嘖相汝爾

사고팔기 끝나 연희 펼치기를 청하니 賣買旣乞請設戲

배우들의 복색이 놀랍고도 괴이하네 伶優之服駭且詭

우리나라 솟대타기 천하에 없는 것이고 東國撞桿天下無

줄타기와 거꾸로 매달림은 거미와 같네 步繩倒空縋如蟢

별도로 꼭두각시 가지고 등장하는 사람이 있으니 別有傀儡登場手

칙사가 동쪽으로 왔다 하며 손뼉 한 번 치네 勑使東來掌一抵

조그만 원숭이 참으로 아녀자를 놀래켜 小猴眞堪嚇婦孺

사람들의 뜻을 받아 절하고 무릎 꿇는 기교부리네 受人意旨工拜跪 [38]

박제가의 시에 이어 정조 2년(1778)에 남대문에서 펼쳐진 희자(戱子)들의 놀이를 묘사한 이가 있었으니, 바로 강이천(姜彛天, 1768~1801)이었다. 그는 18세기 후반 예원(藝苑)의 총수로 지칭되는 표암 강세황(姜世晃, 1713~1791)의 둘째 아들인 강흔(姜俒)의 장자였다. 그는 7세에 부친을 여의었으나 4세부터 글을 익혀 5~6세에 시를 짓기 시작했고, 10세에 서울로 이주하자 그 해에 '남성관희자(南城觀戱子)'를 지었다.

'남성관희자'는 크게 네 부분으로 구성되어 있다. 첫 번째 부분은 겨우 열 살의 나이에 공부에 전념하던 자신이 놀이를 구경하게 된 배경과 구름같이 모인 공연장의 풍광을 노래하고 있다.

---

38 박제가, 『정유각집(貞蕤閣集)』(한국고전번역원 한국문집총간), 貞蕤閣三集/[詩] 城市全圖

내 나이 겨우 열 살 余年纔十歲

문 앞 길에 나가지도 않고 不出門前路

책상 곁에서 글쓰니 피곤한데 矻矻書几傍

창문 하나 아침과 저녁을 보내는데 一窓送朝暮

이야기를 듣자하니, 남대문 성 밖에서 聞說南城外

채붕을 설치하고 놀이 악기 연주한다네 設棚爲戲具

노인을 부축하고 또한 아이들을 이끌어 扶老更携幼

관객이 구름과 안개 같네 觀者如雲霧

붉은 옷에 뜰을 끼고 있는 종년 紅衣掖庭隷

백발에 떡 파는 할머니 白髮賣餠嫗

집과의 거리가 1리가 아니네 距家未一里

나 역시 (굽이 높은) 대나무로 만든 신을 신었고 吾亦理筇屐

여자들이 담장 꼭대기에 모여서 蔟蔟女墻頭

모든 눈 한 곳에 주목하는데 萬目一處注

멀리 바라보니 과녁판을 매단 듯 遙望似縣帳

시의 두 번째 부분은 꼭두각시놀음에 관한 노래이다. 이를 뒷받침하는 것이 바로 "사람 형상이 가느다란 손가락같다"는 언급인데, 얼굴이 소반처럼 돌출한 놈, 털이 많은 짐승같은 가면으로 노여움을 꾸민 놈, 더벅머리 귀면을 한 놈을 비롯해 사람을 잡아먹고 상해를 입힌다는 잔인한 귀신 야차, 얼굴은 구리쇠에 눈에 도금을 한 놈, 달단족을 의미하는 달자 등이 등장한다.

푸른 휘장 소나무 사이로 치고 靑帳張松樹

뭇 음악이 그 아래에서 연주되는데 衆樂奏其下

금옥 소리 울리고 궁과 우가 섞이더니 鏗轟雜宮羽

바다가 다하니 갑자기 산이 튀어나오고 海盡陸山出

구름이 열려 달이 황홀히 드러나는데 雲開怳月吐.

사람 형상 가느다란 손가락같고 人像如纖指

나무로 새겨 채색을 하였구나 五彩木以塑

얼굴을 바꾸어 번갈아 나오니 換面以迭出

어리둥절 셀 수가 없더라 炫煌不可數.

문득 튀어나오는데 낯짝이 안반 같은 놈 突出面如盤

고함 소리 사람을 겁주는데 大聲令人怖

머리를 흔들며 눈을 굴려 搖頭且轉目

왼쪽을 바라보고 다시 오른쪽으로 돌리다 右視復左顧

부채로 얼굴을 가리고 홀연 사라지네 忽去遮面扇

노기를 띠어 흉악한 놈 猙獰假餙怒

휘장이 획 걷히더니 巾帷倏披靡

춤추는 소맷자락 어지럽게 돌아가누나 舞袖紛回互

홀연 사라져 자취도 없는데 忽然去無蹤

더벅머리 귀신의 낯바닥 나타나 鬅髮鬼面露

두 놈이 방망이 들고 치고받고 短椎兩相擊

폴짝폴짝 잠시도 서 있지 못하더니 跳梁未暫駐

홀연 사라져 자취도 없는데 忽然去無蹤

야차 놈 놀라고 다시 놀라 夜叉驚更遷

너풀너풀 춤추고 뛰더니 蹲蹲舞且躍

얼굴은 구리쇠에 눈에 도금을 한 놈이 面銅眼金鍍

홀연 사라져 자취도 없는데 忽然去無蹤

달자가 또 달려 나와 獺子又奔赴

칼을 뽑아 스스로 머리를 베어 長劍自斬首

땅바닥에 던지고 자빠지니 擲地仍偃仆

홀연 사라져 자취도 없는데 忽然去無蹤

귀신같은 여자가 아이에게 젖을 먹이며 有鬼兒乳哺

어르다가 이내 찢어발겨 撫弄仍破裂

까마귀 솔개 밥이 되게 던져버리네 遠投烏鳶付

    시의 세 번째 부분은 탈춤의 노장 과장과 할미 과장을 연상케 하는 부분인
데, 정조 2년(1778) 당시에도 이미 이러한 연행이 있었다는 것을 짐작하게 한다.

평평한 언덕에 새로 자리를 펼쳐 平陂更展席

동자승, 검은 옷의 승도, 하얀 옷의 속인들과 춤추고 僧雛舞緇素

선녀 하늘로부터 내려왔나 仙娥自天降

당의를 수놓은 바지를 입었네 唐衣復繡袴

한녀는 구슬을 가지고 놀고 漢女弄珠游

낙수의 여신은 푸른 물결을 걷고 洛妃清波步

노장 스님 어디서 오셨는지 老釋自何來

석장을 짚고 장삼을 걸치고 拄杖衣袂裕

구부정 몸을 가누지 못하고 龍鍾不能立

수염도 눈썹도 도통 하얀데 鬚眉皓如鷺

사미승 뒤를 따라오며 沙彌隨其後

연신 합장하고 배례하고 合掌拜跪屢

이 노장 힘이 쇠약해 力微任從風

넘어지기 몇 번이던고 顚躓凡幾度

한 젊은 계집이 등장하니 又出一少姝

이 만남에 깜짝 반기며 驚喜此相遇

노승의 흥을 스스로 억제치 못해 老興不自禁

파계하고 청혼을 하더라 破戒要婚娶

광풍이 문득 크게 일어나 狂風忽大作

당황하여 어쩔 줄 모르는 즈음 張皇而失措

또 웬 중이 대취해서 有僧又大醉

고래고래 외치고 주정을 부린다 呼號亦恣酗

추레한 늙은 유생 潦倒老儒生

이 판에 끼어들다니 잘못이지 闖入無乃誤

입술은 언청이, 눈썹이 기다란데 缺唇狵其眉

고개를 길게 뽑아 새 먹이를 쪼듯 延頸如鳥嗦

부채를 부치며 거드름을 피우는데 揮扇擧止高

아우성치고 꾸짖는 건 무슨 연고인고 叫罵是何故

한걸차다 웬 사나이 赳赳一武夫

장사로 뽑힘직하구나 可應壯士募

짧은 옷에 신수가 좋고 短衣好身手

재주가 씩씩하고 뛰어나니 누가 감히 거역하랴 豪邁誰敢忤

유생이고 노장이고 꾸짖어 물리치는데 叱退儒與釋

마치 어린애 다루듯 視之如嬰孺

젊고 어여쁜 계집을 獨自嬰靑娥

홀로 차지하여 손목 잡고 끌어안고 抱持偏愛護

칼춤은 어이 그리 기이하고 舞釖一何奇

몸도 가뿐히 도망치는 토끼처럼 身輕似脫兔

거사와 사당이 나오는데 居士與社堂

몹시 늙고 병든 몸 老甚病癃痼

거사는 떨어진 패랭이 쓰고 破落戴敝陽

사당은 남루한 치마 걸치고 襤褸裙短布

선율이 웬 물건인고 禪律是何物

소리와 여색을 평소에 그리워하여 聲色素所慕

등장하자 젊은 계집 희롱하더니 登場弄嬌姿

소매 벌리고 춤을 춘다 張袖趁樂句

할미 성깔도 대단하구나 婆老尙盛氣

머리 부서져라 질투하여 碎首恣猜妬

티격태격 싸움질 잠깐새 鬪鬨未移時

숨이 막혀 영영 죽고 말았네 氣窒永不寤

무당이 방울을 흔들며 神巫擺叢鈴

우는 듯 다시 하소연하듯 如泣復如訴

나부끼듯 하네 쇠로 만든 지팡이 신선 翩然鐵拐仙

두 다리 비슷하게 서더니 偃蹇植雙胯

눈썹을 찡긋 두 손을 모으고 竦眉仍攢手

동쪽으로 달리다가 서쪽으로 내닫네 東馳又西騖

시의 마지막 부분은 강이천의 희자들의 공연을 보고 느낀 점을 요약한 것이다. 희자들의 놀이로 말미암아 풍습이 모두 깨어지고 부서지기 때문에 모두 체포해야 한다는 내용을 담고 있다.

사람들이 갑자기 달리다가 흩어지는데 衆人倏奔散

새가 새장 벗어나는 듯하네 如鳥脫樊笯

광장은 어찌 적연한가 廣塲何寂然

멍하니 큰 꿈에서 깨달은 듯 怳若大夢悟

아이들은 기이한 광경을 자랑하는데 兒曹詑奇觀

내 뜻은 증오로 나부끼네 吾意翻憎惡

지금의 풍속은 너무 어리석고 천박하여 時俗太愚下

누가 도리를 깨우칠 수 있겠는가 誰能以理喩

본시 이 하나의 놀이로 本是一戲事

풍습은 모두 깨어지고 부서지고 風習捻敗斁

서로 각축함을 쉴 줄 모르고 相逐不知休

달리는 파도처럼 힘써야 할 일을 폐지하고 감추니 奔波廢宲務

며칠 안에 금령을 내려 幾日下禁令

이들 무리 모두 수색하여 체포함은 此輩悉搜捕

뜻은 후인들을 경계함에 있는데 意在戒後人

감탄하여 시 하나 지었네 感嘆一詩賦 [39]

4) 사신 왕래, 궁궐 향연서도 거행

앞에서도 언급했듯이, 나례는 원래 12월에 역귀를 쫓는 행사였으나 풍자와 해학 및 골계(滑稽) 등의 내용을 배우가 대사를 통해 극을 진행시키는 소학지희와 기예적인 놀이를 주로 하는 규식지희가 연행되었다.

　나례는 중국의 사신이 왕래했을 때나 궁궐의 향연에서도 거행되었는데, 그에 대한 기록을 각종 문집에서 확인할 수 있다. 특히 허백당 성현(成俔, 1439~1504)은 '관나(觀儺)'라는 시를 짓기도 하였으며, '관괴례잡희(觀傀儡雜戲)'라는 시를 남기기도 하였다. 이 시를 한번 보자.

39　姜彝天, 『重菴稿』(한국고전번역원 한국문집총간). 冊一/詩/南城觀戲子 戊戌十歲時

괴뢰잡희를 구경하다

번쩍이는 금빛 띠에 현란한 붉은 의상 煌煌金帶耀朱衣

휙휙 날듯 몸 구르고 물구나무 서는구나 跟絓投身條似飛

줄타기며 공놀리기 희한한 재주 많고 走索弄丸多巧術

나무 깎고 줄을 꿰어 신기를 마음대로 하네 穿絲刻木逞神機

송나라의 곽독만이 어찌 전적으로 아름다웠겠는가 宋家郭禿奚專美

한 고조가 평성에서 포위를 풀 수 있었네 漢祖平城可解圍

중국 조정 공경하기 위해 성대한 예 진설해도 爲敬朝廷陳縟禮

안목 높은 사신들 반드시 비웃고 나무라리 皇華眼大定嘲譏 [40]

이 시에서는 괴뢰 즉 꼭두각시놀음과 잡희인 각종 기예에 대해 노래하고 있다. 먼저 땅재주에 대해 노래하고 있는데, 재인은 붉은 상의에 금빛 띠를 두르고 있다. 그 다음에 줄타기와 농환인 공굴리기를 언급하고 있다. 그 다음에 노래하는 것이 바로 괴뢰이다. 북송 때 양억(楊億, 974~1020), 즉 양대년(楊大年)이 '영괴뢰(詠傀儡)'라는 시를 노래한 적이 있는데, 성현이 이를 인용한 것이다.

괴뢰를 노래하다

포로가 연회 때 곽랑을 비웃었는데 鮑老當筵笑郭郞

그의 춤 소매가 자신보다 커서 비웃었던 것이네 笑他舞袖太郞當

만약 포로를 가르쳐 연회 춤을 담당하게 한다면 若教鮑老當筵舞

---

40 성현, 『허백당시집』(한국고전번역원, 한국고전종합DB, 고전번역서) 제14권/시(詩)

도리어 곽랑의 춤 소매보다 길 터인데 말일세 轉更郞當舞袖長 [41]

'영괴뢰'에는 포로(鮑老)와 익살스러운 역할을 담당한 곽랑(郭郞)이 등장한다. 곽랑은 바로 꼭두각시 대머리 곽독(郭禿)이다. 그런데 성현에 의하면, 북송 때에만 꼭두각시놀음이 있었던 것은 아니라, 한나라 때에도 이러한 놀음이 있었다는 것이다.

괴뢰에 관한 이야기는 『사기(史記)』에서 등장한다. 한나라 고조 7년(기원전 200), 흉노가 마읍(馬邑)에서 한왕 한신을 공격하자, 한신은 이를 기회로 흉노와 태원에서 모반하였다. 그러자 백토(白土)의 만구신(曼丘臣)과 왕황(王黃)도 예전 조(趙)나라 장수였던 조리(趙利)를 왕으로 옹립하여 모반하니, 고조가 친히 군사를 거느리고 토벌에 나섰다. 그러나 마침 날씨가 추워서 손가락이 얼어 떨어진 병사가 10명 중 2~3명이나 되었으므로 결국 평성(平城)으로 향했다. 이때 흉노는 고조를 평성에서 포위하였으나 7일 후에 포위를 풀고 돌아갔던 일이 있었다.

그런데 왜 흉노는 힘겹게 이룩한 포위를 풀고 돌아갔을까? 고조가 평성에서 흉노의 왕 묵돌(冒頓)에 의해 포위되었을 때, 그 성의 한 면을 묵돌의 처 연지(閼氏, 알지라고도 발음한다)가 지키고 있었는데, 병력은 삼면을 지키던 병력보다 강했다. 성채의 식량이 끊기게 되었을 때, 한 고조 유방의 책사였던 진평(陳平)이 알지의 투기(妬忌)가 매우 심하다는 것을 알아채고는 나무로 인형을 만들어 움직일 수 있도록 장치한 다음, 성 위에 낮게 쌓은 담 사이에서 춤을 추게 하였다.

알지는 이를 바라보고는 살아 있는 사람이라고 여겨, 근심하며 그 성에서 내려왔다. 묵돌이 반드시 성 위에서 춤을 춘 기녀를 받아들일 것을 염려

---

41   楊億, 「詠傀儡」(詩詞鑑賞, http://m.shangshiwen.com)

해서 마침내 군대를 퇴각시켰던 것이다. 이를 통해서 한나라 군대는 포위에서 풀려 위기를 벗어났던 것인데(『악부잡록(樂府雜錄)』「괴뢰자(傀儡子)」), 이로부터 괴뢰희(傀儡戲)가 시작되었다는 것이다.

5) 화창한 봄날, 괴뢰를 연희

나례에서 연행되었던 괴뢰 즉 꼭두각시에 대한 글들이 예상한 것보다 의외로 많다. 성현의 시 '관괴뢰잡희'에서는 우스운 역할을 하는 대머리 꼭두각시 곽독이 등장했으며, 북송의 양대년의 시 '영괴뢰'에서는 포로와 곽랑이 등장한 바 있다.

그런데 박승임(朴承任, 1517~1586)은 『소고선생문집(嘯皐先生文集)』에서 '괴뢰붕(傀儡棚)'이라는 시를 남겼는데, 여기에서는 포로와 함께 알지 등장한다. 알지는 바로 위에서 언급한 흉노 왕 묵돌의 처 알지를 일컫는다.

'괴뢰붕'에서는 포로의 상대역인 곽랑이 낭당(琅瑭)으로 바뀌어 등장하는데, "아첨하기는 산귀가 빈정대는 자태 같고, 민첩하기는 숲속 다람쥐처럼 문득 미친 듯이 나타났다 없어지네, 채붕 위의 한바탕 요란한 꿈 이야기가, 봄바람에 흩어져 마침내는 망망하네"[42] 라고 노래하고 있다.

괴뢰를 노래한 또 다른 이가 있었는데, 바로 나식(羅植, 1498~1546)이다. 그는 조광조의 문인으로서 을사사화에 연루되어 49세 되던 때에 사사(賜死)되었는데, 『장음정집(長吟亭集)』을 남겼다. 그가 노래한 '괴뢰부(傀儡賦)'는 화창한 봄날 인적이 붐비는 사거리에 무대를 설치하고 괴뢰를 연희하는 모

---

42 박승임(朴承任), 『소고집(嘯皐集)』(한국고전번역원, 한국문집총간), 嘯皐先生文集卷之一/詩. "媚如山鬼揶揄態, 捷似林鼯欻閃狂, 棚上一場撩亂夢, 東風吹散竟茫茫."

습을 매우 사실적으로 표현했다.

봄바람의 아름다운 풍경을 맞이하여 當春風之麗景

네 거리 통하는 길에 채붕을 맺었네 結綵棚於通衢

남녀가 섞인 것이 마치 구름 같고 紛士女之如雲

앞자리를 경쟁하여 환호하고 즐거워하니 競爭先而歡娛

돈과 재물이 쌓인 것이 마치 언덕 같고 積錢財兮如陵

단지 술을 내놓은 것이 마치 호수 같네 置樽酒兮如湖.

갑자기 한 사람이 채붕에 뛰어들어 奄一人之投棚

문득 기이한 소리 한 번 질러대니 劃奇聲之一呼

이윽고 기관이 저절로 열리며 俄機關之自闢

재빠르게 곽랑이 날듯이 일어나네 儵郭郞之翻然

머리는 민둥머리 얼굴은 불그죽죽 頭童髡而面頳

소매는 긴팔원숭이처럼 길어서 너울너울 춤추고 袖猿長而蹁躚

겨우 반만 드러냈다 다시 사라지며 纔半露而還沒

다시 몸을 내밀어 거듭 드러내네 更挺身而復現

어지럽게 왔다 갔다 재빠르게 일어나고 繽往來之欻翕

동쪽 서쪽 서로 돌아다니니 멍하게 바라보네 怳東西之相眩

갑자기 떼지은 무리들 다투듯 몰려나와 俄群徒之競從

각기 재주를 뽐내며 능력을 드러내네 各呈才而效能

혹 깃발을 숙이며 활시위 메기다가 或低旗而彎弓

싸우다가 악을 쓰며 뛰어올라 타네 鬭叫突而超騰

혹 팔로 삿대질하고 서로 물어뜯고 或掉臂而相吃

물건 가격 많다 적다 다투기도 하네 爭市價之少多

지아비는 처에게 업신여김 당하자 夫或見驕於妻

온갖 단서 다하며 화해를 부추기고 極百端而挑和

부인네는 지아비에게 버림을 당하자 婦或見棄於夫

어여쁜 아이 던져두고 서로 수작하니 擲嬌兒而相酬

가난뱅이는 사리가 정당하다 하니 송사를 굽히고 貧屈訟於理順

탐관오리에게 우러르며 서로 신음하네 仰貪吏而相咻

관리는 부자에게 금붙이를 받아 들고 吏懷金於富人

기뻐서 머리를 끄덕이며 거듭 허락하네 欣搖頭而重諾

번영과 쇠망에 기뻐하고 성내기도 하며 或喜怒於榮枯

얻고 잃음에 걱정하기도 하고 즐거워하기도 하네 或憂樂於得失

상봉함에 웃고 노래하기도 하고 或歌笑於相逢

송별함에 눈물 흘리며 울기도 하고 或泣涕於送別 [43]

6) 나식 '괴뢰부'에 노장 사상 담아

'괴뢰부'를 노래한 나식은 어떤 사람이었을까? 우리는 그의 사상을 '괴뢰부'를 통해 살필 수 있는데, 그는 꼭두각시놀음이 고금의 특이한 예술이라고 소개하면서, 이를 통해 세상 사람들의 허황되고 망령됨을 희롱하였고, 세상 사람들이 꿈속에서 헤매고 있는 세태를 탄식하였다.

그는 천지는 세대를 번갈아 교대하는 여관(天地之逆旅)이라고 생각하였다. 헌원이 탁록에서 전쟁을 시작하고 사해 안에 수레와 문자를 보급한 이후 제순(帝舜)과 하나라의 우 임금과 탕 임금, 주나라의 무왕, 춘추시대, 전국시대, 진나라, 한나라, 당 태종, 송나라 태조에 이르기까지 도도한 역사

---

43 나식(羅湜) 『장음정유고(長吟亭遺稿)』(한국고전번역원, 한국문집총간), 부(賦).

의 흐름 앞에서 오래도록 지속한 이는 없다는 것이다.

이에 대해 "우레는 하늘의 끝에서 소리를 거두고, 새는 구름처럼 날아가 자취가 없듯이, 성인과 보통 사람이 뒤섞여 같은 곳으로 돌아가, 헛되이 연이어진 하나의 무덤일 뿐, 당시의 번화함을 생각하더라도, 누구라도 이 꼭두각시놀음과 차이가 없다"[44]고 노래하였다.

인간 세상만이 그러한 것이 아니라, 천지 또한 이에 비견될 수 있다고 한다. 하늘이 자(子)에서 열리고 땅이 축(丑)에서 열린 후, 위아래가 바로 잡히고 높은 곳이 두텁고, 좌우는 오행으로 지원하고, 앞뒤는 귀신으로 떠들썩하게 하고, 산천을 늘어놓아 장식하고, 해와 달을 매달아서 무늬하고, 바람과 우레를 사시에 내보내어서, 만물을 하늘 기운과 땅 기운이 서로 합하여 어우러진 곳에 고동치게 하였는데, 차고 비는 이치에도 도수가 있어, 오직 '혼돈(混沌)'만이 옆에 서서 이것과 저것으로 서로 보게 한다는 것이다.[45]

그런데 나식은 왜 혼돈(混沌)을 끌어들여 얘기하고 있을까? 왜 혼돈만이 차고 비는 하늘의 도수를 옆에 서서 지켜보고 있는가? 혼돈은 『장자』에서 언급하고 있는 혼돈이 아닌가? 『장자』에서는 혼돈에 대해 이렇게 언급하고 있다.

"남해의 황제는 숙(鯈)이고, 북해의 황제는 홀(忽)이며, 중앙의 황제는 혼돈이다. 숙과 홀이 때마침 혼돈의 땅에서 만났는데, 혼돈이 매우 선(善)하게 그들을 대접했으므로, 숙과 홀은 혼돈의 은덕에 보답할 것을 의논했다. '사람은 누구에게나 (눈·귀·코·입의) 일곱 구멍이 있어서 그것으로 보고, 듣고, 먹고, 숨 쉬는데 이것이

---

44 나식(羅湜) 『장음정유고(長吟亭遺稿)』. "雷收聲於天末, 鳥雲飛而無蹤, 渾聖愚而同歸, 空欒欒之一塚, 想繁華於當時, 孰此戲而小異."

45 나식(羅湜) 『장음정유고(長吟亭遺稿)』. "非人世之獨然, 亦天地之可比. 天開子而地丑, 儼上下而高厚, 扶五行以左右, 嗷鬼神以前後, 列山川以爲章, 懸日月以爲文, 驅風雷於四時, 鼓萬物於氤氳, 紛盈盈兮兩間, 幾形色之繁華, 然盈虛之有數, 歷一元以消磨, 唯混沌之在側, 孰彼此以相看."

유독 혼돈에게만 없다. 시험 삼아 구멍을 뚫어 주자.' (그래서) 날마다 한 구멍씩 뚫었는데, 7일이 지나자 혼돈은 (그만) 죽고 말았다."[46]

혼돈은 왜 눈·귀·코·입의 일곱 구멍을 뚫어주자 죽고 말았던 것일까? 장자는 인간의 감각기관뿐만 아니라, 심지어 지각 능력으로도 사물의 실체에 접근할 수 없다고 말한다. 그래서 제시한 것이 '심재(心齋)'이다.

"너는 의지를 한결같이 하라. 귀로 듣지 말고, 마음으로 듣고, 마음으로 듣지 말고 기 (氣)로 들어라. 듣는 것은 귀에서 그치고, 마음은 부절에서 그친다. 기라는 것은 허 (虛)하여 만물을 기다리는 것이다. 오직 도(道)만이 허에 모인다. 허가 심재이다."[47]

기로 듣는다는 것은 질 들뢰즈가 말하는 감성의 수동적 종합을 넘어선 통찰이고, 양자역학의 성립에 기여한 공로로 노벨 물리학상을 받은 닐스 보어(Niels Bohr, 1885~1962)의 이론에 의거해야 비로소 이해할 수 있는 발언이다. 기로 듣는다는 것은 현대물리학과 일맥상통하는 통찰이기 때문이다.

나식은 또한 '괴뢰부'에서 노자와 장자의 사상과 관련되어 있는 내용을 노래하고 있다.

"참과 거짓을 분별할 수 없고, 크고 작음을 바르게 할 수 없으며, 같음은 다름에서 생겨나고, 진실은 거짓에 뿌리하네, 천지가 한 손가락이고, 만물은 한 마리 말이 네, 어지럽게 섞인 것이 도이고, 가지런하지 않은 것이 참이네, 크고 작음은 한 몸

---

46 『莊子·應帝王』(中國哲學書電子化計劃, https://ctext.org/zhuangzi/zh), "南海之帝為儵, 北海之帝為 忽, 中央之帝為渾沌. 儵與忽時相與遇於渾沌之地, 渾沌待之甚善. 儵與忽謀報渾沌之德, 曰 : 「人皆有七竅, 以視聽食息, 此獨無有, 嘗試鑿之.」日鑿一竅, 七日而渾沌死."

47 『莊子·人間世』(中國哲學書電子化計劃, https://ctext.org/zhuangzi/zh), "若一志, 无聽之以耳而聽之 以心, 无聽之以心而聽之以氣. 聽止於耳, 心止於符. 氣也者, 虛而待物者也. 唯道集虛."

이요, 득실은 같은 수레바퀴이며, 꼭두각시가 사람 세상이요, 사람 세상이 꼭두각시이고, 천하를 돌아보건대, 모두가 비단의 채붕(무대)로다"[48]

"천지가 하나의 손가락이고(天地一指也), 만물도 하나의 말이다(萬物一馬也)"라는 표현은『장자』「제물론」에서 나오는데, 그것은 무엇을 뜻하는가?

"손가락(指)으로 '손가락의 손가락이 아님(指之非指)'을 비유하는 것은 '손가락이 아님(非指)'을 가지고 손가락의 손가락이 아님(指之非指)을 비유하는 것만 못하다. 말(馬)을 가지고 '말의 말이 아님(馬之非馬)'을 비유하는 것은 말이 아님(非馬)으로 말의 말이 아님(馬之非馬)을 비유하는 것만 못하다. 천지도 하나의 손가락이고, 만물도 하나의 말이다."[49]

장자의 이러한 발언은 개념적 차이와 차이 자체의 구별에 관한 것이다. 조랑말, 얼룩말, 수레를 끄는 말, 천리마 등은 개념적으로 하나의 말(馬)이다. 마찬가지로 엄지, 검지, 중지, 약지, 소지 등은 모두 개념적으로 하나의 손가락(指)이다. 그러나 차이의 관점에서 보면 모두가 차이 자체이며, 개념적인 차이가 아닌 차이로서의 손가락(非指)이고, 개념적인 차이가 아닌 차이로서의 말(非馬)이라는 것이다. 개념적 차이는 차이 자체를 제거한 이후에 얻은 부대 현상일 뿐이라는 것인데, 이로부터 보면 나식은 노장 사상가라 할 수 있을 것이다.

---

48   나식(羅植)『장음정유고(長吟亭遺稿)』. "無眞僞之可別, 豈小大之能端, 付一哂於沖融, 與無極以開顔. 噫噫, 總籠萬物, 理孰不可, 同生於異, 眞本於假, 天地一指, 萬物一馬, 繽紛者道, 不齊者眞, 大小一體, 得失同輪, 傀儡人世, 人世傀儡, 顧瞻天下, 皆是繪綵."

49   『莊子』(中國哲學書電子化計劃, https://ctext.org/zh). "以指喩指之非指, 不若以非指喩指之非指也. 以馬喩馬之非馬, 不若以非馬喩馬之非馬也. 天地, 一指也. 萬物, 一馬也."

7) 앉고 일어서고 눕고 '줄타기' 유희

나례에는 크게 두 종류가 있었다. 하나는 부묘(祔廟)하고 궁으로 돌아올 때, 가항(街巷)에 결채하고 대궐문 밖 좌우에는 채붕을 설치하고, 기로(耆老)와 유생과 교방(敎坊)이 각각 가요를 올리며, 의금부와 군기시에서 나례를 올리는 것이고, 다른 하나는 중국에서 사신이 왔을 때 나례하는 것이었다.

종묘에 고하고 친히 제사하는 일이 있으면 미리 나례도감(儺禮都監)을 설치하고 헌가(獻架)와 잡상(雜像) 및 침향산(沈香山)을 만들어 민력을 허비하는가 하면, 온 나라의 희자(戱子)가 기일 전부터 모여 연습하고 있다가 환궁할 때에 요란하게 음악을 연주하고 온갖 묘기를 보였던 대내적 나례는 인조 12년(1634)에 폐지되기에 이른다. 반면에 중국에서 사신이 왔을 때 행했던 대외적 나례는 정조 8년(1784)에 폐지되었다.

나례에는 수척과 승광대 등이 웃고 희학하는 소학지희도 있었지만, 농령인 방울받기, 근두인 땅재주, 괴뢰인 꼭두각시 놀음 등의 규식지희도 있었는데, 규식지희에는 오랜 역사를 지니고 있는 주질 즉 줄타기도 있었다.

영화 〈왕의 남자〉(2005)로 일반 대중에게도 널리 알려지게 된 줄타기는 조선시대에도 꽤나 세인들이 좋아하는 유희였는데, 한양의 반석방(盤石坊)의 약산(藥山) 아래에서 살았던 서얼 지식인 서종화(徐宗華, 1700~1748)가 남긴 『약헌유집(藥軒遺集)』에는 사마시(司馬試)에 합격하여 삼일유가(三日遊街) 했을 때 줄타기를 연행했다는 기록이 있다.

고려시대에 이어 조선시대에도 과거에 급제한 선비에게는 삼일유가라는 축하연이 있었다. 왕에게서 받은 어사화(御史花)를 꽂은 급제자들이 악사와 광대, 재인을 앞세워 사흘 간 거리를 행진하며, 시험관과 선배 급제자 그리고 친척을 방문하며 큰 마을 잔치를 벌였던 것이다.

황현(黃玹, 1855~1910)의 『매천야록(梅泉野錄)』에는 삼일유가에 대해 다음과 같이 자세히 설명하고 있다.

"시골 사람이 과거에 급제하면 문무과의 대소과를 막론하고 집에 도착한 즉시 잔치를 베풀었다. 이것을 도문(到門)이라고 한다. 그리고 선산에 성묘한 것을 소분(掃墳), 친구를 방문하기 위하여 마을길을 다닌 것을 유가(遊街), 유가할 때 광대들이 피리와 젓대로 앞길을 인도하는 것은 솔창(率倡), 가난한 친구들이 돈을 거두어 노비로 준 것을 과부(科扶), 마을 앞과 선산에 화표(華表) 묘를 장식하기 위하여 묘전에 세워둔 것을 효죽(孝竹)이라고 한다. 이 효죽은 호남과 영남에서 많이 사용하지만 서북지방에서는 사용한 사람이 없었고, 서울에서는 유가가 사흘에 불과하였다."[50]

삼일유가 할 때, 광대들이 피리와 젓대로 앞길을 인도하는 솔창을 한 것은 세악수였다. 모당 홍이상(洪履祥, 1549~1615)의 '평생도(平生圖)'를 보면, 북, 장고, 대금, 필률 2, 해금을 연주하는 세악수가 솔창하고 있는데, 이들이 앞길을 인도할 때 연주하였던 음악은 '세마치'였다.

"장원랑(壯元郞) 개(蓋)를 주고 그 남은 신은(新恩)들은
사복마(司僕馬) 좋은 말에 무동(舞童) 주어 내보내니
궐문(闕門) 밖 나올 적에 기구(器具)도 장하도다
아침에 선비러니 저녁에 선달(先達)이라
화류츈풍(花柳春風) 대도샹(大道上)의 세마치 길군악(軍樂)의
무동(舞童)은 춤을 츄고 벽제(辟除) 소리 웅장하다
춘풍득의(春風得意) 마제질(馬蹄疾)하니 탐화랑(探花郞) 되었어라."[51]

---

50 黃玹, 『梅泉野錄』(한국사데이터베이스 한국사료총서 제1집). "鄕人登科, 不揀文武大小, 以抵家日設宴曰到門, 謁先墓曰掃墳, 歷訪知舊行閭里曰遊街, 遊街時, 優倡簫笛以導前曰率倡, 貧者知舊醵錢資給曰科扶, 建華表門閭及先墓曰孝竹, 孝竹兩南人盛行之, 西北則無, 京中遊街, 不過三日."
51 양훈식, 「박순호한양가 I 〔<한양가>〕해제」(한국문학과 예술 제12집, 2013)

'평생도'(홍이상, 국립중앙박물관)

위 노래는 일명 '한양가'라고 한다. 지은이가 누구인지는 알 수 없으나, 본문 끝에 '세재갑진계춘 한산거사저'라고 기록된 연기(年記)에 따라 헌종 10년(1844)에 한산거사가 지었다는 것을 알 수 있다. 한산거사는 이글에서 조선 왕도인 한양성의 연혁·풍속·문물·제도·능행·삼일유가 등을 묘사하고 있는데, 삼일유가 할 때 세마치 장단의 길군악을 연주하고 있다고 노래하였다.

조선에서는 문과(文科)·무과(武科)·중시(重試)에 장원(壯元)으로 합격한 이에게 나라에서 각각 대형 일산(日傘)인 개(蓋) 2, 안장 갖춘 말(鞍具馬) 1필(匹)을 내려주고, 아울러 우인(優人)을 주어 유가(遊街)하게 하였으나, 장원에 들지 못한 합격자는 삼일유가에 드는 비용을 모두 스스로 마련해야 했기 때문에 이에 따른 폐단도 많았다.

서종화가 생원시(生員試)·진사시(進士試)인 사마시(司馬試)에 처음으로 차례에 오른 것은 영조 3년(1729)이었다. 이때 사흘 동안 유가할 때 전라도 무안 출신의 줄타기 명인 박만회(朴萬會)를 초청하여 축하잔치를 벌였다.

"우인 박만회는 무안 주산(舟山) 사람이다. 내가 사마시에 처음으로 차례에 올랐을 때 거느렸던 사람이다. 창우(倡優) 잡기에 대해 못하는 것이 없지마는 특히 줄타기(乘索之戱)를 잘하였다. 뜰의 좌우에 몇 길 되는 나무를 세우고, 나무 끝에 줄 하나를 가로로 걸친다. 그러고서 펄쩍 뛰어 줄에 올라타는데, 앉기도 하고 무릎을 꿇기도 하며, 눕기도 일어나기도 한다.

다리를 꼬고 걸터앉기도 하고, 한 발로 서기도 하며, 노래를 부르기도, 춤을 추기도, 휘파람을 불기도, 젓대를 불기도 한다. 옷을 벗어 다시 입기도 하고, 망건을 벗어 다시 쓰기도 한다. 활보하기도 하고 급히 뛰어가기도 하며, 몸을 돌려 동쪽으로 가기도 하고, 동쪽으로 가다가 몸을 돌려 서쪽으로 가기도 한다.

곤두박질(筋斗)했다가 뛰어오르기도 하고, 줄을 안고 돌기도 한다. 거미처럼 휘늘어지고 학처럼 다리 들고, 호미로 김매고 풀무질하며, 얼음지치고 널뛰기하는 기술이 하나에 만족하지 않는다. 구경꾼들이 에워싸서, 머리끝이 솟구치고 혀를 내밀며, 기이하다고 칭송하지 않는 자가 없으니, 참으로 빼어난 기예라고 할 만하다." [52]

『약헌유집』에서는 박만회가 줄을 탈 때의 갖가지 동작을 생생하게 설명하고 있다. 앉기도 하고 무릎을 꿇기도 하며, 눕기도 일어나기도 하며, 다리를 꼬고 걸터앉기도 하고, 한 발로 서기도 하며, 활보하기도 하고 급히 뛰어가기도 하며, 몸을 돌려 동쪽으로 가기도 하고, 동쪽으로 가다가 몸을 돌려 서쪽으로 가기도 하는 동작은 마치 어제 본 줄타기의 장면과도 같지 않은가?

---

52 徐宗華, 『藥軒遺集』(한국고전종합DB, 한국문집총간). 藥軒遺集卷之四/送優人朴萬會序. "優人朴萬會者, 務安舟山人, 乃吾司馬新恩時所率者也. 於優倡雜技, 無所不能, 而尤善於乘索之戱. 植數仞之木於庭之左右, 木頭橫亘一索. 於是躍而升之, 或坐或跪或臥或起, 或盤膝而蹲, 或獨足而立, 或歌或舞或嘯或笛, 或脫衣而衣, 或解巾而巾, 或濶步, 或急趨, 或轉身而東, 旣東又轉身而西, 或筋斗而超, 或抱索而環. 至於蛛踶鶴企, 鋤耘踏冶, 走氷探板之技, 不一而足. 觀者堵立, 莫不竦髮吐舌, 嘖嘖稱奇, 可謂技之精者也."

그렇다면 줄은 탈 때 연주되었던 갖가지 장단이 이미 영조 3년(1729)에도 있었다는 얘기다. 주질(注叱)은 문종 즉위년(1450)의 기록에서도 보인다. 또한 고려 말 이색이 지은『목은집』의 '구나행(驅儺行)'이라는 시에서도 줄타기를 묘사하고 있는데, 현행 풍물의 장단 중에는 고려 때부터 연주되던 장단이 끊이지 않고 전해지고 있다는 것을 알 수 있다.

8) 조선시대 나례를 담당한 '재인(才人)'

조선시대 나례를 담당했던 이들을 양수척이라고도 하며, 화척이라고도 하고, 광대라고도 하고, 재인이라고도 하며, 우인이라고도 하는데, 이들은 어떠한 계층이었을까? 이들에 대한 단서를 세조 2년(1456) 3월 28일의 기록을 통해 알 수 있다.

> "대개 백정(白丁)을 혹은 '화척(禾尺)'이라 하고 혹은 '재인(才人)', 혹은 '달단(韃靼)'이라 칭하여 그 종류가 하나가 아니니, 국가에서 그 제민(齊民)하는데 고르지 못하여 민망합니다. 백정이라 칭하여 옛 이름(舊號)을 변경하고 군오(軍伍)에 소속하게 하여 사로(仕路)를 열어주었으나, 그러나 지금 오래된 자는 500여 년이며, 가까운 자는 수백 년이나 됩니다. 본시 우리 족속이 아니므로 유속(遺俗)을 변치 않고 자기들끼리 서로 둔취(屯聚)하여 자기들끼리 서로 혼가(婚嫁)하는데, 혹은 살우(殺牛)하고 혹은 동량질을 하며, 혹은 도둑질을 합니다. … 그 홀로 산골짜기에 거처하면서 혹 자기들끼리 서로 혼취(婚娶)하거나 혹은 도살(屠殺)을 행하며, 혹 구적(寇賊)을 행하고 혹은 악기(樂器)를 타며 구걸하는 자를 경외(京外)에서 통금(痛禁)해야 합니다."

재인과 화척이 농사를 생업으로 삼지 않고 산골짜기에 모여 살며 노략질을 일삼았던 것은 고려 때부터였으며, 이들을 백정이라 고쳐 부르게 된 것은 세종 때의 일이었다. 일반 백성들이 그들을 다른 이라 여겨 그들과 혼인하는 것을 꺼리게 되자, 칭호를 백정이라고 고쳐서 평민과 서로 혼인하고 섞여서 살게 하며, 그 호구를 적에 올리고, 경작하지 않는 밭과 묵은 땅이 많은 사람의 밭을 나누어 주어서 농사를 본업으로 하게 하고, 사냥하는 부역과 버들그릇[柳器]과 피물(皮物)과 말갈기와 말총, 힘줄[筋]과 뿔 등의 공물을 면제하여 그 생활을 편안하게 한 것이었다.

그렇다면 '달단'은 누구를 지칭하는 것일까?『태조실록』에서는 "북계(北界)는 여진(女眞)과 달단과 요동(遼東)·심양(瀋陽)의 경계와 서로 연결되어 있다"고 언급한 것으로 보아, 달난은 농고계의 유목민 즉 타타르 부족을 가리킨다고 볼 수 있다.

재인이나 백정과 달리 양수척(楊水尺)은 유기장(柳器匠)이었다. 이들은 본래 관적(貫籍)도 부역(賦役)도 없이 물과 풀을 즐겨 따르며, 늘 옮겨 다니면서 오직 사냥만 일삼고 버들을 엮어 그릇을 만들어 파는 것으로써 생업을 삼았다.

성호 이익(李瀷, 1681~1763)이 지은 『성호사설(星湖僿說)』의 '경사문(經史門)'에 의하면, 기생은 본래 양수척에서 나왔다고 한다. 기생과 양수척, 재인은 그 뿌리를 살펴보면 하나였던 것이다.

인조 4년(1626) 때 명나라의 셋째 황태자가 탄생한 것을 알리기 위해 중국에서 사신이 왔다. 이때 영접도감을 설치하여 환영하고 나례를 펼쳤는데, 이를 기록한 것이 바로 『나례청등록』이다.

『나례청등록』과 『조선왕조실록』에 의하면, 6월 13일에 하마연을, 14일에는 익일연을, 15일에는 숭정전에서 회례연을, 16일에는 제천정에 나가 놀면서 배를 타고 양화도까지 내려갔다. 17일에는 남별궁에서 회례연을 하였

고, 19일에는 잠두(蠶頭) 즉 지금의 잠실 부근으로 나가 놀았는데, 선유봉에
이르러 황혼이 되어 배를 돌렸다. 20일에는 남별궁에서 상마연을 베풀었
고, 21일에는 백성들이 길을 막고 사신을 환송하였는데, 그 수가 1만 5천~1
만 6천에 이르렀다.

이때 나례에 사용되는 윤거(輪車)와 잡상(雜像)은 좌우나례청에게 시행
하도록 하였다. 이때 제작한 것으로는 헌가(軒架) 하나, 솟대(嘯竿) 하나, 승
호(乘虎) 하나, 입사자(立獅子) 하나, 낙타(駝) 하나, 절요마(折要馬) 하나, 쌍
족죽(雙足竹) 하나, 척족죽(隻足竹) 하나, 근두목마(斤頭馬木) 하나였으며,
줄타기에 필요한 물품들도 준비하였다.

이 나례에는 무녀(巫女)도 참여하였는데, 이에 소용되는 장고는 둘이었
다. 또한 각도에서 참여한 재인들의 명단도 기록하였는데, 전체 재인은 총
284명이었다. 전라도의 재인이 170명으로 가장 많았고, 그 다음으로 충청
도가 52명, 경상도가 33명, 경기가 29명이었다.

상색재인(上色才人)이 거론되었으나 이에 대한 자세한 정보는 없다. 나
례를 할 때 음악 연주와 희극은 전적으로 광대들이 맡아하는 일이었다. 보
통 세 차례 연습하는데, 중요한 역할을 하는 상색재인은 매우 중요한 존재
였다. 그런데 과거에 합격한 거자들이 상색재인을 데리고 멀리까지 가서
축하연을 한 이후에 아직 올라오지 않아 잡색재인(雜色才人)만을 가지고 연
습할 수밖에 없는 경우도 있었다(1619년 광해 11년 9월 13일 기사).

인조 4년(1626) 나례 때 필요한 각종 업무를 심부름하던 사령(使令) 중에
는 박줏동(朴注叱同)이 있었으며, 충청도 이산(尼山) 지역의 재인으로는 연
산(連山)에서 옮겨온 줏동(注叱同)이 있었는데, 주질(注叱)이라는 용어를 통
해 그들이 줄타기 재인이었다는 것을 알 수 있다.

이 밖에 조선시대 불서인명 데이터베이스에도 줏덕(注叱德), 줏개(注叱
介), 줏동(注叱同), 줏비(注叱非), 줏쇠(注叱金), 방줏동(防注叱同), 이줏동(李

注叱同), 박줏손(朴注叱孫), 이줏쇠(李注叱金), 박줏쇠(朴注叱金), 허줏산(許注叱山), 장줏쇠(張注叱金), 양줏동(梁注叱同), 김줏수리(金注叱愁里), 김줏사리(金注叱沙里) 등의 이름이 보이는 것으로 보아, 줄타기 재인들의 경우 대부분 줏(注叱)이라는 특화된 명칭을 쓴 것으로 보인다.

3장
풍물, 왕실에서 민간으로

1부
농악과 두레

1) 농악의 유래

어떤 이는 풍물이라고 하고, 어떤 이는 농악이라고 하고, 어떤 이는 매구라고 하고, 어떤 이는 두레 풍장이라고도 하는데, 이것의 실체는 무엇인가? 그리고 어떤 이는 농악이라는 용어는 일제 때의 유습이기 때문에 사용해서는 안 된다고도 하는데, 과연 어떠한 용어를 사용해야 하는 것일까?

금성(金星)이라는 별이 있다. 금성은 '개밥바라기'라고도 불린다. 저녁에 개가 배가 고파서 저녁밥을 바랄 무렵에 서쪽 하늘에서 잘 보인다고 해서 생긴 이름이다. 그런데 금성에게는 또 다른 이름이 있으니, 바로 새벽 동쪽 하늘에 보이는 '샛별'이라는 이름이다.

개밥바라기나 샛별은 모두 금성을 가리킨다. 지시체는 동일한데 그것의 지칭이 서로 상이한 경우가 바로 이런 것이다. 그런데 하나의 동일한 존재라는 것은 형식적으로 서로 다른 이름들을 가질 수 있다. 달리 말하면, 동일한 존재가 다른 형식 속에 존립할 수 있다는 것이다.

개밥바라기나 샛별은 하나의 의미로 환원될 수 있는 것은 아니라, 그 컨텍스트 안에서 각기 고유한 의미를 가진다. 그것은 실재적인 함축을 지니는 것이다. 지구와 금성과 태양이 일직선을 이루기 전에 금성은 일몰 후

저녁 하늘에 개밥바라기로 빛나지만, 그 이후에 금성은 새벽 동쪽 하늘에 샛별로 나타난다.

개밥바라기와 샛별은 실질적인 함의를 지니는 것이지, 유명론적인 것은 아니다. 그것은 실질적인 내포를 형성하는 것이다. 금성이 개밥바라기일 때와 샛별일 때, 각각 우주의 배치가 달라지는 것이다. 서로 다른 시간과 공간 속에 놓여 있는 차이가 바로 개밥바라기와 샛별이다. 형상적 구별은 곧 실질적 구별인 것이다.

마찬가지로 농악이라고도 하고, 매구라고도 하며, 두레 풍장이라고도 하며, 풍물이라고 하는 것은 동일한 하나의 존재를 지시하지만, 동일한 의미를 지니는 것은 아니다. 그것은 서로 다른 형식인 형상적 구별이며, 실제적으로 차이가 나는 실질저 구별이다.

우선 농악에 대해 말하면, 농사를 지을 때 북과 징을 쳐 율동을 맞추는 행위는 오랜 역사를 가지고 있다. 주(周)나라의 관직을 규정한 『주례』에서 '고인(鼓人)'을 보면, "밭일을 바로잡으려(以正田役)" 할 때, "고고를 쳐서 부역 일을 고무하였다(以鼛鼓鼓役事)"는 기록이 있다.

조선에서 농악이라는 용어는 언제부터 쓰기 시작했을까? 전라도 보성에 사는 진사 안유신(安由愼, 1580~1657)이 호패를 실시하는 법을 비방하면서 욕스러운 말을 문안으로 작성하기까지 하였다 하여 해서(海西)로 유배를 당한 적이 있었다. 이는 인조 4년(1626) 3월 20일의 일이었다. 그런데 그가 '유두관농악(流頭觀農樂)'이라는 시를 남겼다고 전한다. 우리나라 고유 명절 중의하나인 유두절, 즉 음력(陰曆) 유월(六月) 보름날에 농악 치는 것을 읊었던 것이다.

기 하나 우뚝 세우니 동풍에 휘날리네
성 밖 들판에서 북치고 채동은 춤추고

변방 일은 이미 평안하고 농사는 서두르니

우리 인군 큰 성덕 비로소 깨달았네 [1]

안유신이 노래한 농악은 들판에서 농사를 지을 때, 깃발을 세우고 북 치고 춤추는 것을 지칭하는 것이었다. 이와 같은 내용은 조선 영조 때에도 발견된다. 영조 14년(1738) 11월 17일의 기록을 보면, 부안 현감 안복준(安復駿, 1698~1777)이 백성들이 사용하던 쟁(錚)과 정(鉦), 북(鼓), 깃발을 빼앗은 일이 있었다. 밭이나 논에서 일을 하다가 피로해져 더러 게을리 하며 힘써 일하지 않는 자가 있을 때, 북과 징을 두드려 기운을 북돋으려 하던 것이었는데, 안복준이 탐오하여 불법으로 빼앗은 것이었다. 이를 보면, 호남의 풍속에 쟁과 북, 깃발로써 농사일을 감독하고 권장하는 것은 그 유래가 오래되었다고 할 수 있다.

또한 권섭(權燮, 1671~1759)도 농악에 대한 글을 남겼다. 그는 숙종12년(1689 기사환국(己巳換局)이 일어났을 당시에는 시사에 관심을 갖기도 했으나, 송시열(宋時烈, 1607~1689)을 위시한 주변 인물들의 사사 또는 유배의 참극을 겪은 뒤, 관계 진출의 길보다는 문필 쪽을 택하였다. 그는 일생을 전국 방방곡곡의 명승지를 찾아 여행을 하며, 보고 겪은 바를 문학작품으로 승화시켜 『옥소집(玉所集)』을 남겼다. 그는 여기에서 제악(祭樂), 군악(軍樂), 선악(禪樂), 농악(農樂) 등에 대하여 평하고 있다.

"제사의 음악(祭樂)은 정숙하다. 신령에서의 한 기운이 천지와 더불어서 동류이다. 군악(軍樂)은 정돈되어 있다. 용감한 대장부가 머리털을 드리고 뜻있는 선

---

1 정형호, 「농악 용어의 역사적 사용과 20세기 고착화 과정에 대한 고찰」(韓國民俗學 62, 2015), 81쪽 참조. "流頭觀農樂/匇旗一建颭東風, 擊鼓郊原舞綠童, 邊事已平農事早, 始覺吾君聖德鴻."

비는 옷깃을 반듯이 여미게 한다. 선악(禪樂)은 선정에 들게 하는데 마치 (하夏·은殷·주周) 삼대의 위의를 보는 듯하다. 여악(女樂)은 질탕하다. 용악(傭樂)은 처연하다. 무악(巫樂)은 음란하다. 촌악(村樂)은 산란하다. 농악(農樂)은 서로 번갈아 든다. 또한 모두 각자 절주가 있고, 조리가 있다. 난잡한 듯하여도 난잡하지 않다. 나는 곧 농악과 군악을 몹시 좋아한다."[2]

권섭의 글을 보면, 이 당시에는 농악과 군악은 서로 아무런 관련이 없었던 것 같다. 즉 이 당시의 농악에는 진법(陣法)이 들어 있지 않았던 것이다. 권섭은 농악은 '갈마든다(伙)'고 하였는데, 아마도 선창을 하면 후창으로 화답하는 모습을 형용한 것으로 보인다.

농악에 대한 이야기는 황현의 『매천야록』에도 등장한다.

"호남의 부호 중에 오영석(吳榮錫)이란 사람이 있었는데, 그의 논밭에서 생산되는 벼는 1만 석쯤 되었다. 그가 임피(臨陂)의 수령으로 있을 때 대내에서 유기(鍮器)를 다섯 그릇씩 500쌍을 바치라고 하였다. 그러나 갑자기 유기를 마련할 수 없으므로 가격을 배나 주면서 민가에서 구입하여 여러 마을의 쟁과 요가 모두 바닥이 났다. 대개 시골에서는 여름철에 농민들이 쟁과 요를 치면서 논을 맸다. 이것을 농악이라고 한다. 징과 요는 놋쇠와 백철(白鐵)이 아니면 만들 수 없다."[3]

---

2   신경숙, 「옥소 권섭의 음악경험과 18세기 음악 환경」(국제어문 36집, 2004), 43쪽~44쪽 참고. 번역은 필자에 의함. "祭樂肅, 壹氣於神與天地同流, 軍樂整, 勇夫竪髮, 志士正襟, 禪樂定, 如見三代上威儀, 女樂則蕩, 傭樂則悽, 巫樂則淫, 村樂則亂, 農樂則伏, 亦皆各有節奏, 有條理, 似雜而不雜, 吾則甚喜農樂與軍樂."

3   黃玹, 『梅泉野錄』(국사편찬위원회 한국사데이터베이스). "湖南之富, 有吳榮錫者, 庄租亦稱萬石, 閔泳煥引之出門下, 京師目以烏金, 以吳烏同音也, 蔭仕屢典郡邑, 其令臨陂也, 內下別卜定鍮器五盆五百事, 倉卒無以辦, 倍價購貿于民間, 數郡鉦鐃之屬皆盡, 蓋野鄕夏月, 農人擊鉦鐃, 以相鋤耘, 謂之農樂, 而鉦鐃非鍮錫不能鑄也."

농악에 관한 글을 남긴 이로는 석정(石亭) 이정직(李定稷, 1841~1910)을 들 수 있다. 그는『연석산방미정시고(燕石山房未定詩藁)』와『석정집(石亭集)』을 남겼다.

농악

적 잡으려면 먼저 괴수 잡아야 하고, 풀을 제거하려면 뿌리를 제거해야 하는 법, 그러므로 농정회(農丁會)가 있나니, 그 인원의 통제는 군대 통제 같아라

구리 나발은 처음에 장하게 뿜어내고, 행군하는 깃발은 상대하여 벌려 펄럭이네, 쌍징의 울림은 절도 있고, 양북의 소리는 깊이 울리네

처음에는 느린 소리 지었다가, 점점 번잡한 음으로 퍼져 나가네, 덩실 덩실 춤추려는 듯, 빙빙 돌아 어지러이 서로 향하네

습관적으로 손은 마음 따르고, 흥 오르면 머리와 발이 응하네, 율려(律呂) 분변할 줄 모를 뿐 아니라, 궁각(弓角) 있는 줄 어찌 알리오

장장(鏘鏘) 다시 쟁쟁(鎗鎗), 감감(坎坎) 또 전전(闐闐), 음은 마음 좋아하는 바 따르고, 절주는 자연스레 어울리네

또한 큰 사라(沙羅, 징) 있어, 요란한 소리 멀리 진동하네, 곡 끝남에 울림 서로 합하여, 흡연히 한 끝 가락 이루네

동리의 지신(地神) 사당(里社)에 무리 지은 짝들이 둥그렇게 모이고, 밭에 임하면 힘써 밭 갈아 김매도다, 행동거지 어쩌면 한결같이 부지런하고, 나누어진 행렬 섞이어 얽히는 법 없네

일찍이 들으니 요임금 시대엔, 격양(擊壤)이란 옛 놀이 있었다지, 시속에서 숭상하는 바는 다르지만, 즐기는 뜻은 응당 다르지 않네

먹고 마시며 밭두둑에서 쉬니, 푸른 풀 자리로 삼네. 질그릇 동이에는 탁주 넘치고, 주고 양보하고 더욱 순박하네

저녁노을은 안개 낀 나무에 빛나니, 빛나는 비취 빛 섞여 비단결 같네, 술 취한
채 마을로 돌아오니, 맑은 바람 베옷 소매에 일어나네
밤 중 거닐며 닷 한번 베푸니, 여음이 느린 걸음 따르네, 이는 실로 상고의 풍류
러니, 어찌 소호(韶護)보다 못하리오 [4]

이정직이 묘사한 농악은 이전과는 다소 차이를 보이고 있다. 이전과
는 다르게 군악적인 색채가 가미된 것이다. 뿐만 아니라 악기에서도 차이
를 보이고 있다. 쌍북, 쌍징과 함께 나팔이 처음 등장하는데, 나팔은 조선
후기 대표적인 군악기였다.

갑오 동학농민혁명 시기에 서천 지역의 유생이었던 최덕기(崔德基,
1874~1929)는 『갑오기사(甲午記事)』를 남겼다. 여기에서 그는 화적이라 불
렸던 동학군과 마을 사람들 사이에 벌어진 사건을 기록하고 있는데, 이때
에도 농악이라는 용어가 등장한다.

"갑오(甲午, 1894) 9월 초3일 … 밤 3경에 촌민들이 농악을 크게 치며, '모두 ○○ 하
나씩을 가지고 가락암으로 가서 화적을 막읍시다'라고 하며, 이끌고 가락암으로 달
려갔다. 초4일 아침, 어제 저녁에 화적들이 가락암에 들이닥쳐 사람과 재물과 돈을
탈취해갔다는 얘기를 들었다. 이는 가락암이 터를 연 이후 처음의 일이었다." [5]

---

4 李定稷, 『석정집(石亭集)』 '농악(農樂)' (한국학호남진흥원). "擒賊先擒首, 除草當除根, 所以農丁會,
部勒如用軍, 銅角噴初壯, 行旛甋對張, 雙鑼鏗有節, 両鼓淵以鏜, 始用緩聲作, 漸以繁音暢, 蹲蹲若将舜,
回環紛相向, 習慣手從心, 興酣頭應足, 不須辨律器, 焉知有宮角, 鏘鏘復鏘鏘, 坎坎又闐闐, 音從心所樂,
節族協自然, 亦有大沙羅, 匈匈響遠震, 終曲鳴相合, 洽然成一乱, 里社團藜耦, 臨田勉粗穤, 舉趾一何勤,
分行無錯繆, 曾聞陶唐世, 擊壤有古戲, 俗尙雖不同, 樂意未應異, 餉飮慰阡陌, 青草以為茵, 瓦盆溢濁釀,
酬讓回厖淳, 夕霞耀烟樹, 彩翠錯成繡, 帶醉歸村巷, 清風動褐袖, 踏暝更一張, 餘音隨緩步, 兹莫上古樂,
詎減聞韶護."
5 崔德基, 『甲午記事』 (한국사데이터베이스, 동학농민혁명자료총서). "九月 初三日, 夜三更村民大動擊
農樂, 曰皆持一○以去可樂岩杜火賊云云, 而引走去可樂岩. 初四日早聞昨夜火賊入可樂岩, 奪人財物錢
兩以去云, 則此是可樂岩開基, 以後初事也."

우리는 이와 같은 기록들을 통하여 적어도 인조 때부터 농촌에서 일을 할 때 북이나 징을 사용하고 있었고, 이를 농악이라 한다는 것을 알 수 있다. 그러나 이때 농악이 어떤 양상으로 연행되었는지 알 수는 없지만, 농악이라는 용어에는 나름대로 실질적인 의미가 담겨 있다고 할 수 있다.

2) 두레의 유래

농악은 호남 사람들이 농사를 지을 때 깃발을 세우고 징이나 북을 치던 것을 일컫는다. 그런데 왜 유독 호남의 경우에만 그렇게 했을까? 이는 농사와 관련이 있는 것으로 보인다. 조선에서 이앙법(移秧法)으로 농사짓기 시작한 것은 중고시대 이후의 일인데, "호남의 백성들은 오로지 물 대어 심는 것을 일로 삼아서, 그 이른바 마른 씨를 뿌리는 것은 겨우 100에 1에 불과하였다(湖南之民專以注秧爲事, 其所謂播種乾付僅爲百之一焉)."(『일성록(日省錄)』, 정조 23년 5월7일 기록).

법씨를 뿌리면 김을 너덧 번 매어야 하지만, 모내기를 하면 두 번만 매어도 되었다. 수자원이 조금이라도 있는 논은 모조리 물을 대고 못자리를 만들어서 비올 때를 기다려 모내기를 하고, 한 번 옮겨심기만 하고 나면 힘을 안 들여도 결실을 보기 때문에 효과적인 농사법이었고, 식량을 얻는 좋은 방법이기 때문에 호남에서 유독 농악의 필요성이 제기되었다고 추정할 수 있다.

그렇다면 농악과는 반대로 두레에는 어떤 실질적인 의미가 있을까? 김윤식이 지은 『속음청사』 고종 28년(1891) 7월 4일의 기록에 두뢰(頭耒)에 관한 이야기가 있다.

"초4일, 병인, 맑았으나 바람이 붐. 이른 아침에 창밖에서 징과 북소리가 요란하게 울려서, 창문을 열고 보니, 곧 촌민의 농고(農鼓)였다. 용기(龍旗) 하나를 그려서 길이가 3장(丈)인 몽둥이 자루에 걸고, 청령기(靑令旗)가 한 쌍이었는데, 징과 북, 장고 등속을 섞어서 떠들썩하게 나아갔다. 또한 신촌(新村)의 한 패가 있었는데, 깃발과 북, 복색 역시 신선하여 좋았다. 이 촌의 세운 깃발과 북을 우선하는 것을 선생기(先生旗)라 일컫는데, 새로운 촌의 기(新村旗)가 두 번 엎드리면, 본촌기는 답하여 한번 눕혔다. 두 촌이 마당을 둘러싸고 합하여 시끄럽게 북을 쳐서 마치었다. 이 풍속이 촌촌마다 있었는데, 이를 두뢰(頭耒)라 하였다."[6]

여기에는 이른바 기 세배에 대한 이야기가 언급되고 있다. 신촌기가 두 번 엎드리면, 선생기가 답례로 한 번 눕히는 예(禮)인데, 일제 강점기에는 이러한 예법이 지켜지지 않아 패싸움으로 번진 경우가 적지 않았다.

또한 27일 일기에서도 두뢰에 대한 이야기가 등장한다.

"농가에서는 7월에 김매는 일을 모두 마치면, 술과 음식을 차려 서로 노고를 위로하였는데, 북을 치고 징을 울려서 서로 오락하는 것을 두뢰연(頭耒宴)이라 한다. 잔치가 끝나면 깃발과 북을 저장하여 다음 해에 대비하였다."[7]

농악이 농사를 지을 때 게으른 자를 권면하고, 노동의 수고를 덜고자

---

6   金允植, 『續陰晴史』(국사편찬위원회 한국사데이터베이스). "初四日 丙寅晴風, 立秋節, 早聞鉦鼓亂鳴
於窓外, 推窓視之, 乃村民農鼓也, 建畵龍旗一面, 桿長三丈, 靑令旗一雙, 鉦鼓·杖鼓等屬進聒耳, 又有
新村一牌, 旗鼓服色更鮮好, 以此村先建旗鼓, 謂之先生旗, 新村旗二偃, 本村旗一偃以答之, 兩村合闟, 繞
場鼓擊而罷."

7   金允植, 『續陰晴史』(국사편찬위원회 한국사데이터베이스). "農家七月, 耘事旣畢, 設酒食相勞苦, 擊鼓
鳴鉦, 以相娛樂, 謂之頭耒宴, 宴罷藏旗與鼓, 以待嗣歲."

하는 용도였다면, 두뢰는 7월 김을 다 매고 그 동안의 노고를 위로하기 위해 술과 음식을 차린 후 깃발을 세우고 북과 징을 치며 오락하는 것을 의미하였는데, 이때 선생기와 신춘기의 기 세배 의식도 병행하였다.

두레놀이에 관한 자세한 기록은 동아일보 1927년 1월 17일의 기사에서도 볼 수 있다.

"일 년 농사를 거의 다 지어놓고는 소위 두벌 지음, 세벌 지음이 끝나면 만두레라는 것을 하여 논에 있는 잡초를 제하는 농역이올시다. 이것은 각기 자기 전담에서 자기 홀로 하여도 무관한 것이올시다. 그러나 공동작업식으로 수백 명의 농군이 일단을 지어가지고 그 농군의 소작답을 제초하게 되면 그 능률이 배가할 뿐 아니라 금전으로 환산하더라도 배가 헐할 임금을 가지고 제초하게 됩니다. 이 두레날에는 영기(令旗)를 전두(前頭)로 장고(長鼓), 꽹막이, 북 등의 악기를 치며 장사(長蛇)의 행렬을 작(作)하여 가면서 그 악성(樂聲)의 장단을 따라 보조를 취합니다. 그리고 논바닥에 가서도 그 악성에 따라 지음을 매개 되는 바 그 두레로 인하야 생기는 재력은 일동이 공동보관하여 동유재를 만들어서 춘추로 호세나 기타 공동지출에 쓰게 됩니다."

두레놀이는 수백 명의 소작 농군이 공동으로 논에 있는 잡초를 제거하여 능률을 높이고 비용도 절감하기 위해서 행해졌던 놀이였다. 이들은 제초를 하러 나갈 때나 논에서 김을 맬 때에도 장고, 북 등의 장단에 맞추었는데, 이때 농부가도 곁들여 흥을 돋구었다. 이러한 광경은 1932년 12월 1일에 발행된『삼천리』제4호의 '그리운 우리 정조(情調)'라는 기사에서도 확인할 수 있다.

"서울 이남으로 충청, 전라, 경상의 각도에서는 농사철이 되면 농악이란 것을 조직하고 대원들끼리 단결하여 서로서로의 농사를 차례차례 원조하여 주는데, 그럴 때 해 뜨기 전에 여럿이 밭에 나갈 때나 저녁에 밭에서 돌아올 때마다 농군들은 농기(農旗)를 앞세우고 북, 피리, 젓대 등을 불어가며 '야~벗님네아, 이내 말씀 들어보소, 天下勝地 우리 朝鮮, 간 곳마다 片片玉土, 얼 널널 상사 듸'⋯ 이렇게 노래 부르는 것을 본다. 이것도 옛날에는 몹시 성하더니 이 근래에는 점점 듣기 드물게 되어간다."

농악에는 오래 전부터 호남지역에서 못자리 농사를 지을 때 징과 북을 치며 노동의 능률을 올리거나 노동의 수고를 위로하기 위해서 행한 의미가 있으며, 두레에는 백종(百種)인 음력 7월 보름에 논에 있는 잡초를 공동으로 제초하기 위하여 영기를 앞세우고 풍악을 울리며 가거나 노동하는 의미가 내포되어 있다. 그렇다면 농악이나 두레 풍장과는 구별되는 매귀에는 어떠한 실질적인 의미가 담겨 있는 것일까?

2부
매귀와 군악

1) 매귀 또는 매구

농악이나 두레가 농사와 관련이 있다면, 농악을 지칭하는 또 다른 명칭인 매귀(埋鬼)는 의외로 나례와 관계가 있다. 매귀는 일명 '매구'라고도 하는데, "잡귀 잡신을 물알로, 만복은 이리로"라는 말이 있듯이, 귀신을 묻는다는 의미이다.

　　나례는 '역귀를 쫓다(儺)'라는 의미의 예식이다. 이러한 의례의 유래는 매우 오래되었는데, 주(周)나라의 관제를 규정한 『주례』 하관사마 중 방상씨는 역질을 몰아내는 일을 관장하는 직책이었다.

> "방상씨는 곰가죽을 뒤집어쓰고 황금으로 된 4개의 눈을 하고, 검은 웃옷(玄衣)과 붉은 치마(朱裳)를 입고 창을 잡고 방패를 쳐들고 백예(百隸)를 인솔하고, 계절마다 어려움이 있을 때면 허수아비를 만들어서 집안을 수색하고 역질을 몰아낸다. 대상(大喪)에서는 영구 앞에 가며 묘지에 이르면 광중에 들어가서 창으로 네 모퉁이를 쳐서 방량(方良)을 몰아낸다." [8]

8 　『周禮』(中國哲學書電子化計劃, http://ctext.org/zh), 「夏官司馬」. "方相氏 : 掌蒙熊皮, 黃金四目, 玄衣朱裳, 執戈揚盾, 帥百隸而時儺, 以索室驅疫. 大喪, 先柩 ; 及墓, 入壙, 以戈擊四隅, 驅方良."

이러한 나례에 대한 기록은 "향인이 나(儺)를 행하면, 조복하고 조계에 서계셨다(鄕人儺, 朝服而立於阼階.)"는 『논어』「향당(鄕黨)」뿐만 아니라, 『예기』「월령(月令)」의 "계춘: 나라에 나를 행할 것을 명하고, 모든 문에 제물을 내걸어, 봄기운에서 오는 재난을 끝나게 하였다. 맹추: 천자는 이에 나(儺)를 행하여 가을 기운을 통하게 하였다. 계동: 유사에게 명하여 대나(儺)를 행하고, 문 옆에 제물을 내걸고 토우를 내놓음으로써 한기를 보내었다"[9]는 기록에서 찾아볼 수 있다.

우리나라에서도 일찍이 나례를 행하여 왔다. 『삼국사기』「잡지」에는 최치원(崔致遠)이 지은 '향악잡영(鄕樂雜詠)' 다섯 수가 실려 있는데, 그 중에 '대면(大面)'이라는 시를 나례와 연관이 있다고 보는 견해도 있다.

황금빛 얼굴 그 사람이 黃金面色是其人

구슬채찍 들고 귀신 부리네 手抱珠鞭役鬼神

빠른 걸음 조용한 모습으로 운치 있게 춤추니 疾步徐趨呈雅舞

붉은 봉새가 요(堯) 시절 봄에 춤추는 것 같구나 宛如丹鳳舞堯春

고려에서도 역시 나례를 행하였다. 특히 계동에 행해졌던 나례는 고려에서도 시행된 바 있다. 『고려사』예종(睿宗) 때의 기록에 의하면, 12월 대나를 할 때 나례를 하는 창우(倡優)와 잡기(雜伎) 및 외방의 유기(遊妓) 등 400여 명을 좌우로 나누어 승부를 가리려 하였다고 전하고 있다.

---

9 『禮記』(中國哲學書電子化計劃, http://ctext.org/zh),「月令」. "季春: 命國難, 九門磔攘, 以畢春氣., 孟秋: 天子乃難, 以達秋氣, 季冬: 命有司大難, 旁磔, 出土牛, 以送寒氣."

"예종 11년(1116) 12월 기축 대나의(大儺儀)를 하였는데, 이보다 앞서 환관들이 귀신을 쫓아내는 사람들을 좌우로 나누어 승부를 가리려 하였다. 국왕도 친왕(親王)에게 명령하여 각 패를 지휘하게 하였다. 무릇 광대와 배우, 잡기를 지닌 사람부터 지방 관청의 유기(遊妓)에 이르기까지 불러들이지 않은 자들이 없었다. 멀고 가까운 곳에서 구경꾼들이 모여들었고, 깃발이 길에까지 뻗쳤으며, 사람들이 궁중을 가득 채웠다. 이 날 간관(諫官)이 합문(閤門)에서 머리를 조아려 간절히 간언하자, 국왕이 명하여 모여든 사람 중에서 특히 괴이한 자들을 쫓아내도록 하였지만, 저녁이 되자 다시 모여들었다. 국왕이 풍악을 구경하려 하자 좌우에서 다투며 재주를 과시하려 하는 바람에 전혀 질서가 잡히지 않자 다시 400여 명을 쫓아냈다."[10]

계동에 행하였던 대나례에 대한 자세한 예식은 『고려사』「지·예육·군례·계동대나의(志·禮六·軍禮·季冬大儺儀)」에서 소개하고 있는데, 예식에 참여하는 이들은 크게 진자(侲子)와 집사자(執事者) 그리고 공인(工人)으로 나눌 수 있다. 진자(侲子)는 12세 이상 16세 이하의 아이들로 구성되는데, 가면을 씌우고 붉은 베로 만든 바지를 입혔다. 24인을 1대(隊)로 하고, 6인은 1항(行)으로 하여, 모두 2대를 두었다. 집사자(執事者)는 12인인데, 붉은 수건과 붉은 창옷 차림에 채찍을 잡았다.

공인은 22인이다. 1인은 방상씨로 가면을 쓰는데, 네 개의 눈이 달린 황금빛이고, 곰 가죽으로 검은 옷과 붉은 치마를 입으며, 오른손에는 창을 잡고 왼손에는 방패를 잡았다. 1인은 창수(唱帥)로 가면을 쓰고 가죽옷을 입으며 몽둥이를 잡았다. 고각군(鼓角軍)은 20인이 1대를 이루는데, 4인은 깃

10 『高麗史』(국사편찬위원회 한국사데이터베이스) 志 卷第十八. 禮六 軍禮. "睿宗十一年十二月己丑 大儺, 先是, 宦者分儺, 爲左右, 以求勝. 王又命親王, 分主之. 凡倡優雜伎以至外官遊妓, 無不被徵, 遠近坌至, 旌旗亘路, 充斥禁中. 是日, 諫官叩閤切諫, 乃黜其尤怪者, 至晚復集. 王將觀樂, 左右紛然爭先呈伎, 無復條理, 更黜四百餘人."

발을 잡고, 4인은 피리를 불며, 12인은 북을 들었다. 궁궐에서 악귀를 몰아낼 때, 방상씨는 창을 잡고 방패를 휘두르며, 창수는 진자를 이끌고서 화답하였다. 앞뒤로 북을 치고 함성을 지르며 나가는데, 모든 대는 각자 문을 향해 달려 나갔다가 성곽을 벗어나면 멈추었다.

조선에서 행하였던 계동대나의 역시 고려와 크게 다르지 않았다. 진자는 24인으로 1대를 만들고 2대를 두었으나, 공인은 방상씨가 4인, 창수가 4인, 집고가 4인, 집쟁이 4인, 취적이 4인으로 모두 20인이었다. 고려에 비해 집쟁과 취적이 추가되었으며, 인원수도 달리 배정되었다.

나례 자체가 가무희(歌舞戱)적인 경향을 뚜렷이 갖게 되는 것은 한대(漢代)부터였다. 나(儺)가 더욱 화려한 행사로 화한 것은 당대(唐代)이며, 민간의 나례와 궁나(宮儺)는 더욱 별도로 발전하였다. 그리고 송대(宋代)에 이르러서는 나례는 궁나까지도 훨씬 민속화하였다.[11] 이전의 방상씨나 진자, 12신은 간 곳이 없고, 이에 대신하여 민간의 설화 속에 전래되는 제신들이 등장하였다. 이들은 거의 특수한 성격에 독특한 외모의 소유자들이었다. 또한 등장인물들도 더욱 다채로워져서, 이러한 구나는 그 자체만으로도 훌륭한 가면무희가 되었다. 이러한 양상을 송나라 때 오자목(吳自牧)은 『몽양록(夢梁錄)』에서 이렇게 묘사하였다.

"제야: 12월이 다 갈 때면 세상에선 말하기를, 달이 끝나고 해가 다하는 날이라 하는데, 이를 제야라고 한다. 선비와 서민들 집에서는 집의 대소를 막론하고 모두 문 앞을 청소하여 먼지와 더러운 것을 씻어낸다. 마당과 문 앞을 깨끗이 하고는 문신을 갈아 붙이고 종규를 내걸고, 복숭아나무로 만든 부신을 매어 달고 춘패를 써 붙이고 조상들에게 제사를 지낸다. … 궁중에서는 제야에 크게 역귀를 쫓는 나

---

11 김학주, 「나례와 잡희-중구과의 비교를 중심으로」(아세아연구 6, 1963). 4~6쪽 참조.

x

의식을 행하는데, 모두 성황사의 여러 관원들을 동원하여, 탈을 쓰고 그림을 수놓은 잡색의 옷을 입고 손에는 금창과 은갈래창 및 무늬가 그려진 나무칼, 오색의 용과 봉황, 오색의 깃발을 들게 하였다. 그리고 교악소의 악공들로 하여금 장군·부사·판관·종규·육정·육갑·신병·오방귀사·조군·토지·문호·신위 등의 신으로 분장하게 하였다. 궁중으로부터 북을 치고 악기를 연주하면서 역귀를 몰아 동화문 밖으로 나갔다가 용지만(龍池灣)을 돌고 흩어졌는데, 그것을 매수라 일컬었다.[12]

12월: 이 달로 들어서면, 시가에 가난한 걸인들 3~5인이 한 무리(隊)를 이루어 신귀·판관·종규·소매 등의 모습으로 꾸미고, 라(鑼)를 치고 북을 두드리며, 출입문(門)을 따라가면서 돈을 구걸하였다. 세속에서는 타야호(打夜胡)라 불렀는데, 역시 구나의 뜻이다."[13]

오자목이 『몽양록』에서 묘사한 나례 의식에는 이전에 등장하지 않았던 장군·부사·판관·종규·육정·육갑 등이 언급되고 있는데, 특히 도교와 연관이 있는 육정(六丁)과 육갑(六甲)이 언급되는 점에 주목할 필요가 있다. 또한 나를 치고 북을 두드리며, 출입문을 따라가면서 돈을 구걸하는 타야호는 즉 오늘날의 지신밟기와 매우 유사하다는 점도 눈여겨볼 대목이다.

궁중에서 교악소의 악공들이 분장하고 나를 치고 북을 두드리며 역귀를 몰아내는 것을 매수(埋祟)라고 하였는데, 조선에서는 이를 매귀라고 하였다. 이러한 기록은 일찍이 '관나(觀儺)'라는 시를 지은 적이 있는 성현의

12　맹원로(孟元老)의 『동경몽화록(東京夢華錄)』에도 이와 비슷한 기록이 있다.

13　宋 吳自牧, 『夢粱錄』(中國哲學書電子化計劃, https://ctext.org/zh), 卷六. "除夜: 十二月盡, 俗云「月窮歲盡之日」, 謂之「除夜」. 士庶家不論大小家, 俱灑掃門閭, 去塵穢, 淨庭戶, 換門神, 掛鍾馗, 釘桃符, 貼春牌, 祭祀祖宗. 遇夜則備迎神香花供物, 以祈新歲之安. 禁中除夜呈大驅儺儀, 並係皇城司諸班直, 戴面具, 著繡畫雜色衣裝, 手執金鎗·銀戟·畫木刀劍·五色龍鳳·五色旗幟, 以教樂所伶工裝將軍·符使·判官·鍾馗·六丁·六甲·神兵·五方鬼使·灶君·土地·門戶·神尉等神, 自禁中動鼓吹, 驅祟出東華門外, 轉龍池灣, 謂之「埋祟」而散. 十二月: 自此入月, 街市有貧丐者, 三五人為一隊, 裝神鬼·判官·鍾馗·小妹等形, 敲鑼擊鼓, 沿門乞錢, 俗呼為「打夜胡」, 亦驅儺之意也."

『용재총화(慵齋叢話)』에서도 나타난다.

> "한 해의 명절에 거행하는 일이 한 가지뿐이 아니나, 섣달 그믐날에 어린애 수십 명을 모아 진자로 삼아, 붉은 옷에 붉은 두건을 씌워 궁중으로 들여보내면, 관상감(觀象監)이 북과 피리를 갖추고, 방상씨가 새벽이 되면 쫓아낸다. 민간에서도 또한 이 일을 모방하되, 비록 진자는 없으나, 녹색 죽엽(竹葉)·붉은 형지(荊枝)·익모초(益母草) 줄기·도동지(桃東枝)를 한데 합하여 빗자루를 만들어, 대문(欄戶)을 막 두드리고, 북과 방울을 울리면서 문 밖으로 몰아내는데, 방매귀(放枚鬼)라 한다. 이른 새벽에는 그림을 대문간과 창문에 붙이는데, 처용(處容)·각귀(角鬼)·종규(鍾馗)·복두관인(僕頭官人)·개주장군(介胄將軍)·경진보부인(擎珍寶婦人)·닭·호랑이 종류였다."[14]

'관나'는 궁중에서 나례희를 벌일 때의 모습을 형용한 시이다. 나례를 펼칠 때 농환, 줄타기, 꼭두각시, 솟대쟁이 등의 백희와 잡희를 벌였다. 민간에서도 나례희를 벌였으며, 이를 방매귀라 하였다. 북과 방울을 울리면서 역귀를 몰아내고, 처용과 종규 등의 그림을 대문과 창문에 붙여, 악귀가 집안에 들어오지 못하게 하였다.

조선에서의 나례희는 시간이 지남에 따라 점차 변하게 된다. 이제 등장하는 인물에 변화가 생긴 것이다. 정조 때 간행된 『증보문헌비고』 권64 「예고보」에서는 창솔, 방상씨, 지군, 판관, 조왕신, 소매, 12신 등에 대해 언급하고 있다.

14　成俔, 『慵齋叢話』(규장각 한국학연구원, 奎6906). "歲時名日所擧之事非一. 除夜前日, 聚小童數十名爲辰子, 被紅衣紅巾, 納于宮中, 觀象監備鼓笛, 方相氏臨曉驅出之. 民間亦倣此事, 雖無辰子, 以綠竹葉. 紫荊枝. 益母莖. 桃東枝合而作帚, 亂擊欄戶, 鳴鼓鈸而驅出門外, 曰放枚鬼. 淸晨附畵物於門戶窓扉, 如處容. 角鬼. 鍾馗. 幞頭官人. 介胄將軍. 擎珍寶婦人. 畵雞畵虎之類也."

"구나(驅儺)의 일은 관상감이 주장한다. 제석 전야에 창덕·창경 궐정에 들어가서 하였다. 그 제도는 악사 1인이 창솔이 되어 붉은 옷에 가면을 쓴다. 방상씨 4인은 황금으로 된 네 개의 눈을 가졌고, 곰 가죽을 입고, 창을 잡고 딱딱이를 두드린다. 지군 5인은 붉은 옷에 가면하고, 전립을 썼다. 판관 5인은 녹색 옷에 가면하고, 전립하였다. 조왕신(竈王神) 4인은 청포복두에 나무로 된 홀에 가면을 썼다. 소매 몇 사람은 여자 형태의 가면을 하고, 윗옷과 아래치마는 모두 홍록색이며, 긴 간당(竿幢)을 들었다. 12신은 각기 그 신의 가면을 썼는데, 예를 들면 자신(子神)은 쥐의 형태를 썼고, 축신(丑神)은 소의 형태를 썼다." 15

소매는 매귀희(埋鬼戲)에서 등장하는 인물 중의 한 명이다. 일명 소무라고도 한다. 그런데 소매에 대한 설명은 유득공(柳得恭, 1748~1807)이 기록한 『경도잡지(京都雜誌)』풍속의 성기(聲伎) 항목에서도 찾을 수 있다.

"연극은 산희(山戲)와 야희(野戲)가 있는데, 양부(兩部)는 나례도감(儺禮都監)에 속한다. 산희는 채붕을 매고 휘장을 내리고, 무대에서 사자, 범, 만석중의 춤을 춘다. 야희는 당녀(唐女)와 소매(小梅)로 분장하고 춤을 춘다. 만석은 고려 중 이름이고 당녀는 고려 때 예성강(禮成江) 위에 살던 중국에서 온 창녀. 소매 역시 옛날 미녀의 이름이다." 16

조선에서 매귀희 풍속은 특히 경상도 지역에서 두드러지게 나타난 바

---

15 『增補文獻備考』(규장각 한국학연구원, 奎6954), 卷之六十一 禮考八, 89b~90a. 방점은 필자에 의함. 【補】驅儺之事觀象監主之, 除夕前夜昌德昌慶闕庭爲之其制樂工一人爲唱率朱衣着假面方相氏四人黃金四目蒙熊皮執戈擊柝持軍五人朱衣假面着畫笠判官五人綠衣假面着畫笠竈王神四人靑袍幞頭木笏着假面小梅數人着女形假面上衣下裳皆紅綠執長竿幢十二神各着其神假面如子神着鼠形丑神着牛形也."

16 柳得恭, 『京都雜誌』(규장각 한국학연구원, 奎가람古951.053-Y9g). 방점은 필자에 의함. "演劇有山戲野戲, 兩部屬於儺禮都監, 山戲結棚下帳作獅虎曼碩僧舞, 野戲扮唐女小梅舞, 曼碩高麗僧名, 唐女高麗時禮成江上有中國倡女來居者, 小梅亦古之美女名."

있다. 조선 영조 연간인 1757~1765년에 왕명으로 각 읍에서 편찬한 읍지를 모아 55책으로 편찬한『여지도서(輿地圖書)』「울산부읍지(蔚山府邑誌)」의 풍속편에는 매귀유(埋鬼遊)를 다음과 같이 설명하고 있다.

> "매귀유(埋鬼遊): 매년 정월 보름날, 동리 사람들이 깃발을 세우고 북을 치는 것을 매귀유라고 한다. 대개 나례가 후세에까지 남겨진 풍속인데, 부정을 없앤다는 뜻이다."[17]

　　매귀에 대한 더욱 자세한 언급은 정조 때에 등장한다. 정조 때에 이옥(李鈺)이란 자가 있었다. 그가 성균관 유생으로 있던 정조16년(1792) 10월 19일, 그의 응제문(應製文)이 패관소설체로 지목되어, 임금으로부터 "불경(不經)스럽고 … 괴이한 문체"를 고치라는 엄명을 받았다. 이 일로 그는 실록에 이름이 오르고, 일과(日課)로 사륙문(四六文) 50수를 지어 올리는 벌을 받기도 하였다.

　　이후 정조 19년(1795) 8월 7일, 경과(慶科)에서도 문체가 괴이하다는 지적을 받고 과거를 보지 못하게 하는 벌이었던 정거(停擧)를 당하고, 지방의 군적에 편입되는 '충군(充軍)'의 명을 받았다. 8월 10일, 처음에는 충청도 정산현(定山縣)에 편적되었다가[18] 9월 11일 경상도 삼가현(三嘉縣)으로 이적되었다.[19] 정조 24년(1800) 2월 24일 삼가현에 있던 이옥이 잠시 풀려났

17　『輿地圖書』「蔚山府邑誌」(국사편찬위원회, 한국사료총서 제20집). "埋鬼遊每年正月望日, 閭里之人, 建旗擊鼓謂之埋鬼遊, 蓋儺禮遺風, 除祆之義."

18　『승정원일기』(국사편찬위원회 한국사데이터베이스), 정조 19년 8월 10일 ○ 李殷模, 以刑曹言啓曰, 卽接成均館移文, 則今八月初七日觀旂橋迎饍儒生應製時, 生員李鈺試券, 以體怪, 充軍題下, 故如是移文云矣. 李鈺, 忠淸道定山縣, 充軍定配所, 卽爲押送之意, 敢啓. 傳曰, 知道.

19　『승정원일기』 정조 19년 9월 11일 ○ 李勉兢, 以刑曹言啓曰, 卽接成均館移文, 則定山縣充軍罪人李鈺, 今番應製時試券, 以嚴勘之後, 噍殺尤甚, 稍遠地移充事書下矣. 李鈺慶尙道三嘉縣, 更爲充軍定配, 使卽押送事, 發關分付於該道道臣之意, 敢啓. 傳曰, 知道.

'사당패'(김준근, 풍속화)

으나[20], 5월 26일 기장현으로 귀양살이 하였다.[21]

　이옥의 『봉성문여(鳳城文餘)』는 모두 삼가현에서 유배하였을 때, 그곳
의 민풍 토속을 적은 것이다. '문여'는 김려(金鑢, 1766~1821)가 『담정총서薄
庭叢書』에 '봉성필(鳳城筆)'을 편정하면서 붙인 말로, "비록 문(文)의 정체
(正體)는 아니지만 기실 문의 나머지(文餘)"라며 이 글을 옹호한 바 있다. 이
『봉성문여』에 '사당(社黨)', '매귀희'와 '걸공(乞供)' 등에 관한 글이 실려 있다.

　　사당(社黨): 나라의 남쪽에 무당 같으면서 무당이 아니고, 광대 같으면서 광대가
　　아니고, 비렁뱅이 같으면서 비렁뱅이가 아닌 자들이 있어, 떼 지어 다니면서 음란
　　한 짓을 행하고 있다. 손에 부채 하나를 가지고 장터를 만나면 연희를 하고, 집집
　　문전을 따라 다니며 노래를 불러 남의 옷과 음식을 도모하는데, 방언에 이를 일컬
　　어 '사당'이라고 하며, 그 우두머리를 일컬어 '거사居士'라고 한다. 거사는 단지 소

20　『승정원일기』 정조 24년 2월 24일, "三嘉李鈺, 姑放事, 書下矣。依書下蒙放罪人等, 卽爲放送事, 分付各
該道臣之意, 敢啓。傳曰, 知道。別單書放者, 一體分付, 可也"
21　『승정원일기』 정조 24년 5월 26일, "慶尙監司申耆啓本罪人李鈺機張縣到配事, 命書判付."

고를 두드리며 염불만을 하고, 사당은 오로지 가무를 행하지 않고, 남자를 잘 농락하는 것으로 그 재능을 삼는다.[22]

매귀희: 12월 29일 밤에, 고을 사람들이 봉성문 밖에서 '매귀희'를 벌이는데, 관례이다. 아이들이 구경하고 돌아와서 말하기를, "광부(狂夫) 세 사람이 가면을 썼는데, 한 사람은 조대(措大, 선비), 한 사람은 노파, 한 사람은 귀검(鬼臉)을 하고 금고(金鼓)를 서로 치면서 노래를 부르며 즐거워하고 있었어요"라고 하였다. 정월 초이튿날, 무어라고 외치면서 창밖 길을 지나가는 자가 있어서 엿보니, 종이 깃털 장식과 흰 총채 잡고 앞서는 한 사람, 작은 동발을 든 세 사람, 구리 징을 든 두 사람, 북을 쥔 일곱 사람이 보였다. 모두 붉은 쾌자(掛子)를 입고 전립을 썼는데, 전립 위에는 지화를 꽂고 있었다. 남의 집에 이르러 떠들면서 놀이를 벌이면, 그 집에서는 소반에 쌀을 담아 문 밖으로 나오는데, '화반(花盤)'[23]이라 이름한다. 이 또한 나례의 남아 있는 풍습이리라![24]

걸공(乞供): 매귀희가 촌락에서 유행하여, 쌀과 돈을 요구하는 것을 또한 '걸공'이라 한다. 정월 열이튿날, 큰 둑 아래에서 걸공을 하는 이들이 있었다. 한 사람은 흑의에 전립을 쓰고 큼지막한 푸른 기를 든 채 앞장을 섰고, 한 사람은 종이 전립에 백로 깃털의 지화를 꽂고 누런 웃옷에 부채를 들었으며, 한 사람은 공작 깃털의 지화를 꽂은 갓을 쓰고 흰 웃옷을 걸쳤으며, 다섯 사람은 전립을 쓰고 검은 겹옷을 입고 북을 들었으며, 두 명의 아이는 붉은 깃털을 드리운 전립을 쓰고 검은 겹

---

22 李鈺,『完譯 李鈺全集 4』(휴머니스트, 2009), 160쪽 참조. "國以南, 有似巫非巫, 似倡非倡, 似丐非丐者, 輩行宣淫. 手持一扇, 逢場作戲, 沿門唱曲, 以謀人衣食, 方言稱之曰'社黨', 稱其雄曰'居上', 居上, 只鳴小鼓念佛, 社黨, 不專爲歌舞, 以善嫐纏男子爲能."

23 '화반(花盤)'에 대한 언급은 홍석모(洪錫謨, 1781~1857)가 지은 『東國歲時記』에서도 발견된다. "花盤: 濟州俗凡於山藪川池邱陵墳衍木石俱設神祀每自元日至上元巫覡擎神纛作儺戲錚鼓前導出入閭里民人爭捐財錢以賽神名曰花盤見輿地勝覽."

24 李鈺,『完譯 李鈺全集 4』, 174쪽 참조. "十二月二十九日夕, 邑人設魅鬼戲於鳳城門外, 例也. 童子觀而歸言: "狂夫三人着假面, 一措大, 一老婆, 一鬼臉, 金鼓迭作, 謳謠並唱以樂之." 正月二日, 有喧而過窓外路者, 窺之, 執紙毦白拂先者一人, 執銅小鈸者三人, 執銅鉦者二人, 執鼛鼓者七人, 皆衣紅掛子, 戴氈笠, 笠上插紙花, 到人家噪戲, 其家盤供米出門, 名曰'花盤', 其亦儺之餘風歟!"

'굿중패 노름 놀고'

옷을 걸치고 춤을 추었고, 또 두 명의 아이는 전립을 쓰고 라(鑼)를 들었고, 세 사
람은 전립을 쓰고 징을 들었으며, 한 사람은 전립에 흰 겹옷을 입고 큰 죽통을 들
었으며, 한 사람은 개가죽 모자를 쓰고 짧은 옷에 조창(화승총)을 들었다. 북과 라
와 징을 든 자는 모두 머리에 한 발쯤 되는 흰 것을 드리웠고, 상양의 걸음걸이로
간다. 북은 또한 그 머리를 흔들면, 머리 위의 흰 무리는 수레바퀴 같아, 이를 '중
피(衆皮)'라 한다. 모두 마당을 에워싸고 달리다가, 노래 부르기도 하고 춤도 추는
데, 징과 라와 북이 감히 조그마한 간격도 없었다. 얼마 후 백로 깃털의 갓을 쓴 자
는 붉은 깃털 장식을 한 아이를 어깨 위에 얹고 달려가는데, 이 아이는 어깨를 밟
으며 춤을 춘다. 이것을 '동래무(東萊舞)'라 한다. 며칠 뒤 또다시 먼 데서 온 자가
있었는데, 또한 그 무리가 매우 많았다. 장터에 들어오지 않았을 때, 세 차례 신포
를 울리고 쌍각을 불며 두 개의 큰 깃발을 세우고 있었다. 징과 북이 땅을 울리니
마을 사람들은 모두 놀랐다. 태수는 그 우두머리 세 사람에게 매를 때려, 놀이를

하지 못하도록 하고, 화승총과 나팔을 몰수하여 병고에 넣어 버렸다.[25]

　이옥의 매귀희나 걸공에 대한 묘사는 매우 사실적이어서 마치 당장 그 상황이 눈앞에서 펼쳐지는 것처럼 생생하다. 매귀희에 대한 묘사는 정월에 매구하며 동네 지신밟기 하는 모양을 연상케 하는데, 치배는 꽹과리 3인, 징 2인, 북 7인이고, 모두 붉은 쾌자에 전립을 썼으며, 전립 위에는 지화를 꽂고 있었다.

　걸공에 대한 묘사는 걸립패의 활동을 연상케 한다. 치배는 북 5인, 라(鑼)를 치는 2명의 아동, 징 3인, 죽통 1인, 화승총 1인이다. 화승총을 든 1인은 이미 앞에서 언급한 바 있는 정조 때 방포 사건을 떠올리게 한다. 그리고 북과 라와 징을 치는 자들은 모두 머리에 상모로 보이는 흰 것을 드리워서 수레바퀴 모양의 '중피' 를 하였다. 이른바 상 모놀이가 이때에도 연 행되고 있었다는 것을 알 수 있다. '중피' 놀음 이후에는 지금의 무동 에 해당하는 '동래무'를 펼쳤는데, 마치 지금의 판굿과 같은 형태라 할

'팔탈판'

25　李鈺, 『完譯 李鈺全集 4』, 174~175쪽 참조. "魅鬼戲之流行村落, 求索米錢者, 亦名曰'乞供'. 正月十二日, 有乞供于大堤下者, 一人黑衣氈笠, 執大靑旗先, 一人紙笠揷鷺羽紙花黃襖執扇, 一人笠揷孔雀羽白襖, 五人氈笠黑袂執鼓, 二人童子氈笠垂紅毦黑袂而舞, 二人童子氈笠執鑼, 三人氈笠執鉦, 一人笠而白襖, 執大竹筩, 一人狗皮帽短衣執鳥鎗, 執鼓執鑼執鉦, 皆頭長一丈白, 行介商羊步, 鼓且搖其頭, 頭上暈白如車輪, 曰衆皮', 皆遶場而走, 且歌且舞, 鉦鼓鑼, 不敢少閒. 須臾, 冠鷺者, 以肩承紅毦童子而走, 童子踏肩而舞, 名曰'東萊舞'. 其後數日, 又有自遠來者, 又甚衆. 未入場, 三響信砲, 吹雙角, 建大旗二, 鉦鼓動地, 邑人皆驚, 太守笞其渠三人, 使不得戲, 沒入其鳥鎗喇叭於兵庫."

수 있다.

　라는 보통 '꽹과리'라고 한다. 그런데 꽹과리라는 용어는 언제 사용되기 시작하였을까? 고종 3년(1866) 가례주청사의 서장관으로 북경에 다녀온 홍순학(洪淳學, 1842~1892)이 지은 장편의 기행가사인 『연행가(燕行歌)』를 보면, "앞뒤 풍악(風樂) 잦아져서 징 꽹과리 요란한데(즁꽹가리 요란ᄒᆞ딕)"[26]라고 노래하고 있다. 이로부터 보면, 적어도 1866년에는 꽹과리라는 용어가 쓰이고 있었다는 것을 알 수가 있다. 그런데 이옥이 『봉성문여』에서는 두 명의 아이가 전립을 쓰고 라를 들었다는 점에서, 꽹과리를 치며 전체 치배를 지휘하는 지금의 매구와는 매우 다르다는 것을 알 수 있다. 또한 장고가 없는 점도 눈여겨볼 필요가 있다.

　『봉성문여』에 의하면, 한 패의 걸공이 끝난 며칠 뒤, 다른 걸공패가 걸공하러 왔는데, 그 무리가 이전보다 매우 많았던 것 같다. 새로 온 무리가 마당에 들어오기 전에 세 차례에 걸쳐 신포를 울리고, 쌍각을 불며, 두 개의 문기를 세우고, 걸공하는 것을 허락하기를 기다렸으나, 현감에 의해 조창과 나팔을 몰수당하고, 우두머리 세 사람은 매만 맞고 쫓겨나는 신세가 되었다. 타 지역의 걸공패는 그 지역 현감의 허락이 있어야 비로소 연희할 수 있었다는 것을 알 수 있다.

　매귀에 대한 언급은 『노상추일기(盧尙樞日記)』에서도 확인할 수 있다. 『노상추일기』는 조선 후기의 무관이었던 노상추(1746~1829)가 1763년부터 1829년까지 67년간의 생활상을 매일 기록하여 남긴 일기이다. 매귀에 대한 언급은 순조 11년(1811) 12월의 일기에 기록되어 있다.

　"이날(30일) 해질 무렵에 매귀 음악이 연주되었는데, 내가 외부에서 다섯 차례

26　홍순학, 心載完 校注, 『燕行歌』(교문사 한국고전문학대개10, 1984), 530~531쪽 참조.

맡은 이래, 지금 처음 이런 음악을 들었다. 귀신 무당의 잡스러운 몸짓이었다. 실로 반듯한 군자가 들을 수 있는 것이 아니었다."[27]

이러한 기록 덕분에 우리는 적어도 1800년대 초기에는 지금의 걸립패와 같은 활동이 있었다는 것을 알 수 있다. 이와 같은 정황은 다산 정약용(丁若鏞, 1762~1836)이 순조 18년(1818)에 쓴 『목민심서(牧民心書)』「호전육조·전정(田政)」에서도 확인할 수 있다.

정조 때 중국의 사신이 왔을 때 행하였던 나례가 폐지되자 재인이나 창우들은 큰 타격을 입게 되었다. 나례 때의 연희는 그들에게 중요한 수입원이었던 것이다. 나례가 폐지되자, 그들은 사람들이 모이는 곳이면 어디든지 가서 연행하려고 하였다. 그런데 물류가 집산되는 조창 등의 경우에는 '사당(舍堂)', 창기(娼妓), 주파(酒婆), 마조(馬弔), 도사(屠肆) 등이 무리가 모이게 되고, 이에 따라 갖가지 폐단이 생기자, 물자와 인원이 모이는 장터에 이들의 출입을 금하는 조치를 내리게 되었다.

"장차 창고를 열려고 할 때에 방(榜)을 붙여 창촌에 알려 잡류를 엄금하게 하였다. 창촌에서 금지해야 하는 자로는 첫 번째가 우파(優婆)인데, 방언으로는 '사당'이라 하였다. 두 번째는 창기이다. 은퇴한 노기(老妓) 역시 금하였다. 세 번째는 주파인데, 소주(燒酒)나 약주(藥酒)를 앉아서 파는 자였다. 네 번째는 화랑, 즉 무부(巫夫)인데 방언으로는 광대(廣大)라 하였다. 다섯 번째는 악공인데, 거문고(琴), 적(笛), 가객(歌客) 등이었다. 여섯 번째는 뇌자(儡子)인데, 방언으로는 초란이(焦蘭伊)라 하였다. 일곱 번째는 마조, 즉 두전(頭錢)이었다.

---

27 『노상추일기(盧尙樞日記)』(국사편찬위원회, 한국사료총서 제49집). "是昏奏埋鬼之樂, 余自外任五次以來, 今始聞此樂, 鬼巫雜態也, 實非正人君子之所可聞也."

여덟 번째는 도사인데, 소나 돼지 등을 잡는 자였다. 무릇 이 잡종들은 성색(聲色)과 주육(酒肉)으로 만단(萬端)을 유혹하여, 창고의 관리를 빠지게 하고, 선인(船人)을 빠지게 하여, 그 씀씀이가 이미 넘쳐서, 탐욕이 구르고 흘러, 가혹한 세금을 제멋대로 거두어들여서, 그 부족한 것을 메우려 하기에, 이는 반드시 마땅히 엄금해야 하는 것이다.

방을 붙여 말하기를 팔반잡류인(八般雜流人)을, 하룻밤을 머물러 하여 접한 자는 볼기(笞) 30대 치고, 징벌미 3두(斗)로, 정처 없이 떠돌아다니는 일을 방지하는 세금으로 한다. 한 끼 밥을 먹여 보내는 자는 볼기 10대, 징벌미 1두이고, 관리가 명령을 어기고 그들과 친하게 노는 자는 볼기 50대, 징벌미가 한 섬이다. 뱃사람이 법령을 어기고 그들과 친하게 노는 자는 볼기 30대, 사공들은 볼기 20대, 그 팔반잡인을 아울러 풀어 보내 현에 들이면, 벌을 결단함이 법령과 같다.

예를 들면, 아산(牙山), 가흥(可興), 성당포(聖堂浦), 법성포(法聖浦), 군산포(羣山浦), 영산포(瀯山浦), 마산창(馬山倉), 가산창(駕山倉), 삼랑창(三浪倉) 등의 조창(漕倉)과, 도회지(都會之地)는 그 금함이 마땅히 우레와 같고, 서리와 같아야 하며, 또한 연해의 여러 만에서 며칠 정류하는 경우가 있어, 바람을 기다리고 닻줄을 고치는 곳 등 역시 마땅히 엄금해야 한다." [28]

이 당시 떠돌아다니면서 연행했던 이들은 화랑인 광대와 거문고, 적, 가객 등의 악공 및 꼭두각시놀음을 하던 뇌자, 즉 초란이였다. 특이한 점은

28 정약용, 『목민심서』(규장각 한국학연구원 經古351-J466m-v. 2). "將開倉。榜論倉村。嚴禁雜流。倉村該禁者, 一優婆, 方言曰舍堂 二娼妓, 老妓退亦禁之 三酒婆, 燒酒藥酒坐賣者 四花郞, 卽巫夫方言曰廣大 五樂工, 琴笛歌客等 六儡子, 方言焦蘭伊 七馬弔, 卽頭錢 八屠肆, 殺牛殺猪等 凡此雜種以聲色酒肉,誘惑萬端,倉吏溺焉,船人溺焉,厥費旣濫,貪慾轉滋,虐斂橫攷,以塡其欠,此必宜嚴禁者也○榜曰八般雜流人,一夜住接者,笞三十,罰徵米三斗,以防流亡之稅,一飯供饋者,笞一十,罰徵米一斗,官吏犯令與之遊狎者,笞五十,罰徵米一石,船人犯令與之遊狎者,笞三十,都艄工笞二十,艄之華音,與沙之東音相近固俗稱沙工其八般雜人,並解送入縣,決罰如律○牙山,可興,聖堂浦,法聖浦,羣山浦,瀯山浦,馬山倉,駕山倉,三浪倉等漕倉,都會之地,其禁,宜如雷如霜,又沿海諸灣,例有停留數日,候風改纜之處,此等處,亦須嚴禁."

'옹정12월행락도'('정월관등' 중 일부, 고궁박물관)

팔반잡류인을 처벌한 것이 아니라, 이들과 접촉했던 이들을 처벌한 것이었다. 하룻밤을 같이 보낸 사람, 밥 한 끼 먹여 보낸 사람, 이들과 놀아난 관리, 뱃사람, 사공 등이 처벌의 대상이었다.

이옥이 삼가현으로 충군하였던 정조 23년(1799) 즈음이나 다산 정약용이 『목민심서』를 썼던 순조 18년(1818) 당시에는 다양한 패거리들이 활동하고 있었다. 특히 조창과 도회지에 이런 팔반잡류인(八般雜流人)이 모여 들어 흥행하는 경우가 많았다.

이와 같은 정황은 중국에서도 확인된다. 청나라 5대 황제인 옹정제(雍正帝)는 1722년부터 1735까지 재위하였는데, 1725년 8월 원명원(圓明園)이 새롭게 고쳐지자, 옹정황제는 원명원에서 거주하면서 공무를 처리하였다. 이때의 옹정황제와 그 자녀들의 일상생활을 그린 것이 '12월행악도(十二月行樂圖)'(1735)이다. 그런데 '행악도' 중에 '정월관등(正月觀燈)'이라는 그림에는 이옥이 『봉성문여』에서 묘사했던 것과 비슷한 광경이 그려져 있다.

그림의 맨 앞에는 횃불은 든 다섯 명이 있으며, 그 뒤로 두 명이 나팔을 불면서 뒤따르고 있다. 그 뒤로는 두 명이 행고(行鼓)를 들고 있으며, 그 뒤로 라를 치는 사람과 행고를 치는 사람, 그리고 동발을 치는 사람이 뒤따르고 있다. 그리고 치배의 마지막에는 징을 치는 사람과 각종 팻말을 든 사람

'건륭제원소항행낙도축(乾隆帝元宵行樂圖軸)' 중 일부(고궁박물원)

이 뒤따르고 있다.

　　이러한 악대의 편성은 청나라의 원단, 즉 새해 첫날의 의례와 관련이 있어 보인다. 『청사고(淸史稿)』「악1(樂一)」에는 동지와 황제의 생일인 만수(萬壽) 그리고 원단 때 어전의장악기(御前儀仗樂器)에 대해 언급하고 있는데, 라 2, 북 2, 가고 (架鼓) 4, 쇄납(嗩吶) 4 등의 악기를 나열하고 있기 때문이다.[29]

　　나례의 유풍인 매귀놀음은 고종 31년(1894)에도 시행되고 있었다. 개항기 문신이자 학자인 오횡묵이 간행한 사찬(私撰) 지리서인 『여재촬요(輿載撮要)』의 「경상도·울산부」를 보면, 매귀유에 대해 설명하고 있는데, 특히 머리에 오색으로 된 꽃을 꽂고 북을 치는 장면은 지금의 고깔을 연상케 한다.

> "매년 정월초하루, 경내의 어린애와 늙은이들이 모두 들판에 모여, 종이를 잘라 오색으로 된 꽃을 만들어, 머리에 꽂고 북을 쳤다. 술과 음식을 마련했다. 같은 달 보름날 닭이 처음 울 때, 떠들썩하게 북을 치며 산에 올라, 오래된 풀명자나무를 베어 취하고, 놀이할 곳을 돈다. 귀신을 쫓는 것과 비슷했다. 그 풀명자나무를 불사르는데, 매귀라 칭한다. 지맥을 진압하기 때문이다."[30]

29　張采田, 『淸史稿』「樂一」. "十年, 建國號曰淸, 改元崇德. 其明年, 遂有事太廟, 追尊列祖, 四孟時享, 歲暮祫祭並奏樂. 皇帝冬至, 萬壽二節與元旦同. 御前儀仗樂器, 鑼二, 鼓二, 畫角四, 簫二, 笙二, 架鼓四, 橫笛二, 龍頭橫笛二, 檀板二, 大鼓二, 小銅鈸四, 小銅鑼二, 大銅鑼四, 雲鑼二, 嗩吶四."

30　오횡묵(吳宖默), 『여재촬요(輿載撮要)』(한국학중앙연구원 장서각 K2-4184_006), 53쪽 참조. "埋鬼遊. 每年正月初一日, 境內老少咸集原野, 翦紙作五色花, 插頭擊鼓, 置酒食. 同月望日鷄鳴初, 鼓噪登山, 斫取古查, 運于所遊處, 像逐鬼燒其查, 稱以埋鬼, 爲鎭地脈."

18세기 말에 중국뿐만 아니라, 조선에서도 비슷한 풍광이 전개되고 있었다. 그러나 그 이후의 과정은 매우 다르게 전개되었는데, 조선에서는 매귀희 경우 악기가 꽹과리 3, 징 2, 북 7개로 풍부해졌을 뿐만 아니라, '화반 (花盤)'을 하고 있었으며, 걸공의 경우에는 악기가 북 5, 꽹과리 2, 징 3, 죽통 1, 화승총 1개로 매귀희보다 더욱 보강되었고, 북과 꽹과리와 징을 치는 자들은 모두 머리에 상모를 쓰고, 수레바퀴 모양의 '중피'를 하였으며, 무동의 '동래무' 등 더욱 연희적인 요소가 강화되었던 것이다.

2) 군악과 농악·두레·매구 I

농악이나 두레 또는 매구가 언제 누구에 의해서 시작되었는지는 알 수가 없다. 농악·두레·매구의 초기 형태가 영정조 무렵부터 시작되었을 것이라 추정할 수 있지만, 지금과 같은 모습이 언제 정착되었는지는 알 수 없는 노릇이다. 이에 대한 기록이 매우 부족하기 때문이다.

우리의 무형문화재에 대한 체계적인 조사는 1960년대 들어서 시작되었다. 1964년 6월 문화재관리국에 의해 무형문화재 조사보고서를 작성하기 시작했는데, 제1호는 꼭두각시놀음, 제2호는 양주산대놀이, 제3호는 종묘제례악, 제4호는 갓일, 제5호는 오광대(통영오광대, 고성오광대)였다. 제6호 춘향가였는데, 1964년 11월에 조사·보고되었다.

1965년 8월에는 제7호 강강술래, 같은 해 9월에 제8호 은산별신제, 같은 년 11월에 제9호 '농악 12차'가 박헌봉(朴憲鳳), 류기룡(劉起龍)이 조사·보고하였다. 이에 앞서 1965년 7월 27일 동아일보에서는 '농악 12차'와 관련하여 박헌봉, 류기룡이 취재한 기사를 실은 바 있다.

"문교부 위촉으로 농악 12차를 수집하기 위하여 박헌봉 씨와 필자(劉起龍)는 녹음 기사와 함께 이번 여름 영남의 농악 고장 진주와 삼천포를 찾았다. … 한약국을 경영하고 있는 황일백 옹은 금년이 칠순, 문백윤 씨는 토건업자로 56세. 수집 전야까지도 상당한 차수가 소실되지나 않았을까 걱정했는데 다행이 12차를 다 발견하였다. 일제시대에는 향토심을 유발하는 작용이 크다고 농악을 탄압하였으나 그래도 그때에 오히려 농악에 관한 계보와 형태가 정연하여서 경남만더라도 김인포(金仁圃) 김한로(金漢魯), 문형(文馨) 형제분 등 쟁쟁한 명인급이 제제하였다.

농악의 정통은 으레 12차(次는 한 가락이란 뜻)로 구성되고 그 안에 진법놀이가 들어 있는 것이다. 작금의 농악에서는 이 12차가 인멸되어 진법도 태반 이상을 잃고 말았다. 우리는 김인포 명인의 문하에서 나온 황일백 옹과 김한로 명인의 수제자 문백윤 두 분께서 직접 12차를 녹음했고 필요한 자료를 촬영하였다. 그 밖에 진주경로회 회장 신길용(愼吉龍) 옹 장서『家庭要訣』과『周易八行文記』에 있는 진법해설도 복사하여 얻은 바 컸다. 참고로 황옹이 보유하고 있는 12차를 열거하면 ①반사모재비 ②길군악, 도드리, 반다드래기 ③된삼채 ④삼차굿 ⑤지화굿 ⑥당마굿 ⑦등마지 ⑧허튼굿 ⑨굿거리 ⑩집구리굿 ⑪달마지 품앗이 ⑫강마진, 진법으로는 ①五方陣(1. 동방청룡진, 2. 남방주작진, 3. 서방백호진, 4. 북방현무진, 5. 중앙황제진), ②一字長巳陳, ③八門金鎖陳 ④鴛鴦陣 ⑤九宮八卦陳 ⑥五行陣 ⑦六花陣 ⑧遁甲陳 ⑨嚴下陳(『周易八行文記』에서)이다. 그러나 지금 행용되는 농악진법은 五方陳·一字陣(長陳)·방울陳·덕석마루진·가위진·고동진 정도인 것이다. 이 12차가 다시 우리 농악에 환원되기를 희망한다."[31]

또한 동아일보에서는 1966년 3월 29일에 황일백 옹이 지난 3월 23일에 문화재관리국이 제10호 무형문화재('農樂12次와 가락)로 지정하였다는 소식을 전하고 있는데, 그중에 중요한 내용만 간추리면 다음과 같다.

---

31 동아일보, 1965년 7월 27일 기사

고종 33년(1896) 경남 하동군 옥종면 청룡리에서 출생. 10세가 될 때부터 농악을 (당시는 '埋鬼'라 불렸다 함)을 따라 다니던 황옹은 13세가 되던 해(1909) 당시 상쇠(上釗)를 치던 김성쇠(金成釗, 산청군 단성면 성내리) 씨에게 애걸복걸하여 쇠를 배우기 시작, 15세 되던 해에 뛰어난 솜씨를 인정받고(실기 시험에 합격) 쇠를 잡았다.

황옹이 30세 되던 1926년 가을 일본 경찰이 매귀를 통해 중국의 진법(陣法)을 한국 국민들에게 암암리에 알리는 것이라며 체포, 동료 22명과 함께 하동 지서에 끌려가 투옥되어 1개월간 철창신세를 지고, 다시는 매귀놀음을 하지 않겠다는 서약서를 쓰고 기구를 몰수당한 채 풀려나왔다.

상쇠를 치년서부터 100여 회에 걸쳐 상을 탄 황옹은 '농악 12차와 가락'이란 고대 중국의 전쟁 양상을 본뜬 것으로 원형무(圓形舞)를 그리면서 12차 36가락(一次가 3가락)으로 구성. 진법의 전개 형태에 맞추어 자기 특이한 가락으로 전개한다고 풀이해주었다. (진주 鄭仁領 주재 특파원) [32]

황일백 옹의 진술에 의하면, 농악(또는 매귀)은 고대 중국의 전쟁 양상을 본뜬 것으로 원형무를 그리면서 12차 36가락으로 구성되어 있는데, 진법의 전개 형태에 맞추어 자기 특이한 가락으로 전개된다는 것이다. 또한 1926년 가을 일본 경찰이 매귀를 통해 중국의 진법을 한국 국민들에게 암암리에 알리는 것이라며 체포한 바가 있는데, 이러한 사실로부터 황일백 씨나 문백윤 씨가 소개하고 있는 '농악 12차'는 군사의 진법에서 유래하였다는 것을 알 수 있다.

황일백 씨가 동아일보에서 언급하고 있는 농악의 진법으로는 위 인용

---

32 동아일보, 1966년 3월 29일 기사

문과 같고, 무형문화재 조사보고서에서 언급하고 있는 12차와 진법은 다음과 같다.

> 농악 12차(황일백): 一차-길군악, 二차-반삼채, 三차-도드리, 四차-사모잡이, 五차-반영산, 六차-지화굿, 七차-호호굿, 八차-둥맞이굿, 九차-굿거리굿, 十0차-달거리~집구리굿, 十一차-허튼굿, 十二차-영산~개인놀이
>
> 부록. 三. 農樂陣法
>
> (가) 八陣法(其一)
>
> 1. 五方陳(中央皇帝陳, 東方靑龍陳, 南方朱雀陳, 西方白虎陳, 北方玄武陳), 2. 一字長巳陳, 3. 八門金鎖陳 4. 鴛鴦陣 5. 九宮八卦陳 6. 五行陣 7. 六花陣 8. 遁甲陳 9. 嚴下陳
>
> (나) 八陣法(其二)
>
> 1. 聚屯陳 2. 吳呼陳 3. 環陳 4. 長蛇陣 5. 交替陳 6. 送陳 7. 退陳 8. 舞回陳 9. 凱旋陳
>
> (다) 八陣法(其三)
>
> 1. 장진 2. 고동진 3. 화화진 4. 가세진 5. 방울진 6. 두루말이진 7. 돌림진 8. 미지기진 9. 둥맞이진 [33]

1965년 실시된 무형문화재 조사보고서 '농악 12차'의 부록에서 언급하고 있는 세 가지 유형의 팔진법에 대해 황일백 옹은 군사 진법에서 유래된 것이라고 말한 바 있다. 이들 진법 중에서 '구궁진', '육화진', '현무진'은 무신(武臣) 조관빈과 박문수 등이 왕명으로 간행한 『병장도설(兵將圖說)』의 체제를 본떠서 1749년에 만든 『속병장도설(續兵將圖說)』에도 보이고, '팔괘진',

---

33 박헌봉, 류기룡, 「무형문화재 조사보고서 제9호 농악 12차」(문화재관리국, 1965)

'팔문진', '장사진', '구쇄연환진' 등은 중국 명나라 때 모원의(茅元儀)가 지은 『무비지(武備志)』에 보이는데, 이로부터 황일백 옹과 문백윤 씨가 '농악 12차'에서 언급한 진은 병법의 진법에서 유래하였다는 것을 알 수 있다.

또한 황일백 옹이나 문백윤 씨가 모두 '농악 12차'에서 '영산'이라는 가락을 언급하고 있는데, 이 '영산' 가락 역시 군악과 관련이 있다. '호궤(犒饋)'는 임금이 궁궐 밖으로 거동할 때 호위하는 군사들이나 주요한 일을 담당하는 관원과 일군 등에게 술과 음식을 주어 위로하는 행사이다. 특히 정조는 군사들에게 호궤할 때 음악을 연주하게 하였는데, 이때 '영산'을 사용하였다.

"세마대(洗馬臺)에서 오영의 장수와 군사들에게 호궤하였다. 임금이 융복을 입고 여를 타고 협양문(協陽門) 밖으로 나아가 돈화문(敦化門)을 경유하여 숭례문(崇禮門)으로 나아가 영접하는 곳에 도착하였다. … 대가가 원문(轅門) 밖에 이르자 선전관이 꿇어앉아 취타(吹打)를 중지할 것을 계품하였다. 중영에서 호포(號砲) 한 방을 쏘아 소리를 내고 천아성(天鵝聲)을 부니, 각 영의 군병이 깃발을 점검하고 고함을 쳤는데 모두 세 번 하였다. 원문을 활짝 여니 대가가 원문으로 들어갔다. 단 아래에 이르자 징을 울렸고 가에 둘러서 있던 기치(旗幟)를 좌우로 나누어 세웠다. 좌통례(左通禮)가 말에서 내려 여를 탈 것을 계청하니, 임금이 말에서 내려 여를 탔다. 단 위에 이르러 여에서 내려 좌차에 올라갔다. 가전군(駕前軍)·가후군(駕後軍)과 금군(禁軍)이 따라서 단 아래에 들어와 좌우로 나뉘어 봉둔진(蜂屯陣)을 쳤다. 후상(後廂)의 각 영이 각각 신지(信地)에 늘어서서 주찰(駐札)하였으며, 대장은 또한 문기(門旗) 밖에서 문을 조금 열고 명을 기다렸다. 병조판서와 중영대장이 먼저 참현례를 행하고 선전관이 그 다음에 하였다. 어전에는 군뢰(軍牢)와 내취(內吹) 등이 반열을 나누어 머리를 조아리고, 이어서 승단포(陞壇砲)를 쏘고 쇠[金]를 울리고 대취타(大吹打)를 불었다. 쇠를 울리고 취타 불기를 그치자 각 영의 대장들이 참현례를 행하고 그대로 단 위에 머물러 있었다. 선전관이 꿇어앉아 징을 울릴 것을 계품하니, 기병(騎兵)들이 말에서 내려 장호적(掌號笛)을 불었다. 관병(官兵)이 단 아래에 도착하니, 징을 울리고 장호적 불기를 중지하였다. 북을 한 번 울리니 각 영의 중군 이하가 모두 꿇어앉아 반열을 나누어 머리를 조아렸다. 선전관이 일어나서 나가라고 명하니 일제히 응하여 포를 쏘고 징을 울렸다. 각 영의 대장은 단 위에 벌여 앉고 금군별장(禁軍別將)은 대장이 앉은 뒤에 조금 떨어져 앉았으며, 중군 이하는 신지(信地)에 열을 지어 벌여 앉았다. 쇠와 징을 울리기를 그치자 각 영의 군병에게 호궤(犒饋)하는 음식을 각각 한 상씩 가지고 들어오게 하였다. 임금이 직접 살펴보고 각 영에 환급(還給)하라고 명하였다. 임금이 말하기를, '상을 든 뒤에 내취(內吹)와 세악(細樂)은 단 위에 나누어 서고, 각 군문의 세악은 각 영의 대장이 각기 하나의 부하(部下)로 거느리고 각 진에 가서 위로하고 골고루 먹이게 하라' 하였다. 조금 있다가 선전관이 꿇어앉아 무환악(武桓樂)을 연주할 것을 아뢰니, 단 위와 단 아래 및 각 영의 세악이 일시에 음악을 연주하였다. 각 영의 대장이 각각 한 상씩을 어전에 올렸다. 종재(宗宰)·장신(將臣)과 시위하는 승지와 사관으로부터 아래로 군병에 이르기까지 각각 1상씩을 하사하였는데 상마다 각각 다섯 그릇씩이었으며, 어상(御床)에서부터 군병에게 먹이는 상에 이르기까지 음식이 똑같았다. 그 다음 치각악(徵角樂)을 연주하였는데 군병들이 배부르게 먹자 음악이 그쳤다. 다음 소무악(昭武樂)을 연주하니, 상을 치웠다. 단 위에서 시위하는 장신, 승지·사관과 아래로 각 영의 군병에 이르기까지 일시에 일어났다가 꿇어앉아 머리를 조아리고 나서 만세를 불렀다. 이를 마치고 각 영의 군졸들이 일제히 일어나서 기우(旗羽)나 창간(槍竿)을 잡고 춤을 추는데 환호하는 소리가 산천을 진동시켰다."³⁴

정조가 군사들에게 직접 음식을 하사하니 군사들의 사기가 드높았으

---

34 『정조실록』 6권, 정조 2년 9월 3일 기축 첫 번째 기사 1778년 청 건륭(乾隆) 43년

며, 음식을 먹일 때 단 위와 단 아래 및 각 영의 세악이 일시에 무환악과 치각악, 그리고 소무악을 연주하게 하였으니, 장관이었을 것이다. 이제 궁중의 제사나 연향에 소용되는 악사나 악공의 도움 없이 세악수가 연주하는 군악만으로도 호궤 때의 음악을 자체적으로 충당할 수 있게 된 것이다.

그런데 이때 연주되었던 무환악과 치각악, 그리고 소무악이 어떤 곡이었는지에 대하여 실록에서는 언급하지 않고 있는데, 이러한 곡의 정보를 알려주는 것이 있으니 바로『호궤의주(犒饋儀注)』이다. 이에 의하면, 치각악을 연주할 때는 '여민락'을 사용하였으며, 소무악을 연주할 때는 '영산회상(靈山會象)'을 사용하였다. 이러한 내용은 승정원의 소관사무에 대한 사례, 규식 등을 업무에 편하도록 정리 수록한 책인『은대편고(銀臺便攷)』나『춘관통고(春官通考)』등에서도 동일하게 기록하고 있다.

즉 세악의 제도가 시행된 이후에 군사들의 노고를 치하하기 위하여 호궤를 행할 때 '영산회상'을 사용하여 소무악을 연주하였는데, 이러한 관습이 농악에 유전되어 '영산가락'으로 남게 된 것이었다. 따지고 보면, '영산가락'에는 정조 때 세악수들의 숨결이 서려 있다.

3) 군악과 농악·두레·매구 II

농악·두레·매구는 앞서 2장에서도 보았듯이 군악으로부터 유래하였다. 이들에게 농악·두레적 요소 또는 백희·잡희적 요소, 그리고 매귀적 색채가 있더라도 이들 요소를 모두 관통하는 것은 군악적 색채이다. 어떠한 농악·두레·매구라 하더라도 기본적으로 진법을 중심으로 형성되어 있는데, 이들 진법은 병법의 군악과 밀접한 관계가 있기 때문이다.

조선의 병법은 임진왜란을 기점으로 크게 나누어진다. 임진왜란 이전의 병법은 문종 때 완성되었으며, 이를 신진법이라 한다. 신진법의 진법에는 크게 오진(五陣)의 상생·상극이 있으며, 승패지형에서 군사는 크게 주군과 객군으로 나뉘어졌다. 일군(一軍)이 주가 되어 방진(方陣)을 지으면, 일군은 객이 되어 조운진(鳥雲陳)을 짓는 방식이다. 진에는 방진(方陳)·직진(直陳)·예진(銳陳)·곡진(曲陳)·원진(圓陳)이 있고, 장사진(長蛇陳)·학익진(鶴翼陳, 병학통)·언월진(偃月陳)·어린진(魚鱗陳)·조운진(鳥雲陳)이 있다.

군사 명령을 전달하는 형명 중에서 군악기로는 고(鼓)·금(金)·각(角)·둑(纛)·비(鼙)·탁(鐸)이 있었다. 각에는 영(令)이 있고, 전(戰)이 있고, 촉(促)이 있고, 보(報)가 있다. 고에는 진(進)이 있고, 전(戰)이 있고, 서(徐)가 있고 질(疾)이 있다. 금에는 퇴(退)가 있고, 지(止)가 있다. 비에는 고(鼓)를 요한하게 치면서 크게 외쳤다. 탁에는 숙정(肅整)하여 떠들지 않았다.

문종 때 완성된 신진법은 당나라 태종과 이정(李靖)에 의한 오행진법이었다. 그러나 이 진법은 북방의 기마병에 대한 것으로 왜구에 대한 방책이될 수 없었다. 그래서 탄생한 것이 척계광의 『기효신서』인데, 이를 정리한것이 조선의 『병학지남』이다. 『병학지남』은 임진왜란 이후에 조선의 주된병법이 되었다.

『병학지남』에는 이전에 등장하지 않았던 군악기들이 등장한다. 호포,쇄납, 라, 바라, 나팔이 대표적이다. 또한 중국의 『기효신서』와 마찬가지로세악(細樂)도 군악에 합류하였는데, 대장청도도(大將淸道圖)에는 세악이 두쌍이나 참여하였다. 진법에도 변화가 생겼는데, 이전에는 없었단 두 줄로된 원앙진(鴛鴦陳), 양의진(兩儀陳), 삼재진(三才陳), 팔진도(八陣圖), 육화원렬도(六花圓列圖) 등이 등장한다.

1965년에 문화재관리국이 실시한 무형문화재 조사보고서 제9호 '농악12차'에는 행진굿과 관련하여 '취군'이라는 용어와 '길군악'이라는 가락이 군악과의 관련성을 드러내고 있지만, 군악과의 관련성은 특히 무형문화재 조사보고서 제33호 '호남농악'(1967)에서 두드러지게 발견할 수 있다. '호남농악' 우도굿(右道굿) 오십도(五十圖) 도둑잽이굿 항목에서 '대포수청영재담'을 소개하고 있는데, 그 내용은 이러하다.

> "상쇠-'술령수', 전원-'예잇', 상쇠-'성안 성내 도적이 들었사오니 각각 치배 다 모여랍신다.', 전원-'예잇', 상쇠-'다향치배 다 모였습네', 전원-'예잇', 상쇠-'다 모였으면 일초이초 제지하고 단삼초후에 행군하라', 전원-'예잇'. 이때 느진풍류 가락을 친다." [35]

이른바 '대포수청영재담'은 어디에서 유래한 것일까? '행군하라'라는 언급에서 군악과 관련이 있을 것으로 쉽게 짐작할 수 있지만, '술령수'의 의미는 무엇일까? 문화재관리국이 진행한 무형문화재 조사보고서는 조사자들이 연행자들을 취재하여 조사한 내용이기 때문에 구술에 의존하는 경우가 많았다. 그래서 조사자에 따라 차이가 나는 용어들을 많이 발견할 수 있는데, '술령수'가 바로 그런 경우이다.

우리는 때로 예상하지 않았던 곳에서 해답을 얻는 경우가 있다. '술령수'에 대한 해답도 의외로 『여령각정재무도홀기(女伶各呈才舞圖笏記)』에서 찾을 수 있다. '홀'은 처음에는 문관이 모양을 꾸미는 장식품의 일종으로, 임금에게 보고할 사항이나 건의할 사항을 간단히 적어서 잊지 않도록 비망하는 것이었다. '홀기'는 이 '홀'의 사용이 발달함에 따라 생겨난 것인데, 이때의 '선유락' 홀기에서 '술령수'와 관련된 언급이 등장한다.

> "선유락: 악사가 채선을 인솔하여 전 가운데 놓고 나가면, 동기 2인(집정집범)이 배 중앙의 좌우에 등지고 앉는다. 내무 무기 10인은 안에서 끄는 줄을 잡고, 외무

35　국가기록원, 「무형문화재 조사보고서 제33호 호남농악」(문화재관리국 1967) 143쪽 참조.

무기 34인은 줄을 잡고 배를 끌어, 차차 좌측으로 돌아 서로 연이어 선다. 집사 여기 2인이 허리를 숙이고 북향하여 전중에 엎드린다. 양손의 소매를 들고, 초취(初吹)의 품부를 받아, 길 가운데서 남향하여 나각수(螺手)를 불러 초취하라고 호령한다. (나각을 세 차례 분다.) 집사기가 허리를 숙이고 들어와서 이취(二吹)하라는 품부를 받으면, 위의 의식처럼 호령한다. 집사기가 삼취(三吹)하라는 품부를 받으면, 위의 의식처럼 한다. 집사기가 들어와 '징을 두 번 치라(鳴金二下)' 하라는 품부를 받아 나온다. 징수(鉦手)를 불러 '명금이하(鳴金二下)' 하라고 호령한다. (쟁을 두 차례 친다.) 음악을 시작한다. (취타한다.) 집사기가 들어와 무릎을 꿇고 행선(行船)하라는 품부를 받으면, 기립하고 남향하여, 순령수를 불러 (기생들이 응답한다.) 행선하라고 호령한다. (기생들이 응답한다.) 여러 무기들이 배를 끌고 회무(回舞)하며 '어부사(漁父詞)'를 창한다. (雪鬢漁翁이住浦間ᄒ야, 自言居水勝居山을, 비씨여라비씨여라, 早潮纔落晚潮來라, 至菊叢至菊叢於斯臥ᄒ니, 依船漁父一肩高라, 靑菰葉上凉風起ᄒ고, 紅蓼花邊白鷺閒을, 돗다러라돗다러라, 洞庭湖裏駕歸風을, 至菊叢至菊叢於斯臥ᄒ니, 帆急前山忽後山을) 마친다. 집사기가 들어가 꿇어앉아 '명금삼하(鳴金三下)'하라는 품부를 받아 나와, 징수를 불러 '명금삼하(鳴金三下)'하라고 호령한다. (쟁을 세 차례 친다.) 음악이 그치면 퇴장한다."[36]

여기에서 알 수 있듯이 집사를 맡은 여기(執事妓)가 행선(行船)하라는

36 『女伶各呈才舞圖笏記』(한국학중앙연구원, K2-2886). "樂師帥彩船入置於殿中而出, 童妓二人執碇執帆, 船中左右背坐. 內舞妓十人執內曳毬, 外舞妓三十四人執毬曳船, 次左旋相連而立, 執事妓二人蹋蹋北向殿中俛伏, 兩手擧袖, 初吹取槀而出, 正路南向, 號螺手初吹號令吹螺角三次, 執事妓蹋蹋而入, 二吹取槀如上儀號令, 執事妓三吹取槀如上儀, 執事妓入鳴金二下取槀以出, 號鉦手鳴金二下號令打鉦二次 樂作吹打, 執事妓入跪, 行船取槀, 起立南向, 號巡令手諸妓應答行船號令諸妓應答, 諸妓曳船, 回舞唱漁父詞,(雪鬢漁翁이住浦間ᄒ야, 自言居水勝居山을, 비씨여라비씨여라, 早潮纔落晚潮來라,至菊叢至菊叢於斯臥ᄒ니, 依船漁父一肩高라, 靑菰葉上凉風起ᄒ고,紅蓼花邊白鷺閒을,돗다러라돗다러라, 洞庭湖裏駕歸風을, 至菊叢至菊叢於斯臥ᄒ니, 帆急前山忽後山을) 訖. 執事妓入跪鳴金三下取槀以出, 號鉦手鳴金三下號令打鉦三次 樂止退.

품부를 받으면 순령수를 부르는데, 이때 모든 기생들이 일제히 응답한다. 또 행선하라고 호령하면, 이때도 일제히 응답하는데, 이러한 형식을 농악에서 본받아 대포수 청령에서 사용했던 것이다.

이러한 정황은 같은 곳의 '항장무' 홀기에서도 발견된다. 항장무는 고종 10년(1873) 평안남도 선천지방의 무극을 처음으로 궁중에 들여온 것으로 홍문연(鴻門宴)의 이야기를 무극화한 것이다.

"항장무: 항우가 먼저 들어와 서쪽을 향해 앉는다(오른쪽에는 범증, 왼쪽에는 우미인). 중군과 여러 장수가 나뉘어 선다(진평, 항장, 항백). 외집사가 순령수(巡令手)를 불러 (기생들이 응답한다.) 전배(前排)를 들어오라고 호령한다. (기생들이 응답한다). 나음 순령수를 부른다. (기생들이 응답한다.) 좌우에게 훤화(喧嘩)를 금하라고 한다. (기생들이 응답한다) 다음 순령수를 불러 (기생들이 응답한다.) 소개문(小開門) 취타를 호령한다. (기생들이 응답한다.) 내집사가 꿇어앉아 소취타를 보고하고 나온다. 외집사가 징수를 불러 금(金)을 두 번 울리라고 호령한다. (음악을 시작한다.) 내집사가 꿇어앉아 금을 세 번 울려 취타를 그치라는 품부를 받고 나온다. 외집사가 징수를 불러 금 세 번 울리라고 호령한다. (음악을 그친다.) 진평이 중영소 집사를 불러, 중군에게 군례를 청한다. (중군이 군례한다.) 다음 중영소 집사를 불러 기패관에게 군례를 행하도록 한다. (기패관이 군례한다.) 외집사가 순령수를 불러 (기생들이 응답한다.) 삼반(三班) 고두(叩頭)를 호령한다. (기생들이 응답한다.)"³⁷

『여령각정재무도홀기』에 의하면, 1967년 홍현식, 김천흥, 박헌봉가 제

---

37 『女伶各呈才舞圖笏記』(한국학중앙연구원, K2-2886). "項莊舞: 項王先入西向坐右范增左虞美人, 中軍諸將分立陳平項莊項伯, 外執事號令巡令手諸妓應答, 入前排號令諸妓應答, 次號巡令手諸妓應答, 禁左右喧嘩諸妓應答, 次號巡令手諸妓應答, 小開門吹打號令諸妓應答, 內執事跪稟小吹打出, 外執事號鉦手鳴金二下號令樂作, 內執事跪稟鳴金三下吹打止出, 外執事號鉦手鳴金三下樂止, 陳平號中營所執事, 請中軍軍禮中軍軍禮, 次號中營所執事行旗牌官軍禮旗牌官軍禮, 外執事號巡令手諸妓應答, 三班叩頭號令諸妓應答."

출한 무형문화재 조사보고서 제33호 '호남농악'에서 언급한 바 있는 '술령수'는 '순령수(巡令手)'를 발음 나는 대로 표기한 것이다. 집사가 순령수를 부르면, 기생들이 일제히 '예'라고 응답하는 방식을 그대로 각종 농악에서 본받은 것이다.

선유락이나 항장무 또한 군례를 본받은 것인데, 군례를 행할 때의 명령에는 반드시 응답이 뒤따랐다. 『조선왕조실록』 정조 19년(1795) 2월 9일의 기사에 의하면, 병조와 장용영에서 화성의 행궁에서 실시될 성조(城操) 및 야조(夜操)에 관한 규정을 아뢰었는데, 모든 명령은 명령과 그에 따른 응답으로 구성되어 있다.

> "병조판서가 지시를 내리기를 '응원장들은 들으라. (응답합니다.) 적들이 틈을 엿보다(응답합니다.) 한꺼번에 충돌해 올 경우 (응답합니다.) 임기응변하여 구원하는 것은 (응답합니다.) 오로지 그대들의 힘에 달려 있다. (응답합니다.) 지연시켜 일이 잘못되게 하면 (응답합니다.) 군법을 적용해 용서하지 않을 것이다. (응답합니다.)' 하면, 그전처럼 머리를 조아립니다. 명에 따라 일어나 응답하고 물러갑니다." [38]

그렇다면, 무형문화재 조사보고서 제33호 '호남농악' 대포수 청령에서 일차·이차·삼차는 무슨 의미일까? 위에서 언급한 바 있는 쟁(錚, 꽹과리)을 일차(一次)·이차(二次)·삼차(三次) 두드린다는 의미일 수도 있지만, 농악에서는 나팔을 세 번 불고, 그 후에 행군한다는 것과 관련이 있을 것이라 생각된다.

무형문화재 조사보고서 '호남농악' 우도굿 대포수 청령 재담에서 언급하고 있는 내용을 정확히 알기 위해서는 『병학지남』의 도움이 필요하다. 『병학지남』의 권5는 「장조정식(場操程式)」인데, 교련장에서의 규정과 격식

---

38 『조선왕조실록』 1795년 2월 9일의 기사. "兵曹判書發放曰: '應援將聽, 着應, 賊衆伺隙, 應, 一擁衝突, 應, 臨機應援, 應, 專賴爾力, 應, 遲延誤事, 應, 軍法不饒, 應 如前叩頭, 命起應退.'"

에 대한 글이다. 여기에 영문을 열어 행군한다는 의미의 '개영행(開營行)'이라는 조항이 있다. 이때 행군하기에 앞서 세 가지 명령을 내리는데, 그것이 바로 신호나팔을 부는 장일호(掌一號)·장이호(掌二號)·장삼호(掌三號)이다.

> "장일호(掌一號): 각 군사는 밥을 짓고 장관도 밥을 짓는다.
>
> 장이호(掌二號): 장수들과 병사들이 밥을 먹고 나서 군장을 갖춘 후에 교장에 들어와서 열을 지어 대오를 정돈한다. 기고관은 열을 벌려 길을 정리하고, 주장문 앞에서 정숙히 의식을 갖추어 기다린다.
>
> 장삼호(掌三號): 주장이 출발하여 문을 나가면, 포를 세 번 놓고 징(金)을 두 번 울리며 대취타를 한다." [39]

군악에서 나팔 부는 호령은 궁중 정재에서도 활용되었는데, 대표적인 예가 바로 앞에서 언급한 바 있는 '선유락'이다. 선유락은 『원행을묘정리의궤』에 의하면, "세상에서는 신라 때부터 있었다고 전한다(世傳自新羅時有之)"고 언급하고 있으며, 『고려사』에서도 "전 임금은 매번 중동에 팔관회를 크게 배설하여 복을 빌었습니다. 그 제도를 따르기를 바랍니다"라고 하니 왕이 그 말을 좇았다. 그리하여 구정에 윤등 하나를 달고 향등을 그 사방에 달며 또 2개의 채붕을 각 5장 이상의 높이로 매고, 각종 잡기와 가무를 그 앞에서 놀렸다. 그 중 사선(四仙) 악부와 용(龍)·봉(鳳)·마(馬)·차(車)·선(船) 등은 다 신라 때 옛 행사였다" [40]고 언급하고 있다.

---

39 『병학지남』卷之五「場操程式」 방점은 필자에 의함. "掌一號: … 各兵做飯, 將官亦做飯. 掌二號: 官兵喫飯備裝, 入敎場列成行伍. 旗鼓官擺列淸道, 威儀于主將門前以待. 掌三號: 主將起身出門, 放砲三擧, 鳴金二下大吹打."

40 『고려사』「中冬 八關會儀」(국사편찬위원회, 한국사데이터베이스). "前主, 每歲仲冬, 大設八關會, 以祈福, 乞遵其制. 王從之. 遂於毬庭, 置輪燈一座, 列香燈於四旁. 又結二綵棚, 各高五丈餘, 呈百戲歌舞於前, 其四仙樂部龍鳳象馬車船, 皆新羅故事."

신라 때부터 있었던 선유락이 조선에까지 이어졌는데, 이 정재의 홀기에서 농악에서의 대포수 청령과 관련된 부분을 발견할 수 있다. 선유락 정재에는 초취(初吹), 재취(再吹), 삼취(三吹)의 예가 있었다. 집사기(執事妓)가 나수(螺手)를 불러 초취하라고 호령하면, 나수가 나각을 세 차례 불었다(號螺手初吹號令吹螺角三次). 재취, 삼취의 경우도 초취와 같았다. 즉 초취할 때 나각을 삼차 부는 예식이 농악 대포수 청령에 사용된 것이라 할 수 있다.

그렇다면 '선유락'이나 '항장무' 정재 때 반주는 누가 한 것일까? 그에 대한 해답이 『신축진연의궤(辛丑進宴儀軌)』에 있다. '신축진연'은 고종 황제의 오순(五旬)을 기념하여 1901년 7월에 궁중에서 연향이 설행된 것을 말한다. 이때 '함녕전 외진연', '함녕전 내진연', '함녕전 야진연', '함녕전 익일 황태자 회작', '함녕전 익일 황태자 야연'의 다섯 차례의 연회가 베풀어졌으며, '함녕전 내진연', '함녕전 익일 회작', '함녕전 익일 야연'에 '선유락' 정재가 베풀어졌는데, 이 '선유락' 정재 때 반주를 맡은 것은 바로 '내취(內吹)'였다.

> "함녕전 내진연시 전정헌가 악공 및 전상악공, 정재 여령 각 차비
>
> 내취: 징수 이원식, 라수 신성완, 호적수 2-장완식, 김재석, 자바라수 2-신삼돌, 김성종, 고수 2-김윤석, 이만길, 나각수 2-김석봉, 조천길, 나팔수 2-김삼돌, 김금석
>
> 이상 내취 선유락 정재 시 대령(待令)할 것." [41]

내취의 제도는 국왕의 명령을 전달하는 임무를 맡았던 선전관청(宣傳官廳)과 관련이 깊다. 선전관청에는 황내취와 흑내취가 있었는데, 황내취는 서울에 등록된 군사이고, 흑내취는 지방에서 뽑아 올린 군사였다. 병

41 『신축진연의궤』(규장각 한국학연구원, 奎14464). "○ 鉦手一 李元植 鑼手一 申成完 號笛手二 張完植 金在石 啫哱囉手二 辛三乭金聖宗 鈸手二 金允石李萬吉 螺角手二 金錫奉趙千吉 喇叭手二 金三乭金今石 ○以上內吹船遊樂呈才時待令."

신년(1776)에 장지항에 의해 황내취를 원내취로, 흑내취는 겸내취로 명칭을 고쳤다.

선전관청에 소속된 내취의 명단과 나팔을 부는 법, 행행 시의 취고수와 세악수의 편성법을 정리한 책이 있는데, 바로 『내취정례(內吹定例)』이다. 여기에는 정수 1명, 나수 1명, 호적수 14명, 자바라수 6명, 고수 6명, 나팔수 10명, 나각수 4명, 대각수 2명, 장고수 3명, 관수(필률,대금) 6명, 취적수 3명, 해금수 3명, 고수 3명, 장고수 3명, 관수(필률, 대금) 6명, 취적수 3명, 해금수 3명, 고수 3명으로 모두 80명이 소속되어 있었다.

가후겸내취에는 정수 1명, 나수 1명, 호적수 15명, 자바라수 8명, 고수 8명, 나팔수 11명, 나각수 4명, 고수 3명, 장고수 3명, 관수(필률, 대금) 6명, 취적수 3명, 해금수 3녕(3패6명), 고수 3명, 장고수 3명, 관수(필률, 대금) 6명, 취적수 3명, 해금수 3명으로 모두 84명이 소속되어 있었다.

가전에는 정수 1, 나수 1, 호적수 8, 나팔수 6, 자바라수 2, 나각수 2, 고수 7, 대각수 2, 杖고수 3, 필률수 6, 대금수 3, 해금수 3으로 모두 44명이었고, 여전에는 정수 1, 라수 1, 호적수 6, 나팔수 4, 자바라수 2, 나각수 2, 고수 5, 장고수 3, 필률수 6, 대금수 3, 해금수 3으로 모두 36명, 가후와 여후에는 호적수 8, 나팔수 6, 나각수 4, 자바라수 4, 고수 5, 장고수 3, 필률수 6(필률,적), 대금수 3, 해금수 3으로 각각 42명이었다.

'신축진연' 선유락 반주에서 정수였던 이원식(李元植)과 라수 신성완(申成完)은 『내취정례』에서는 대장(隊長)으로 기록되어 있다. 『내취정례』에 의하면, 이원식은 정수이면서 1등의 나팔수와 대각수이기도 하였다.

1880년 무위소(武衛所) 취고수대 소속 군사들의 인적사항을 기록한 『취고수군안』을 보면, 이원식은 겸내취인데, 을사생(1845생)으로 경신년인 1860년에 모집하여 들어왔고, 병자년인 1876년에 훈국에서 무위소로 왔다고 기록되어 있다. 반면에 선유락 반주 때 라수였던 신성완은 2등의 호적수였고,

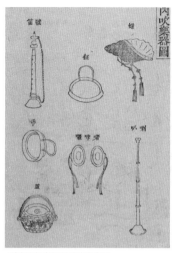

'징(鉦)과 라(鑼)'('내취악기도')

장완식은 1등의 호적수이면서 패두였다. 선유락 반주 때 나팔수였던 김금석은 『내취정례』에서는 가후겸내취였다.

그런데 『내취정례』에는 164명의 명단 중에 징수가 가장 앞에 기록되어 있고, 그 다음이 라수의 순서였다. 대장이 3명으로 이원식, 임수만, 신성완이었는데, 그 중에 맨 앞에 기록되어 있는 이원식은 징수였으며, 임수만은 1등의 고수였고, 신성완은 2등의 호적수였다. 가후는 김계선(자바라수, 겸나팔수, 나각수, 대각수, 징수 1등), 김금석(나팔수, 겸라수, 1등), 김봉수(자바라수, 2등)였다.

『병학지남』에 의하면, 라수보다 징수가 중요한 직책이었다. 라(鑼)는 앉으라는 것이다. 처음 울리면 말에서 내리라는 것이고, 두 번째 울리면 앉아서 휴식하라는 것이며, 계속하여 울리는 것은 편안히 쉬라는 것이다. 이에 반해 징(金)은 그치고자 함이다. 세 번 울리는 것은 퇴병 혹은 취타를 정지하고자 함이고, 두 번 울리는 것은 취타하고자 함이며, 소리를 이어 울리면 후퇴하는 병사가 몸을 돌려서 서서 고정하고자 함이다. 한 번 울리는 것은 일제의 치고 부는 것을 정지하고자 함이며 혹은 기를 눕히고자 함이다. 징의 가를 울리는 것은 복로와 당보를 발함이여, 혹 기초(旗招)를 발함이다.

음식을 보내어 군사를 위로하는 호궤(犒饋) 의주에는 징수의 역할이 분명하게 드러나 있다. "선전관이 징수를 불러 징(金)을 세 번 치게 한 후 취타를 그치게 하였다(宣傳官號鉦手鳴金三下吹打止)", "선전관이 징수를 불러 징(金)을 두 번 치게 한 후 대취타하라고 하였다(宣傳官號鉦手鳴金二下大吹

打)", "선전관이 징수를 불러 징을 두 번 치게 한 후 소취타하라고 하였다(宣傳官號鉦手鳴金二下小吹打)", "선전관이 징수를 불러 징을 세 번 치게 한 후 음악(무환지악)을 그치게 하였다(宣傳官號鉦手鳴金三下樂止)", "선전관이 꿇어앉아 치각지악을 연주할 것을 계품하였다. 선전관이 징수를 불러 징(金)을 두 번 치게 하였다(宣傳官跪啓稟奏徵角之樂宣傳官號鉦手鳴金二下)." 즉 징을 쳐서 대·소취타를 하거나 이를 그치게 할 때와 호궤할 때 무환지악, 치각지악(여민락), 소무지악(영산회상)을 연주하게 하거나 그치게 할 때, 징수를 불러 호령하였던 것이고, 이 때문에 징수가 다른 군대 악사보다 지위가 더 높았던 것이다.

'호남농악'의 대포수 청령이 '선유락'이나 '항장무' 정재와 관련이 있고, 이들 정재를 반주한 사람들이 내취라면, 농악과 내취와는 밀접한 연관이 있는 것으로 생각할 수 있다. 농악의 계보를 추적하여 위로 올라가다 보면, 내취에서 징수, 라수, 호적수, 자바라수, 고수, 나각수, 나팔수를 담당했던 이들을 만날 수도 있기 때문이다.

조선 후기 내취와 취고수들의 사정을 알 수 있는 글은 거의 없는 형편이다. 다행히 일제강점기 때, 조선국권회복단 마산지부장, 『신천지』 편집인 등을

『병학지남연의』에서 "작고 배가 없는 것이 징(鉦)이고, 크고 배가 있는 것이 꽹과리(鑼)"라고 했지만 대소(大小)가 바뀐 것 같다.

역임하였고, 『조선문학사』등을 저술하여 국어학, 국문학 등을 연구한 안확 (安廓, 1886~1946)은 1928년부터 아악을 정리·연구하고자 하였다. 그래서 이 왕직 아악부 촉탁으로 근무하면서 4년 동안 정리·연구한 바 있는데, 그가 내취였던 이봉기(李鳳起)와 이원근(李元根)을 취재한 글을 남겼다.

> "그런데 그 악사의 等級은 細樂手가 卒業하야 內吹로 昇次하는 것이다. 故로 細樂 手는 各其 都家가 잇서 實習을 當課하니, 此가 卽 細樂手 都家라 하는 것이다. 五營 門에 따라 五都家가 잇는대, 此五都家는 自治機關이다. 營門의 監督을 밧지 안고 스스로 句管할새 五都家에서는 다시 一人式 選擧하야 都大房이란 特別監督機關 을 排設하고, 都牌頭 즉 樂長이 摠管하다. 都大房의 經費는 各 都家가 負擔하고, 其 外에 全國 巫黨을 統率하니, 全國 巫黨의 巫籍은 都大房에서 處置할새 거긔서 收 入金이 不少하고 또ㄴ한 巫人에 관한 政事를 一切 兼攝함으로써 勢力이 大段하며, 其 定期會는 一個月 一回로 하야 軍樂師 及 巫女 等에 關한 公事를 處理하였다.
> 以上의 制度組織은 官文籍에 업는 것이요, 其 內容은 査實하기 不能하더니, 昭和 三年 二月 十六日 舊軍樂師인 內吹의 李鳳起(七十三歲), 李元根(六十二歲) 二氏 의 談에 依하야 斟酌한 것이다. 古時의 軍樂曲은 界面與民樂, 빗가락與民樂, 天鵝 聲曲, 長胡笛曲, 別步虛子, 凱旋曲, 닷장, 자진한님, 慢, 令, 解令, 洛陽, 徵角調, 昭 武樂, 길軍樂 等 十五曲이 잇다 傳하나, 散亡하야 至今은 實奏키 不能하다 한다." [42]

안확이 『朝鮮』(147호)에 「千年前의 朝鮮軍樂」을 쓴 것이 1930년 1월이었 다. 이에 근거하여 『내취정례』와 『취고수군안』 등을 찾아보았더니, 다행히 『내취정례』에서 이원근의 이름을 찾을 수 있었다. 그는 2등의 호적수(號笛 手)였다.

---

42 安廓, 『自山安廓國學論著集 五』(여강출판사, 1994), 「千年前의 朝鮮軍樂」, 196쪽 참조.

내취에서 호적수였던 이원근의 발언에 근거하여 보면, 세악수에서 실력을 쌓은 자만이 내취로 승급할 수 있었는데, 이들 세악수가 연습하던 곳이 자치기관이었던 세악수 도가(都家)였다. 세악수 도가는 오영문(五營門), 즉 훈련도감(訓鍊都監)·어영청(御營廳)·금위영(禁衛營)·총융청(摠戎廳)·수어청(守禦廳)에 각기 있었다.

오영문에 있었던 오도가(五都家)에는 특별감독기관인 도대방(都大房)이 있었고, 여기에는 도패두(都牌頭) 즉 악장(樂長) 1인이 있어, 도대방을 총괄 감독하였다. 그리고 도대방에서 소용되는 각종 경비는 각각의 세악수 도가가 부담하였다. 또한 도대방에서 전국의 무당을 통솔하기도 하여, 전국 무당의 호적에 해당하는 무적(巫籍)을 도대방에서 처치하였기 때문에 수입금이 적지 않았다. 또한 무인(巫人)에 관한 업무를 모두 겸하였기 때문에 그 세력이 대단하였다. 정기 회의는 한 달에 한 번 개최하였고, 여기에서 군악사 및 무녀 등에 관한 일을 처리하였다.

이와 같은 내용이 「갑신완문」에도 전한다. 완문(完文)이란 조선시대 관청에서 발급하던 허가 또는 인가 등의 처분사항을 기록한 증명서를 말한다. 「갑신완문」의 정식 명칭은 「완문 등장팔도재인(完文等狀八道才人)」이다. 이 완문은 순조 24년(1824) 5월에 호조에서 발송한 것이다.

"우편의 완문으로 팔도 재인 등이 병자 이후 칙령으로 행하고 설치한 일을 거행하였음을 모두 알 수 있다. 좌우 산(山)을 거행한 재인 중 도산주(都山主)라고 부르는 재임자와 각 도(道), 각 읍의 재인 등이 모두 올라와서 각각 준비를 차리고 무사히 봉행하고 돌아갔다. 갑진년 이후 좌우산이 설행(設行)하지 않았으나 전례에 기록된 칙행(勅行) 시의 분부이니 각 도 재인 등은 각 도의 맡은바 관청에 등대하게 한즉 팔도 재인 중 책임을 맡은 이름을 올린 자가 곳곳에 많이 있는바 매번 착란이 있기 때문에 지금에 이르기까지 옛 법을 다시 준행하기로 한다. 팔도의 으뜸

영도의 책임을 맡은 자는 방회(房會)를 설행한 뒤에 각 도의 소임을 다만 한 명으로 정하라. 공청도 재인 중에서 팔도 도산주 겸 도대방을 맡고, 경기도 재인 중에서 팔도 우산주(右山主) 겸 도집강(都執綱)을 맡고, 전라도 재인 중에서 팔도 좌산주(左山主) 겸 도집강을 맡고, 경상도 재인 중에서 팔도 공원(八道公員) 겸 본도 대방을 맡고, 강원도 재인 중에서 팔도 공원 겸 본도 대방을 맡고, 황해도·평안도·함경도 삼도는 모두 업무와 색장(色掌)을 맡아 각각 본도 대방의 맡은 바와 각각이 맡은 바를 삼망(三望)을 갖추어 권점(圈點)을 얻은 자로 정하라. 각 도서 끝에 서명하고 그 도의 소임자 등은 처분하여 나누어주고 절목(節目)을 만들라. 지금 이후로 각 도 재인 등은 완문을 돌려보고 이것으로써 영구히 도에서 행하는 뜻을 통촉하여 가르치라. 이 뒤로 만일 받들어 시행하지 않거나, 이 밖에 다시 분란을 일으키는 폐단이 없기를 천만 복망한다. 이 일을 가르쳐 시행하라.

갑신 5월 완문 손훤출(孫喧出), 김난득(金難得), 이봉국(李鳳國), 임춘학(林春鶴), 송인영(宋人英), 고수관(高壽寬), 등(等) 하은담(河殷潭) 처분

호조(戶曹): 여기에 정한 법식에 의하여 분란이나 체월(遞越)의 폐단이 있으면 마땅히 엄하게 다스릴지니라." [43]

재인들이 조직적으로 나례에 참여한 것은 1636년(병자년)부터였다. 1824년에 작성된 「갑신완문」은 병자호란 이후 청나라 사신이 올 때, 산대극(山臺劇, 가면극)을 거행하기 위하여 설치하였던 각 도의 재인도청을 통합할 목적으로, 각 도 소임(所任)들이 서울에 모여 행방회(行房會)를 열고, 전국적인 규모로 기구를 재조직한다는 것이 주요 내용이었다. 그에 따라 호조에서는 판결을 받아 칙사영접에 쓰는 인장(印章)과 관련한 시행세칙을 만들었다.

43　이경엽, 「재인청의 역사적 전개 양상」(남도민속연구 제45집, 2021), 144~145쪽 참조. 이 논문도 한국민족대백과사전에 실린 『갑신완문』(서대석) 항목의 번역 내용을 옮기고 있다.

이러한 세칙을 따르지 않는 이들이 있자 1827년 다시 조정해달라는 소장(疏章)을 내게 되었는데, 이것이 「팔도재인등장」이다.

「팔도재인등장」은 재인들이 칙사 영접 때 사용하는 인장과 관련하여 1824년(갑신년) 호조에서 만든 시행세칙이 지켜지지 않았던 것을 문제 삼아 소장을 제기한다는 내용이다. 공주(公州)의 공인이었던 박응선(朴膺善), 최성윤(崔聖潤), 박영대(朴英大), 박응철(朴膺喆) 등은 공의(公議)를 거친 것처럼 청양(靑陽)에 사는 소임(所任) 송일문(宋日文)에게 통문(通文)을 보내어 그를 불러들인 뒤, 그가 가지고 있던 인장(印章)을 무단으로 빼앗아 사용하였다는 것이다.

이에 따라 팔도의 재인들이 뜻을 모아 첫째, 사람을 속이고 물건을 빼앗아 가진 죄를 엄히 다스릴 것, 둘째 인장은 본청에 올려 보내게 하여 돌려받게 해줄 것, 셋째, 앞으로 시행할 구체적인 내용을 먼저 급히 보고하도록 할 것 등의 세 가지를 엄중히 분부해달라고 요구하고 있다.

등장문 아래에는 소장을 올린 팔도의 재인 40여 명의 이름이 적혀 있다. 재인의 이름은 다음과 같다. 조선달, 최계광, 조판길, 고소득, 염계달, 송흥록, 김계철, 성대욱, 고원득, 이성록, 한종욱, 임○○, 김난득, 손작춘, 정사벽, 하복득, 임춘학, 조봉국, 고수관, 방칠룡, 홍원득, 공성주, 방한종, 방응국, 정윤대, 이현이, 이홍록, 박순엽, 유관득, 최영담, 황만빈, 하종문, 김판종, 염수량, 우대, 전치달, 박득관, 문신원, 조덕순, 조덕황(『한국민족문화대백과사전』)

시기적으로 보면, 「갑신완문」이 안확이 전하는 내용보다 앞선 것으로 보인다. 「갑신완문」이 팔도 재인에 관한 것이라면, 안확이 언급했던 도대방은 세악수 도가뿐만 아니라, 무당 조직도 관리했던 조직이기 때문이다.

이로부터 보면, 세악수 도가나 도대방은 비록 자치기관이기는 하지만, 군대의 악사뿐만 아니라, 무당 조직도 관리하던 막강한 세력이었음을 알 수 있다. 그리고 세악수보다 한 단계 높은 지위였던 내취의 영향력도 대단했

을 것이라 추정할 수 있다. 그런 내취 중의 일부가 궁중에서 연행되었던 각
종 진찬이나 진연 때, 선유락의 반주를 하였으므로 이런 세악수 도가나 내
취 또는 취고수 등의 영향에 의해 군악의 진법이나 가락이 농악이나 두레,
매구 등에 습합되었을 것이라 추정할 수 있다.

또한 무형문화재 조사보고서 제33호 '호남농악'의 좌도굿에서는 농악
진풀이 중 '삼진삼퇴'에 대해 설명하고 있는데, "農樂진푸리(一部) 문굿 第七
圖(三進三退) 解說: 자진머리 장단을 치며 二列이 같이 三番前進 三番後退
하는 동안 상쇠는 二列의 중앙을 마음대로 步行하며 各色技能을 發揮한다"
라고 설명하고 있다.[44]

이 '삼진삼퇴(三進三退)'는 농악뿐만 아니라, 우리의 춤에서도 흔히 사
용되는 형식이다. 그런데 이러한 형식 또한 어디에서 유래한 것일까? 세종
이 창제한 신악의 정대업에는 곡진도(曲陳圖)·직진도(直陳圖)·예진도(銳陳
圖)·원진도(圓陳圖)·방진도(方陳圖)가 등장하는데, 이 또한 병법의 진법에서
유래한 것이라면, 삼진삼퇴 또한 병법에서 유래한 것은 아닐까?

"병조에서 계하기를, '진도(陣圖)의 법은 군국(軍國)의 급무이니, 연습하지 않을
수 없습니다. 외방(外方)의 군사는 전연 진법을 연습하지 아니하였으니, 실로 안
될 일입니다. … 一.교장(敎場)의 법이니, 사표(四表)에서 앞으로 가고 뒤로 물러
가는 것은, … 중위에서 북이 울려지고, 다섯 기가 앞을 가리키면, 다섯 위가 나와
제1표(表)에 나아가서, 머리는 가지런히 하고, 줄은 겹으로 하여 북을 치면서 행
진하였다가, 제2표에 이르러, 쇠를 치고 기를 내리면, 이에 그치고 모두 앉게 됩니
다. (무릇 앉을 적에는, 기병은 말에서 내리고, 일어날 적에는, 기병은 말에 오른
다.) 중위에서 북이 울려지고, 기가 일어서면, 다섯 위가 모두 일어나고, 북을 쳐서

44 「무형문화재조사보고서 제33호 호남농악」(문화재관리국, 1967), 154쪽 참조.

행진할 것을 신호하면, 기병은 달리고, 보병은 쫓아가서 제3표에 이르러, 쇠를 치고 기를 내리면, 이에 그치고 모두 앉게 됩니다. 북이 또 울려지고, 기가 세워지면, 다섯 위가 모두 일어나고, 북을 쳐서 행진할 것을 신호하면, 기병과 보병이 모두 빨리 달려서 제4표에 이르러 쇠를 치고 기를 내리면, 이에 그치고, 모두 앉게 됩니다. 기를 세우고, 각을 한 번 불고, 북을 한 번 치면, 기병은 한 번 돌면서 달리고, 보병은 한 번 돌면서 싸우는데, 무릇 세 번을 하고서 그치게 됩니다. 쇠를 한 번 치면, 싸움을 늦추고, 두 번 치면, 싸움을 그치고, 세 번 치면, 뒤로 돌아서서 행진하여 제3표에 이르러 이에 그치며, 앉고 일어나는 것을 처음과 같이 하며, (다만 제4표를 향하여 돌아서고 앉는 것이 조금 다를 뿐이다. 아래도 이에 모방한다.) 쇠를 네 번 치면, 빨리 물러나서 행진하여 제2표에 이르러 그치며, 앉고 일어나는 것은 처음과 같이 하며, 쇠를 다섯 번 치면, 급히 물러나서 행진하여 제1표에 이르러 그치며, 앉고 일어나는 것은 처음과 같이 하며, 각을 한 번 불고 쇠를 다섯 번 치면, 다섯 위가 급히 진에 나아가서 각기 그 문[扃]에 돌아가게 됩니다. (무릇 군사가 전진할 때에는 북을 치고, 물러날 적엔 징을 울린다.)"[45]

교장(教場)의 훈련 때 4표를 세우는데, 1표에서 2표, 2표에서 3표, 3표에서 4표에 이를 때까지 삼진하며, 다시 4표에서 1표에 이를 때까지 삼퇴하게 되는데, 이러한 훈련 방법이 무무(武舞)의 춤에도 적용된 바가 있음을 이미 2부에서 언급한 바 있다. 그런데 이러한 삼진삼퇴가 '농악 12차'에도 등장하고 것이니, 이 또한 군악의 영향이라 할 수 있다.

45 『조선왕조실록』, 『세종실록』 12권, 세종 3년 7월 9일 己巳 두 번째 기사

3부
가락, 악보, 장단

1) 복잡하고 세밀한 우리의 가락과 악보

우리의 장단과 가락은 어디에서 유래되었으며, 어떻게 형성되었을까? 어떤 이는 우리 장단의 특질로 3박을 드는 경우가 있다. 중국은 2박 계열의 문화이고, 우리는 '3수 분화의 세계관'으로써, 이러한 문화는 수렵·유목 문화에 기반한 북방 샤머니즘 사유체계의 특징이라는 것이다.

그런데 이러한 견해에는 다소 생각해볼 부분이 있다. 우리의 문화적 특성을 일반화시키기보다 문헌에 나와 있는 근거를 통해서 우리 리듬의 특성에 대해 언급해야 하지 않을까? 우리의 음악은 느리고 빠른 절조가 복잡하고 세밀한데, 2수 체계나 3수 체계는 너무 그물코가 성거서 많은 것들이 빠져나가는 것은 아닐까? 무엇보다 먼저 우리는 우리나라 장단의 소삭완급(疎數緩急)에 대해 언급하고 있는 『세조악보』 서문을 살펴볼 필요가 있다.

> "중국 아악은 12율을 가지고 악보를 만든다. 속악은 '五·凡·工·尺·上·一·四·六·句·合' 열 개의 글자를 가지고 악보를 만든다. '合'은 황종이다. '四'는 대려·태주이다. '一'은 협종·고선이다. '工'은 이칙·남려이다. '凡'은 무역·응종이다. 각각 상하로 나

누어 청탁으로 삼는다. 그 중려·유빈·임종 아래는 상하로 나눌 수 없다. '上'은 중 려이고, '句'는 유빈이고, '尺'은 임종이다. 그 황종청은 '六'자를 사용하고, 대려·태 주·협종의 청성은 각각 '五'자를 사용하는데, '上'·'下'·'緊'으로 그것을 구별한다. '緊 五'는 협종청성인데, 속악에서는 그것을 '宮'으로 삼는다. 이는 그 율촌과 율수를 취하고 글자를 사용하여 소리(聲)를 적는 대략이다. 우리 동국의 아악만은 역시 12율을 사용하여 악보를 만들지만, 향악은 단지 육보(肉譜)로서 악보를 만드는 데, 소삭완급의 절도는 근거로 삼아서 후세에 전할 수 없다. 지금 우리 세조대왕 이 대궐에서 발하여, 이 악보를 창작하였는데, 16정(井)으로 나누어서 6대강을 만 들고, '궁'·'상'·'하'로써 소리를 적는데, 그 '만縵'·'중中'·'삭數' 세 가지 체는 강(綱)을 사용하는 것이 각기 다르기 때문에 소삭완급의 차이가 있다. … 중국의 아악과 속 악의 일均(一均)의 소리는 모두 7음을 사용한다. 동국의 본래 5음을 사용하여 2 변의 소리를 사용할 줄 몰랐다. 지금은 2변을 사용하면 '궁'·'상'·'하'로 악보를 만들 어, 미칠 수가 없다. 그러므로 '五·凡·工·尺·上·一·四·六·句·合'을 겸용한다. 기악 (起樂)의 처음은 제1강에서 나오기도 하고, 제2강에서 나오기도 하며, 제3강에서 나오기도 하는데, 음악의 체세가 그것을 그렇게 하기 때문이다. 전대(前代, 고려) 에는 성음절주, 소삭완급의 악보가 있지 않아서, 단지 그 소리만을 본받아, 육보를 만들어서 그 소리를 전하였다."[46]

위의 인용문은『세조실록』에 수록되어 있는 악보 서문의 일부이다. 이

---

46 『세조실록』「부록」, "樂譜序: 中國雅樂, 以十二律爲譜. 俗樂, 以五凡工尺上一四六句合十字爲譜. 合爲 黃鐘. 四爲大呂·太簇. 一爲夾鐘·姑洗. 工爲夷則·南呂. 凡爲無射·應鐘. 各以上下分爲淸濁, 其仲呂·蕤賓· 林鐘, 不可以上下分. 上爲仲呂. 句爲蕤賓, 尺爲林(鍾)[鐘]. 其黃鐘淸用六字, 大呂·太簇·夾鐘淸各用五字, 而以上下緊別之, 緊五者夾鐘淸聲, 俗樂以爲宮, 此其取律寸律數, 用字紀聲之略也. 惟我東國雅樂, 則亦用 十二律爲譜, 鄕樂, 則只以肉譜爲譜, 疎數緩急之節, 不可以據, 而傳於後世也. 今我世祖大王, 發於宸衷, 創作此譜, 劃爲十六井, 而作六大綱, 以宮上下紀聲, 其縵中數三體因用綱各異, 而有疎[數]緩急之不同. … 中國雅俗樂, 一均之聲, 皆用七音, 東國本用五音, 而不知用二變之聲. 今用二變, 則以宮上下爲譜, 所不能 及, 故兼用五凡工尺上一四六句合. 起樂之始, 或出於第一綱, 或出於第二綱, 或出於第三綱者, 音樂之體勢 使之然也. 前代未有聲音節奏, 疎數緩急之譜, 只有效其聲, 而作肉譜以傳其聲."

서문은 세조 9년(1463) 10월에 영의정부사 신숙주, 참찬 최항, 동지중추원사 양성지, 공조참판 성임, 악학부사 정침 등이 지어서 바친 것이다.

그들은 "향악은 단지 육보로서 악보를 만드는데, 소삭완급의 절도는 근거로 삼아서 후세에 전할 수 없다"고 분명히 밝히고 있다. 육보는 소삭완급의 절도가 사람마다 다 다르고, 시대마다 다르기 때문에 근거로 삼을 수 없어서 후세에 전할 수 없다고 여겼던 것이다. 그런데 과연 다른 이유가 있었던 것은 아닐까? 세종 이전까지 육보를 사용한 데에는 다른 이유가 있었던 것은 아닐까? 우리는 그에 대한 실마리를 박연의 상소에서 찾을 수 있다.

"우리나라의 악에 이르러서는 그 기물(器物)의 제도와 가사(歌詞)의 곡절(曲折)이 또한 매우 복잡하고 세밀하여, 비록 예전의 보법(譜法)이 있더라도 사본(寫本)이 전하여 내려오다가 잘못 적은 글자를 거듭 이어받아 진(眞)을 잃게 되어, 옛적의 음악은 거의 다 잃어버리고 겨우 남은 것이 40여 곡(曲)뿐입니다. 이제 거문고에 소속된 것으로 말씀드리오면, 그 타는 법은 알면서도 가사를 알지 못하는 것이 있으니, 최자탁목(嗺子啄木)·우식다수희(憂息多手喜)·청평거사련(清平居士戀) 등이 이것이옵고, 또 보법은 함께 다 있어도 그 빠르고 느린 절조를 이해하지 못하며, 또 겸하여 가사까지도 잃은 것이 있으니, 노중선(露中仙)·상춘광(賞春光)·망춘천(望春天)·낙춘천(樂春天)·회춘원(喜春苑)·상춘곡(賞春曲)·장하편(長河篇)·진아우(陳鴉羽)·천쌍조(天雙鳥)·춘계인(春桂引)·운선곡(雲仙曲)·수선곡(壽仙曲)·실상곡(實相曲)·오목(朽木)·구묘(狗墓) 편(篇) 등이 이것입니다." [47]

47 『세종실록』 47권, 세종 12년 2월 19일 경인 다섯 번째 기사. "至於我朝之樂, 其器物制度ㆍ歌詞曲折, 亦甚繁密, 雖舊有譜法, 書本相傳, 承訛失眞, 舊時之樂, 殆盡亡失, 僅存者四十餘聲耳。今以玄琴所屬言之, 有知彈法, 而不知歌詞者, 如《崔子》ㆍ《啄木》ㆍ《憂息》ㆍ《多手喜》ㆍ《清平》ㆍ《居士戀》等類是也。又有譜法俱存, 而不解急慢之節, 兼失歌詞者, 如《露中仙》ㆍ《賞春光》ㆍ《望春天》ㆍ《樂春天》ㆍ《喜春苑》ㆍ《賞春曲》ㆍ《長河篇》ㆍ《陳鴉羽》ㆍ《天雙鳥》ㆍ《春桂引》ㆍ《雲仙曲》ㆍ《壽仙曲》ㆍ《實相曲》ㆍ《朽木》ㆍ《狗墓》等篇是也."

박연에 의하면, 우리나라의 악은 가사의 곡절이 매우 복잡하고 세밀하여, 12율로 만든 악보나 공척보 등으로 그것을 표기할 수 없었던 것이다. 달리 말하면 우리의 악은 '비유비무(非有非無)', 즉 2수 체계에 속하지 않을 뿐만 아니라, 3수 체계에 속하지 않는다고 말할 수 있으며, 또한 '즉유즉무(卽有卽無)', 즉 2수 체계에 속할 뿐만 아니라, 3수 체계에도 속하며, 변화가 극심하기 때문에 차라리 어떠한 체계에도 속하지 않는 무수(無數) 체계라고 할 정도로 복잡하고 세밀한 음악이었던 것이다. 일정한 박자로 특징지을 수 없는 것이 우리의 음악적 특질이라 할 수 있다.

세종은 복잡하고 세밀한 우리의 음악을 표기하기 위하여 악보를 지으려고 하였다. 그에 앞서 우선 아악보를 완성하려고 하였는데, 중국 아악조차 미진한 점이 많았기 때문이다. 중국의 아악을 보충하여 아악보를 완성하고 정인지가 서문을 단 것이 세종 12년(1430) 윤12월 1일의 일이었다. 세종과 박연이 조회에도 사용하고 제사에도 사용할 수 있는 아악보를 완성한 것은 대단한 일이었다. 그리하여 세종은 자신 있게 다음과 같이 말할 수 있었다.

> "상참을 받고, 윤대를 행하고, 경연에 나아갔다. 임금이 음악에 대하여 이야기하면서 이르기를, '박연이 조회(朝會)의 음악을 바로잡으려 하는데, 바르게 한다는 것은 어려운 일이다. 『율려신서』도 형식만 갖추어 놓은것뿐이다. 우리나라의 음악이 비록 다 잘 되었다고 할 수는 없으나, 반드시 중국에 부끄러워할 것은 없다. 중국의 음악인들 어찌 바르게 되었다 할 수 있겠는가 하였다." [48]

『율려신서』는 주자의 제자인 채원정이 지은 악서(樂書)이다. 세종 때 진

---

48 『세종실록』 50권, 세종 12년 12월 7일 계유 첫 번째 기사. "○癸酉/受常參, 輪對, 經筵。上論樂曰: "今朴墺欲正朝會樂, 然得正爲難,《律呂新書》, 亦文具而已。我朝之樂, 雖未盡善, 必無愧於中原之樂, 亦豈得其正乎?"

양의 『악서』와 더불어 중요하게 참고하였던 서적 중의 하나이다. 그런데 세종은 『율려신서』도 형식만 갖추어놓은 것이라고 평가하여, 세종 당시 악서에 대한 연구 수준이 중국을 초월하였음을 보여주고 있다.

아악보를 완성하는 것은 매우 지난한 과정이었다. 무엇보다 먼저 해야할 일은 정확한 악기를 얻는 일이었다. 다행히 을사년 가을에 거서가 해주에서 나고, 병오년 봄에 경석이 남양에서 생산되자, 세종은 황종관을 만들고자 하였다. 그러나 황종관을 만드는 것은 쉽지 않았다. 갖가지 우여곡절을 거쳐 밀을 녹여 황종 율관을 얻어서 그에 따라 종경을 만들었는데, 중국의 경은 한 시대에 제작한 것이 아니라 화하고 합하지 아니하였으나, 새로만든 경이야말로 옳게 제작된 것이라고 확신할 수 있었다. (세종 15년 1월 1일)

또한 집현전 부제학(副提學) 정인지와 봉례(奉禮) 정양(鄭穰)에게 명하여 집현전에서 주척(周尺)을 상고하여 이를 바로잡게 하고, 인하여 악보를 지으라고 명하였으니, 세종 12년 9월 29일의 일이었다. 임금이 『율려신서』와 여러 악서를 보고 그 제작의 묘(妙)를 알았으므로 이를 지으라 명하였던 것이다.

그런데 세종은 왜 주척을 상고하여 인하여 악보를 지으라고 명하였던 것일까? 세종 19년 4월 15일의 기사를 보면, "그러므로 이제 만든 의(儀), 상(象), 표(表), 루(漏) 등의 그릇은 모두 이 척을 써서 제정하였다고 한다"는 기록이 있는데, 주척과 천문의기와 연관이 있다는 것이다. 특히 천문의기 중에서 혼천의(渾天儀)의 육합의(六合儀), 삼신의(三辰儀)에 새겨져 있는 24방위, 24절기, 28수(宿)와 사유(四維) 등이 악보의 제작과 관련되어 있다.

아악보를 완성하고 황종 율관도 얻었으며, 악보를 제작하는 묘수도 터득한 세종은 한글을 창제하여 용비어천가를 관현에 올려 느리고 빠름을 조절하여 치화평·취풍형·여민락 등을 제작하고, 뒤에 또 문무(文武) 두 가지 춤 곡조인 보태평과 정대업을 제작하였다. 그렇다면 문무 두 가지 춤 곡조는 몇 박(拍)으로 제작한 것일까? 바로 8박이다.

> "임금이 상호군(上護軍) 박연에게 이르기를, '문(文)과 무(武) 두 가지 춤의 가사
> (歌詞) 1장(章)으로는 그 가운데에 태조·태종의 공덕(功德)을 다 찬송하기에 미진
> (未盡)함이 있으니, 다시 1장을 더함이 어떠할까' 하니, 박연이 아뢰기를, '성상의
> 하교가 진실로 옳습니다' 하였다. 임금이 또 말하기를, '마련(磨鍊)하여 아뢰라' 하
> 니, 박연이 아뢰기를, '1장 가운데에 태조·태종의 공덕을 겸하여 기림은 미흡하오
> 니, 원컨대 각각 공덕을 따로 1장씩 찬송하여 모두 2장의 가사를 만들어 각각 8박
> 으로 하고, 춤을 출 때에 제1변(變)은 태조를 기리고, 제2변은 태종을 기리어 서로
> 차례대로 송덕(頌德)하고, 제6변에 이르러 태종에서 끝마치되, 악이 끝나면 물러
> 가게 하옵소서' 하니, 그대로 따랐다."[49]

박연은 왜 하나의 악장마다 8박으로 만들 것을 제안한 바 있는데, 세종
은 왜 이를 따른 것일까? 그리고 『율려신서』와 여러 악서를 보고 그 제작의
묘를 알았다고 하는데, 그 내용은 무엇일까?

세종 14년(1432) 12월 10일 대제학 정초, 참판 신장, 제학 정인지에게 명
하여 회례의 문무 악장을 짓게 하여, 태조와 태종의 공덕을 찬양하여 노래
하였다. 태조의 문덕을 읊은 문무(文舞)의 악장은 "於皇太祖, 應天順人, 奄
有大東. 武威旣戢, 文治以隆. 深仁厚澤, 垂裕無窮"의 8박이었고, 태조의 무
공을 칭송한 무무(武舞)의 악장은 "桓桓聖祖, 受天之龍. 旣走納氏, 又捷雲
峯. 義旗言旋, 取彼凶殘. 耆定武功, 東民以安"의 8박이었다.

---

49 『세종실록』 58권, 세종 14년 10월 18일 계묘 다섯 번째 기사 1432년 명 선덕(宣德) 7년. "○上謂上護軍
朴堧曰: "文武二舞歌詞一章之內, 頌太祖·太宗功德未盡, 更加一章何如?" 堧曰:"上敎誠是矣." 上曰: "磨勘
以聞." 堧曰:"一章之內, 兼頌太祖·太宗功德未洽. 願各頌功德, 別爲二章, 詞各八拍, 作舞時, 第一變頌太
祖, 第二變頌太宗, 相次頌德, 至第六變, 終於太宗, 樂闋而退." 從之。"

태종의 문덕을 칭송한 문무의 악장은 "於昭太宗, 繼序增功. 德由敬明, 治以仁隆. 畏天事大, 終始一誠. 億萬斯年, 永底隆平"의 8박이었고, 태종의 무공을 노래한 무무의 악장은 "於赫太宗, 丕承武烈. 撥亂反正, 群情胥悅. 野人是懲, 島夷奔命. 四方無虞, 惟功之盛"의 8박이었다.

태조의 문덕과 무공, 그리고 태종의 문덕과 무공을 칭송한 문무와 무무의 악장은 모두 8박으로 지었는데, 이는 모두 천문(天文)과 관련이 있다. 조선은 제후국을 자처했으므로, 천자의 예를 사용할 수는 없었다. 단적인 예가 하늘에 대한 제사인데, 태종과 세종 때 하늘에 제사지내는 문제를 두고 논란이 분분하였지만, 중국과의 외교적 마찰을 고려하여 끝내 하늘 제사를 지내지는 못하다가, 세조 때에 한하여 한번 하늘 제사를 지냈을 뿐이다.

그러나 문무와 무무의 악장 및 악보에 관해서는 달랐다. 문무와 무무는 천자의 팔일무를 사용하지 못하고, 제후에 해당하는 육일무를 사용하였지만, 악장은 천문의 절도에 의거하여 지었다. 이 외에 천문을 사용한 또 다른 예가 있다. 세종 2년(1420) 산릉(山陵)의 제도를 정한 바 있는데, 산릉을 만들 때, 종이로 천문을 그려서 석실을 덮는 개석(蓋石) 안쪽 면, 북쪽 모서리의 북우석(北隅石)과 양방석(兩旁石) 위에 붙이도록 정하였다. 석실의 윗면에 천문도를 그려서 붙였던 것이다.

동양의 고전인 「악기」에서는 "음악은 하늘로 말미암아 만들어지고, 예는 땅으로 제작된다(樂由天作, 禮以地制)"고 말하고 있다. 우주의 운행 원리에 따라 음악을 짓고, 땅의 운행 원리에 따를 예를 제정한다는 의미이다. 이러한 사상에 따라 세종과 박연이 신악을 창제하고 악보를 만들었던 것이다.

"봉상판관(奉常判官) 박연이 상서하기를, 신이 삼가 생각하건대『주례』의 춘관(春官) 태사(太師)가 육률(六律)과 육동(六同)을 관장하여 음양(陰陽)의 소리를 합하였는데, 황종(黃鍾)·태주(大簇)·고선(姑洗)·유빈(蕤賓)·이칙(夷則)·무역(無

射)은 양성(陽聲)이요, 대려(大呂)·응종(應鍾)·남려(南呂)·함종(函鍾)·소려(小呂)·협종(夾鍾)은 음성(陰聲)입니다. 대개 두병(斗柄)이 십이신(十二辰)을 운행하되 왼쪽으로 돌게 되는데, 성인이 이를 본떠서 육률을 만들고, 일월은 십이차(十二次)로 모이되 오른쪽으로 돌게 되는데, 성인이 이를 본떠서 육동(六同)을 만든 것입니다. 육률은 양이니, 왼쪽으로 돌아서 음에 합치고, 육동은 음이니, 오른쪽으로 돌아서 양에 합치게 됩니다." 50

동양이나 서양이나 한 옥타브 안에는 모두 12개의 음이 있다. '음정(音程)'은 영어로 'interval'이라 하는데, 간격이라는 의미다. 즉 하나의 옥타브 안에서 모든 음과 음 사이의 간격을 동일하게 간격화한다는 의미이다. 여기서 간격이란 '도~솔'의 간격을 말하는데, '도~도'의 길이의 2/3에 해당한다. 동양에서는 황종~임종 사이의 간격이다. 이 간격을 계속 유지하면서 운행하면 다음 음이 탄생하는데, 바로 '레'이다. 즉 도~솔, 솔~레의 간격은 동일한 간격인 것이다. 레 다음에 동일하게 간격화하면 라를 얻게 되고, 라 다음에 동일하게 간격화하면 미를 얻게 된다. 이런 방식으로 간격화하면 간격이 동일한 12개의 음을 얻게 된다. 그런데 '도'의 길이를 두 배 늘리면 한 옥타브 낮은 도가 되고, 반대로 원래 길이를 1/2로 줄이면 한 옥타브 높은 '도'를 얻게 되는데, 동양에서는 이를 '청성(淸聲)'이라 한다.

동양에서는 음정하는 방법을 '격팔상생(隔八相生)'이라고도 하고, '삼분손익(三分損益)'이라고도 하는데, 같은 의미이다. 격팔상생은 황종(도)을 기준으로 시계 방향으로 여덟 간격(隔八)을 가면 다음 음인 임종(솔)을 얻게 되

50 『세종실록』32권, 세종 8년 4월 25일 무자 첫 번째 기사. "○戊子/奉常判官朴堧上書曰: 臣謹按《周禮》春官, 太師掌六律、六同, 以合陰陽之聲. 黃鍾、大蔟、姑洗、蕤賓、夷則、無射, 陽聲也. 大呂、應鍾、南呂、函鍾、小呂、夾鍾, 陰聲也. 蓋斗柄運於十二辰而左旋, 聖人制六律以象之. 日月會於十二次而右轉, 聖人制六同以象之. 六律, 陽也, 左旋以合(陽)[陰], 六同, 陰也, 右轉以合陽."

고, 임종에서 다시 시계 방향으로 여덟 간격을 가면 다음 음인 태주(레)를 얻게 되고, 동일한 방식을 반복하면 남려(라)를 얻게 되는데, 이러한 방법으로 한 옥타브 안의 음을 동일하게 간격화하면, 12개의 음을 얻어 처음 황종의 자리로 되돌아올 수 있다. 동양에서는 이를 음양으로 나누어 12율려(律呂)라고 하는데, 양(陽)인 6율은 북두칠성이 자·축·인·묘·진·사·오·미·신·유·술·해의 12신을 따라 왼쪽으로 도는 모습을 본떠서 만들었다. 육율(六律)은 황종·태주·고선·유빈·이칙·무역이다.

해와 달은 한 달에 한 번 만나는데 이때는 달을 볼 수가 없다. 달이 해를 만나 해와 함께 뜨고, 해와 함께 지기 때문에 밤에 달을 볼 수 없는 것이다. 해와 달이 12차에서 만나면서 오른쪽으로 도는데, 이를 본떠 음(陰)에 해당하는 6려(呂)를 만들었다. 육려는 6동(同)이라고도 한다. 육려로는 대려·협종·중려·임종·남려·응종이 있다. 12차는 수성(壽星)·대화(大火)·석목(析木)·성기(星紀)·현효(玄枵)·추자(娵訾)·강루(降婁)·대량(大梁)·실침(實沈)·순수(鶉首)·순화(鶉火)·순미(鶉尾)를 말한다.

박연은 또한 12율려를 28수(宿)와 연관지어 설명하기도 한다. 28수(宿)는 동방 7수에 해당하는 각(角)·항(亢)·저(氐)·방(房)·심(心)·미(尾)·기(箕), 북방 7수에 해당하는 두(斗)·우(牛)·여(女)·허(虛)·위(危)·실(室)·벽(壁), 서방 7수 해당하는 규(奎)·루(婁)·위(胃)·묘(昴)·필(畢)·자(觜)·삼(參), 남방 7수에 해당하는 동정(東井)·여귀(輿鬼)·유(柳)·성(星)·장(張)·익(翼)·진(軫)을 말한다.

'격팔상생응기도설'(『악학궤범』)

"황종(黃鍾)은 곧 북방 자위(子位)의 음률로서, 『주례』 주(註)에 이르기를, '황종은 허(虛)·위(危)의 기(氣)에서 생기나니, 허·위는 종묘(宗廟)에 해당한다'라고 하였고, … 대개 함종(函鍾)은 곧 곤(坤)의 윗자리인 미위(未位)의 임종률(林鍾律)입니다. 『주례』의 주에 이르기를, '임종은 미·곤(未坤)의 자리[位]에서 생기나니 동정(東井) 성(星)의 밖은 곧 천사(天社)이다' 하였으며, … 환종(圜鍾)은 곧 진방(震方)의 윗자리인 묘위(卯位)에 해당한 협종률(夾鍾律)인 것입니다. 『주례』 주에 이르기를, '협종은 방(房)·심(心)의 기(氣)에서 생기나니, 방·심은 천제(天帝)의 명당(明堂)이 되는 것이다'라고 하였습니다."[51]

황종은 북방 7수 중에서 허·위의 기에서 생겼고, 임종은 남방 7수 중에서 농정의 밖의 천사의 기에서 생겼으며, 협종은 동방 7수 중에서 방·심의 기에서 생겼다고 하는데, 이는 12율려를 28수의 기와 연관시켜 설명한 것이다.

세종과 박연은 채원정(蔡元定)의 『율려신서』와 진양의 『악서』 등의 서적을 참고하여 악보를 제작하는 법을 터득했는데, 특히 우주의 운행 원리를 음악과 연계시킨 진양의 『악서』에 힘입은 바 컸다. 그리하여 세성(목성)이 12년에 28수와 사유(四維)를 일주하는,

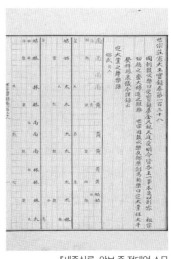

『세종실록』 악보 중 정대업 소무

---

⁵¹ 『세종실록』 47권, 세종 12년 2월 19일 경인 다섯 번째 기사. "蓋黃鍾, 卽北方子位之律也. 《周禮》註云: '黃鍾生於虛危之氣, 虛危爲宗廟.', … 蓋函鍾, 卽坤上未位林鍾律也. 《周禮》註云: '林鍾生於未坤之位, 東井星之外, 卽天社也.', … 蓋圜鍾, 卽震上卯位夾鍾律也. 《周禮》註云: '夾鍾生於房, 心之氣. 房, 心爲天帝之明堂也.'"

즉 32개의 지점을 '3-2-3/3-2-3/3-2-3/3-2-3'으로 운행하는 원리를 본받아 8 정간(3-2-3)을 기본 단위로 하는 32정간의 악보를 창제하게 된 것이다.[52]

세종과 박연이 이러한 악보를 창제하게 된 데에는 동양 '악서'에 정통하였을 뿐만 아니라, 독자적으로 천문학을 연구하고 천문 관측기구를 제작할 수 있었던 것에도 힘입은 바 크다. 세종 15년 6월 9일, 정초·박연·김진 등이 새로 만든 혼천의(渾天儀)를 올렸는데, 혼천의 중에 악보와 관련된 부분은 이러하다.

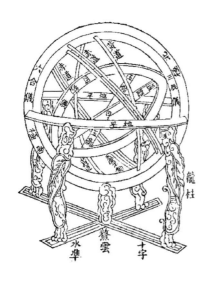

표 13. 혼천의 각 환에 새겨진 글자

구 조	부품명칭	글자
육합의	지평환	**윗면(24방위):** 子癸丑艮寅甲卯乙辰巽巳丙午丁未坤申庚酉辛戌乾亥壬 → 子에서 壬까지 시계방향으로 배치 → 글자 밑바닥이 지평환 바깥쪽으로 → 8용주의 4방향임: 艮, 巽, 坤, 乾 **측면①(24기)-卯방향(동지~춘분~하지):** 冬至 小寒 大寒 立春 雨水 驚蟄 春分 淸明 穀雨 立夏 小滿 芒種 夏至 **측면②(24기)-酉방향(하지~추분~동지):** 夏至 小署 大署 立秋 處署 白露 秋分 寒露 霜降 立冬 小雪 大雪 冬至 **측면① 과 ② 24기:** → 글자는 위에서 아래 → 목제 지평환의 둥근 측면에 새김(좌측→우측)
삼신의	적도단환	**복면(28수): 적도도수** 角 亢 氐 房 心 尾 箕 斗 牛 女 虛 危 室 壁 奎 婁 胃 昴 畢 觜 參 井 鬼 柳 星 張 翼 軫 → 글자 밑바닥이 적도단환 안쪽으로(반시계 방향) → (예) 女는 十一度, 斗은 三十度, 胃는 十五度 (도수는 28수 글자 옆에서 아래로 쓰기)
	황도단환	**복면(24기):** 冬至 小寒 大寒 立春 雨水 驚蟄 春分 淸明 穀雨 立夏 小滿 芒種 夏至 小署 大署 立秋 處署 白露 秋分 寒露 霜降 立冬 小雪 大雪 → 글자는 위에서 아래로 → 글자 밑바닥이 적도단환 안쪽으로(반시계 방향)
		남면(28수): 角 亢 氐 房 心 尾 箕 斗 牛 女 虛 危 室 壁 奎 婁 胃 昴 畢 觜 參 井 鬼 柳 星 張 翼 軫 →글자 밑바닥이 황도단환 안쪽으로(시계방향)
	백도단환	**복면(12궁):** 子宮 丑宮 寅宮 卯宮 辰宮 巳宮 午宮 未宮 申宮 酉宮 戌宮 亥宮 → 글자 丑기와 진행(예, 宮子) (반시계 방향) → 글자 바닥은 안쪽으로

혼천의 각 환에 새겨진 글자[53]

52 자세한 내용은 필자의 박사논문, 「세종의 음악 창제: 세종의 신악(新樂)과 정간보(井間譜)의 창제 원리」를 참고 바람

53 김상혁, 「송이영 혼천시계의 작동 메커니즘에 대한 연구」(중앙대학교 박사학위 논문, 2007), 129쪽 참조.

육합의 지평환 윗면에는 24방위가 그려져 있고, 삼신의 적도단환 북면에는 28수와 적도도수가, 그리고 황도단환 북면에는 24절기, 남면에는 28수가 그려져 있어서, 우주의 운행을 관측하였던 것이다. 특히 지평환에 그려져 있는 24방위는 자(子)-계(癸)-축(丑)-간(艮)-인(寅)-갑(甲)-묘(卯)-을(乙)-진(辰)-손(巽)-사(巳)-병(丙)-오(午)-정(丁)-미(未)-곤(坤)-신(申)-경(庚)-유(酉)-신(辛)-술(戌)-건(乾)-해(亥)-임(壬)인데, 이는 12지인 자(子)-)-축(丑)-인(寅)-묘(卯)-진(辰)-사(巳)-오(午)-미(未)-신(申)-유(酉)-술(戌)-해(亥)와 10간 중에 중앙의 무(戊)와 기(己)가 빠진 갑(甲)-을(乙)-병(丙)-정(丁)-경(庚)-신(辛)-임(壬)-계(癸) 그리고 4유(維)인 간(艮)-손(巽)-곤(坤)-건(乾)으로써, 앞에서 본 '격팔상생응기도설'에 이미 적용된 바 있다. 즉 '격팔상생응기도설'에는 혼천의 지평환의 24방위를 사용한 것이었다.

천문을 통해 점을 치던 방식은 오래 전부터 있었다. 춘추시대 말기 오월(吳越) 두 나라의 분쟁을 다룬 사서인 『오월춘추(吳越春秋)』의 「부차내전(夫差內傳)」에서는 오자서(伍子胥, 기원전 559~기원전 484)가 음양오행설로 사안의 길흉과 성부를 예측하는 학문인 육임(六壬)의 '금궤경(金匱經)'을 인용하여 점치는 대목을 기재하고 있다.[54] 이로부터 보면, 이 시기에 이미 육임이 통용되고 있었다는 것을 알 수 있다.

한대(漢代)에도 천문(天文)의 태을구궁(太乙九宮), 지리(地理)의 기문둔갑(奇門遁甲), 인사(人事)의 육임(六壬)의 삼식(三式)이 있었다. 점을 칠 때 사용되는 도구 가운데 "한문제(漢文帝) 7년(기원전 173)에 제작된 것으로 추정되는 태을구궁점반(太乙九宮占盤), 육임식반(六壬式盤), 28수반(宿盤) 세 천문 의기(儀器)

---

54 『오월춘추(吳越春秋)』「부차내전(夫差內傳)」(The Project Gutenberg eBook of 吳越春秋). "臣今年老, 耳目不聰, 以狂惑之心, 無能益國。竊觀金匱第八, 其可傷也。吳王曰:「何謂也?」子胥曰:「今年七月, 辛亥平旦, 大王以首事。辛, 歲位也, 亥, 陰前之辰也, 合壬子歲前合也, 利以行武, 武決勝矣。然德在合斗擊丑。丑, 辛之本也。大吉為白虎而臨辛, 功曹為太常所臨亥, 大吉得辛為九醜, 又與白虎并重。有人若以此首事, 前雖小勝, 後必大敗。天地行殃, 禍不久矣。」"

점반(占盤)이 여음후(汝陰侯) 하후조묘(夏侯竈墓)에서 출토된 바 있다." [55]

 우리나라에서도 낙랑 무덤인 평양 석암리 205호와 201호에서 육임식 천지반이 출토된 바 있다. 이 중에서 육임식 점반과 낙랑고분 석암리 205호 무덤에서 출토된 식점 천지반을 보면, 10천간(天干)·12지지(地支)·28수(宿)·8괘(卦) 등이 그려져 있다. 여기에서도 동방 7수와 서방 7수 그리고 남방 7수와 북방 7수 사이에 4유(維)와 2승(繩)에 해당하는 8괘(卦)를 그려 넣었다는 것을 알 수 있다. 4유에는 각각 건(乾卦, ☰)와 곤괘(坤卦, ☷), 그리고 간괘(艮卦, ☶)와 손괘(巽卦, ☴)를 그리고 있으며, 2승에 해당하는 자(子)의 위치에는 감괘(坎卦, ☵), 오(午)에는 리괘(離卦, ☲), 묘(卯)에는 진괘(震卦, ☳)와 유(酉)에는 태괘(兌卦, ☱)를 그리고 있는데, 이로부터 4유도 28수와 더불어 하나의 공간으로 할당하고 있다는 것을 알 수 있다.

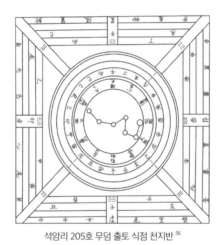

석암리 205호 무덤 출토 식점 천지반 [56]

55 안경숙, "낙랑 출토 식점 천지반 고찰", 科技考古硏究 제19號(2013), p. 26.
56 안경숙, "낙랑 출토 식점 천지반 고찰" 科技考古硏究, 제19號(2013), p. 32.

육임 천지반의 맨 바깥에는 28수가 기입되어 있고, 네 모퉁이에는 사유(四維)가 그려져 있어, 전체적으로 32칸을 '3-2-3/3-2-3/3-2-3/3-2-3'으로 운행하는 모습을 볼 수 있다. 천체의 운행을 8을 단위로 하여 동서남북 사면에 배치한 것인데, 이와 같은 용례를 본뜬 것이 바로 '팔일무(八佾舞)'이다.

『좌전』 양공 29년의 기록에 의하면, 천하의 귀명창이었던 오나라의 계찰이 노나라에서 악을 관람하면서, "오성화(五聲和), 팔풍평(八風平), 절유도(節有度), 수유서(守有序)는 성덕이 같은 것입니다"라고 말한 적이 있다. 오색이 무늬를 이루었지만 어지럽지 않은 것이 오성화이고, 팔풍이 율을 따라 어기지 않는 것이 팔풍평이다. 모든 도(度)가 수(數)를 얻어 향상됨이 있는 것이 절유도이고, 관직에 순서가 있는 것이 수유서라는 것이다.[57]

절유도라는 것은 대나무의 마디에 각각 그에 적당한 수가 있듯이, 예절에는 각기 그에 합당한 절도가 있다는 것이다. 도는 도수(度數)를 말한다. 그런데 왜 천자의 춤에서는 팔일무를 추었던 것일까? 천자라는 단어에서 짐작할 수 있듯이, 이는 우주의 운행과 관련이 있다.

팔일무는 천자만이 사용할 수 있는 춤인데, 여덟 명이 여덟 줄로 늘어서서 64명이 추는 춤이다. 이러한 춤에는 "무릇 춤은 팔음을 절도하고 팔풍을 행한다(夫舞所以節八音而行八風)"는 의미가 들어 있다.

팔풍은 부주풍(不周風), 광막풍(廣莫風), 융풍(融風), 명서풍(明庶風), 청명풍(清明風), 경풍(景風), 량풍(涼風), 창합풍(閶闔風)인데, 이 또한 천체를 일주한다는 의미가 있다. 이에 반해 제후는 육일무(六佾舞) 48명, 대부는 사일무(四佾舞) 32명, 사(士)는 이일무(二佾舞) 16명의 춤을 쓸 수 있었다.

이러한 사상은 『악학궤범』에도 표현되어 있다. 『악학궤범』 서문에는 "악이

---

57 陳暘, 『樂書』 103卷 「律呂度數」. "吳季札觀樂於魯, 而曰五聲和, 八風平, 節有度, 守有序, 盛德之所同也. 五色成文而不亂, 五聲和之謂也. 八風從律而不姦, 八風平之謂也. 百度得數而有常, 節有度, 守有序之謂也."

팔일무(八佾舞)

라는 것은 하늘에서 나와서 사람에게 맡긴 것이고, 허(虛)에서 발현하여 저절로 그러함(自然)에서 완성된다(樂也者, 出於天而寓於人, 發於虛而成於自然.)"고 언급하고 있는데, 이 또한 '악유천작(樂由天作)'의 의미를 드러낸 것이다.

세종과 박연이 3-2-3/3-2-3/3-2-3/3-2-3 정간으로 이루어진 32 정간 악보를 창제한 것은 하늘의 운행을 연구하여 이를 악보화한 것이다. 또한 32정간 악보는 2수 체계이기도 하고, 3수 체계이기도 하며, 또한 2수 체계로 국한시킬 수 없을 뿐만 아니라, 3수 체계에도 속하지 않는다고 할 수 있다.

또한 32정간은 첫째 대강에서 시작하면 3-2-3의 체세이지만, 둘째 대강에서 시작하면 2-3-3 체세가 되기도 하며, 셋째 대강에서 시작하면 3-3-2 체세가 되기도 한다. 이러한 방식의 악보는 어떠한 악보라도 모두 다 표기할 수 있는 악보일 뿐만 아니라, 느리고 빠른 절조가 복잡하고 세밀한 우리의 음악을 표기할 수 있는 악보였던 것이다.

그리고 태조의 문덕과 무공, 그리고 태종의 문덕과 무공을 칭송한 문무와 무무의 악장은 모두 8박으로 지었는데, 이는 모두 팔일의 경우에서 볼 수 있듯이 천문과 관련이 있는 것이었다. 비록 국가의 예식에서 팔일무를 사용할 수 없더라도, 악보의 형식에서는 천문을 사용하여 문화적 방면만큼은 천자국임을 드러내고자 했던 것이다.

그런데 3-2-3으로 구성된 8박이 또 하나있는데, 이른바 매화점 장단이다. 매화점 장단은 가곡의 반 장단을 북편을 의미하는 2박의 음점(陰點) 셋

3-2-3 8박의 형식의 「매화점 장단」

과 채편을 의미하는 1박의 양점(陽點) 둘로 표시한 특수한 형태의 장단으로, 8박으로 된 다섯 개의 점을 벌려놓은 모습이 마치 매화 다섯 잎을 닮았다고 하여 붙여진 장단이다.

매화점 장단은 1876년 박효관과 안민영이 856수의 시조 작품을 정리하여 편찬한 『가곡원류(歌曲源流)』에 보인다. 『가곡원류』는 「매화점 장단(梅花點長短)」, 「장고장단점수배포(長鼓長短點數配布)」, 「논곡지음(論曲之音)」, 「각조체격(各調體格)」, 「가지풍도형용십오조목(歌之風度形容十五條目)」 등을 수록하고 있다.

『가곡원류』의 첫 머리에는 「시절가장단(時節歌長短)」이 초장 24점, 2장 24점, 3장 18점으로 되어 있다고 소개하고 있다. 그리고 매화점 장단에 대해 언급하고 있는데, "한 손으로 친다. 5점을 돌면 다시 시작하는데, 반각에 구애받지 않는다(隻手拍之, 以五點周而復始, 不拘半刻)"라고 설명하고 있다.

「장고장단점수배포」에서는 그림과 함께 초장 20점, 2장 17점, 3장 23점, 중렴(中念) 10점, 4장 17점, 5장 30점, 대렴(大念) 33점을 소개하고 있다. 그

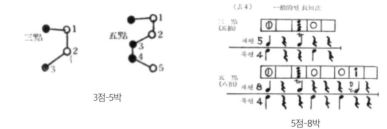

3점-5박

5점-8박

런데 이러한 「장고장단점수배포(長鼓長短點數配布)」를 어떻게 해석해야
할 것인가?

　이에 대해 장사훈은 「시조 장단 점수고(時調 長短 點數考)」에서 "가곡(歌
曲)이나 시조(時調)와 같은 노래의 장단은 장고로써 짚어준다. … 가곡은 일
각(一刻)이 10점 16박의 곡과 일각 10점 10박으로 이루어지는 곡이 있다. …
시조의 장단 점수는 3점(三點)과 5점(五點) 두 가지 장단점(長短點)이라 함
은 한 장단(한 소절) 안에서 장고의 합장단·북편 또는 채편을 치는 것을 가르
친다. 따라서 3점은 장고 세 번 쳐서 한 장단을 이루고, 5점은 한 장단에 다
섯 번 치는 것을 말한다"[58]라고 해석하고 있다.

　장사훈의 해석에 의하면, 『가곡원류』의 매화점 장단 역시 3점 5박, 5점
8박으로 이루어졌다고 볼 수 있는데, 이러한 장단도 3-2-3 8박의 형식이라
할 수 있다. 또한 『가곡원류』에는 '길군악'이라는 곡도 소개하고 있는데, 이
는 1965년의 무형문화재조사보고서 제9호 '농악 12차'에 수록되어 있다.

　매화점 장단과 관계가 있는 것으로 '양식척(量息尺)'이라는 것이 있다.
식(息)에서 알 수 있듯이 농악·두레·매구뿐만 아니라 우리의 전통예술에서
흔히 언급되는 호흡(呼吸)과 관련이 있다. 의서(醫書)에서는 기가 온전한 장
부의 왼손 위쪽에 있는 기구맥(氣口脈)이 6번 뛰는 것을 1식으로 삼는다. 양

58　장사훈, 「시조 장단 점수고(時調 長短 點數考)」(헤리티지:역사와 과학 Volume 5, 1971), 2쪽, 3쪽, 4쪽 참조.

『현학금보(玄鶴琴譜)』「양식척(量息尺)」(국립국악원)

식척은 이러한 식척을 기준으로 사식척(四息尺)을 사용하면, 자연 매화점에 합하게 된다는 방법이다.

양식척에 대한 설명은『초학금보(初學琴譜)』「量息尺條」,『학포금보(學圃琴譜)』「量息尺條」,『현학금보(玄鶴琴譜)』「양식척조(量息尺條)」에 보이는데, 「양식척조」의 설명이 가장 자세하다.『현학금보』는 1852년 악인 오희상(吳喜常)이 거문고와 관련된 말들을 모아 악보로 만들어 세상에 전한 것이다.

"양식척은 단지 사식척(四息尺)을 사용하면, 자연히 매화점과 부합하게 된다. 비교하여 보는 자는 이를 상세히 하여야 한다. 매화점은 정음 장단이다. 두루하여 처음을 반복하여 순환하여도 어긋나지 않는다. 무릇 노래를 길게 하고 손을 너울거리고 발을 밟는 것(咏歌舞蹈)에는 음향과 절주의 도수가 없을 수가 없다. 그러므로 지금은 양척수식으로 악부의 정례로 삼아, 너무 느리거나 너무 빠르게 되는 병폐가 없기를 바란다. 많은 악들이 산만하고 어수선할 때, 가곡의 번갈아 노래하는 도수에 어찌 겨를이 있어 어찌 진실로 식(息)을 헤아리겠는가? 처음 배우는 선비는 아악과 속악의 느리고 빠른 정체를 알지 못하고 단지 이해하여, 금곡(琴曲)

제1식		제2식		제3식		제4식	
호	흡	호	흡	호	흡	호	흡
썽		썩	쑹		더		덕

사식척(四息尺)

의 구음(口音)에 느리고 빠름과 과불급의 폐단이 있게 된다. 그러므로 이로써 먼저 1·2구의 점수를 정하면, 처음에는 드물지만 나중에는 깨닫게 되어, 긴 것에서부터 짧은 것에 이르기까지 음악의 체세(勢)를 따르면, 자연히 장을 이루게 되니, 다시 수식(數息)을 일삼을 필요가 없을 것이다. 이후의 군자는 유의해야 한다.

지금은 척(尺)을 헤아리고, 호흡(息)을 센다면, 우조와 계면의 이수대엽을 기준으로 삼는다. 가령, 초장의 쩡 점은 초1식의 초각에서 시작하면, 간점은 정각에 있다. 쩍 점은 제2식의 1각에서 들어가고, 꿍 점은 정각보다 아래이고, 간점은 또한 3식의 2각에 있다. '더' 점은 또한 정각에 있고, 덕 점은 4식의 3각에서 들어가고, 간점은 또한 정각에 있고, '쨍' 점은 이에 5식의 4각보다 아래이며, 간점은 또한 정각에 있다. 쩍 점은 6식의 5각에서 마치는데, 6식의 5각은 즉 1식의 초각이다. 1식의 정(正)은 다시 '쩡' 점이 될 것이다. 그렇다면, 여민락의 2·3장. 보허자의 제2장, 영산회상의 상·중·하 3편은 모두 이것을 준거로 한다. 기타 초수엽, 3수엽, 3뢰(雷), 롱악(弄樂), 반엽(半葉) 등은 1호(呼)·1흡(吸)의 반을 도(度)로 삼고, 편수엽 및 속악타령의 종류에 이르면, 모두 분수(分數)를 도(度)로 삼는다면, 비록 약간의 차이가 있더라도, 멀고 궁벽한 오류가 없을 뿐이다. 영산·보허·여민락의 초장에 이르면, 모두 3·4식을 우두머리로 삼는데, 여기에서 논하지 않겠다. 의서(醫書)에서는 (왼손 위쪽에 있는) 기구맥(氣口脈)이 6번 뛰는 것을 1식으로 삼는데, 대개 기가 온전한 장부로써 논한 것이지, 부인과 소아로써 논한 것이 아니다." [59]

---

59 『韓國音樂學資料叢書 三十四』(국립국악원, 1999),『玄鶴琴譜』「量息尺」87쪽: 방점은 필자에 의함. "一. 量息尺, 只用四息尺, 則自然合於梅花占, 覽者詳之, 梅花占者, 正音長短也. 周以復始, 循環不錯, 夫咏歌舞蹈, 皆不能無音響節奏之度數, 故今以量尺數息以爲樂府之定例, 庶無太緩太促之病, 然衆樂暗騰之際, 歌曲迭唱之度, 奚暇豈眞數息哉. 初學之士不識雅俗緩促之定体徒解, 琴曲之口音有遲速過不及之獘, 固以此先定一二句之点數, 則始希終釋, 自長至短, 隨樂之勢, 自然成章, 不必更事數息矣. 後之君子留意. 一. 今以量尺數息, 則羽界面第二數大葉爲準, 假令初章之쩡点起於初一息之初刻, 則間点存於正刻. 쩍点入於第二息之一刻, 꿍点下於正刻, 間点又存於三息之二刻, 더点又存於正刻, 덕点入於四息之三刻, 間点又存於正, 쨍点乃下於五息之四刻, 間点又存於正, 쩍点終於六息五刻, 六息五刻卽一息之初刻也. 一息之正更爲쩡点矣. 然則與民樂之二三章, 步虛子之第二章, 靈山會上之上中下三篇, 皆以此爲準, 其他初數葉三數葉三雷弄樂半葉之屬, 皆以一呼一吸之半爲度, 至於編數葉及俗樂打咏之類, 皆以分數爲度, 則雖有少差之殊, 而無涯角之誤耳. 至於靈山步虛與民樂之初章, 皆以三四息爲率不在此論也. ○醫書以氣口脈六至爲一息, 蓋以氣完丈夫論, 非婦人小兒論."

『현학금보』「양식척」에서는 위와 같은 그림을 그려서 설명하고 있는데, 각각의 식은 여섯 칸으로 나뉘어져 있다. 이는 기구맥이 6번을 뛰는 것을 뜻한다. 이를 1각·2각·3각·4각·5각·6각이라 한다. 하나의 식은 숨을 내쉬는 호(呼)와 숨을 들이마시는 흡(吸)으로 구성되어 있다. 1각·2각·3각이 호에 해당하고, 4각·5각·6각이 흡에 해당한다. 그리고 각 식의 정중앙에는 정각(正)이 표시되어 있으며, 간점은 매 식마다 위치가 다르다.

양식척은 6식으로 구성되어 있는데, "단지 사식척을 사용하면, 자연히 매화점과 부합하게 된다"는 것은 무엇을 의미할까? 하나의 식은 정을 기준으로 숨을 내쉬는 호와 숨을 들이쉬는 흡의 2박으로 나누어지고, 호와 흡은 다시 3각으로 구성되어 있는데, 제4식에 이르면 모두 8박이 된다. 사식척을 사용하면, 매화점의 5점 8박과 같아지게 되는 것이다.

양식척은 큰 틀에서 보면, 2수 체계 속에 다시 3수 체계가 공존하는 복합적인 체계라 할 수 있다. 낱낱의 식은 호와 흡의 2수 체계로 구성되어 있는데, 호흡은 또한 각기 3각씩으로 모두 여섯 개의 각(刻)으로 이루어져 있기 때문이다.

또한 양식척 4식 4호(呼)·4흡(吸)의 8, 1호흡 6각, 1호 3각, 1흡 3각, 4식 24각 체계에서 썽·쩍·꿍·더·덕의 점(点)이 각기 다르다는 점에 주목할 필요가 있다. 특히 '더' 점은 3식의 정각에 있고, '덕' 점은 4식의 3각에 들어가기 때문에, 썽·쩍·꿍·더·덕의 간격이 균일하지 않다는 점에 주목해야 한다.

양식척은 동일한 패턴이 반복되는 형식이 아니다. 제6식의 5각이 1식의 초각이 되는 형식으로 반복되기 때문에 무한하게 차이나는 방식으로 진행한다. 반복이 계속되면 될수록, 1식 초각의 위치가 계속 달라지는 방식인데, 이는 마치 춘분점이 세차운동에 의하여 1년에 1분 50초씩 서쪽으로 이동하는 방식과 닮아있다.

그런데 6식의 체계, 1식 6각의 체계는 무엇을 의미하는 것일까? 양식척

4식의 4호·4흡=8, 1호흡 6각, 4식 24각의 체계뿐만 아니라, 매화점 5점 8박의 체계와 달리, 6이라는 숫자가 의미하는 것은 무엇일까?

박연이 문무(文武) 두 가지 춤 곡조를 8박으로 된 악장을 지었을 때, 춤을 출 때에 제1변(變)은 태조를 기리고, 제2변은 태종을 기리어 서로 차례대로 송덕(頌德)하고, 제6변에 이르러 태종에서 끝마치되, 악이 끝나면 물러가게 한 적이 있었다.

여기서 6변(六變)이란 춤추는 사람이 남쪽 표(表)로부터 북쪽 표에 이르기까지 4표를 세우고, 둘째 표에 도달하면 일성(一成), 둘째 표로부터 셋째 표에 도달하면 이성(二成), 셋째 표로부터 북쪽 표에 도달하면 삼성(三成)이라 하고, 다시 반대로 돌아서서 순서대로 남쪽으로 내려오면, 사성(四成), 오성(五成), 육성(六成)이 되는데, 음악도 또한 6변(六變)하는 것을 말한다.

즉 박연이 지은 8박으로 된 문무의 춤은 태조의 6변과 태종의 6변으로 구성된 12변의 문무 춤이었던 것이다. 그런데 음악이 6변한다는 것을 무엇을 의미하는 것일까?

첨지중추원사 박연이 상언하기를, "제악(祭樂)은 천신(天神)을 제사할 경우 강신(降神)함에 4궁(宮)을 쓰는데, 악(樂)은 6성(成)으로 변합니다. 육변을 쓰는 것은 천제(天帝)가 진(震)에서 나옴을 취함이요, 진은 묘위(卯位)에 자리 하였으니, 묘(卯)의 수는 여섯인 것입니다. 따라서 환종궁(圜鍾宮)을 사용하여야 하니, 즉 협종(夾鍾) 2성(成), 황종각(黃鍾角)·고선궁(姑洗宮) 2성, 태주치(太簇徵)·남려궁(南呂宮) 1성, 고선우(姑洗羽)·대려궁(大呂宮) 1성이요, 송신(送神)에는 협종궁(夾鍾宮) 1성을 사용합니다.

지기(地祇)를 제사할 경우, 강신함에 4궁을 쓰는데, 악은 8성으로 변합니다. 팔변을 쓰는 것은 곤(坤)이 만물을 기르는 것을 취함이요, 곤은 미위(未位)에 자리하였으니, 미(未)의 수는 여덟인 것입니다. 따라서 함종궁(函鍾宮)을 사용하여야 하니, 즉 임종(林鍾) 2성, 태주각(太簇角)·유빈궁(蕤賓宮) 2성, 고선치(姑洗徵)·응종궁(應鍾宮) 2성, 남려우(南呂羽)·유빈궁(蕤賓宮) 2성이요, 송신(送神)에는 임종궁(林鍾宮) 1성을 사용합니다.

인귀(人鬼)를 제향할 경우 강신함에 4궁을 쓰는데, 악은 9성으로 변합니다. 구변(九變)을 쓰는 것은 금(金)의 수를 취함이요, 금의 물건됨이 잘 화(化)하되 변하지 않으니 귀신도 마찬가지입니다. 따라서 황종궁(黃鍾宮) 3성, 대려각(大呂角)·중려궁(仲呂宮) 2성, 태주치(太簇徵)·남려궁(南呂宮) 2성, 응종우(應鍾羽)·이칙궁(夷則宮) 2성을 사용합니다" 하였다.[60]

박연이 지은 태조와 태종의 문무 6변 음악은 천제의 음악이었다. 이는 천체의 운행을 뜻하는 8박과도 어울리는 도수(度數)였다. 조선이 비록 제후의 지위이더라도, 음악만큼은 천제의 지위에 해당하는 것을 사용하였다.

그런데 6각이 있고, 6변이 있다면, 6박의 음악도 있지 않았을까? 우리는 6박으로 된 24박 춤을 발견할 수 있었는데, 이는 정조 때의 일이었다. 정조는 소사(小祀)인 영성과 노인성의 제사 때 음악을 쓰는 문제에 대하여 이견을 가지고 있었으며, 이에 관한 글이 정조의 시가와 산문을 엮어 1799년과 1800년에 두 차례에 걸쳐 간행한 시문집인『홍재전서(弘齋全書)』에 실려 있다.

조선에서 길례의 제사는 크게 대사(大祀)와 중사(中祀), 그리고 소사(小祀)로 분류하고 있다. 대사로는 종묘와 사직이 있다. 중사로는 풍운뢰우와 악·해·독, 선농·선잠·우사와 문선왕·조선 단군·후조선 시조 기자·고려 시조

<hr>

60 『세종실록』92권, 세종 23년 1월 6일 갑진 두 번째 기사. "祭樂。祀天神, 降神四宮樂變六成。用六變者, 取帝出乎震, 震爲卯, 卯之數六也。圜鍾宮卽夾鍾二成, 黃鍾角姑洗宮二成, 太簇徵南呂宮一成, 姑洗羽大呂宮一成, 送神夾鍾宮一成。祭地祇, 降神四宮樂變八成。用八變者, 取坤養萬物, 坤居未, 未之數八也。函鍾宮卽林鍾二成, (六)[太] 簇角蕤賓宮二成, 姑洗徵應鍾宮二成, 南呂羽蕤賓宮二成, 送神林鍾宮一成。享人鬼, 降神四宮樂變九成。用九變者, 取金之數。金之爲物, 能化而不能變, 鬼亦如之。黃鍾宮三成, 大呂角仲呂宮二成, 太簇徵南呂宮二成, 應鍾羽夷則宮二成。"

가 있으며, 소사로는 영성(靈星)·명산대천(名山大川)과 사한(司寒)·마조(馬祖)·선목(先牧)·마사(馬社)·마보(馬步)·칠사(七祀)·영제(禜祭)가 있다.

대사는 일상생활을 하면서 부정한 일을 멀리하는 산재 4일과 일상생활을 중단하고 제사에만 전념하는 치재 3일, 제사 음식을 담는 변두가 각각 12개이고, 음악을 사용한다. 중사는 산재 3일 치재 2일, 변두가 각각 10개이고, 음악을 사용한다. 소사는 산재 2일 치재 1일이고, 변두는 각각 8개이고, 음악을 사용하지 않는데, 대사·중사·소사는 여러 가지 절차나 규모에서 차이를 두었다.

그런데 이러한 분류에는 다소 문제가 있었다. 대사·중사·소사의 제도가 시대마다 각기 달랐던 것이다. 특히 정조는 소사의 제도에서 영성단과 수성단에서의 제사에서는 음악을 사용해야 한다는 견해를 피력하였다.

> "역대의 제도를 상고해보아도 영성과 수성은 다 같이 남교 또는 도성 동남쪽에서 제사를 올렸으며, 우리나라의 제도에도 영성단과 수성단은 역시 남교에 있어서, 성신(星辰)에 대해서도 풍수(風師)와 우사(雨師)와 함께 제사를 올렸으니, 이는 '해와 달은 하늘에 딸리어 위를 친하며, 사물은 유별로 취합하고 군별로 나뉜다'는 『주역』계사(繫辭)의 뜻에도 근사하다. 그렇다면 『국조오례의』에 실린 '남교에서 제사하다(祀于郊)'라는 말은 예전에 예법을 제정하던 본뜻과도 아주 잘 들어맞는다. 이를테면 제향의 의식에 음악을 쓴 것 역시 분명한 증거가 있다."[61]

태종 때 허조에 의해 찬술된 길례의식에서도 영성에 대한 제사는 산재 2일, 치재 1일이었고, 진설하는 변두도 8개였으며, 삼헌례를 행하였으나 소사에 해당하였다. 세종 때에도 예조에서 계하기를 "입추(立秋) 뒤의 진일(辰

---

61 『홍재전서』(한국학중앙연구원, K4-5699_033) 제62권/잡저 9. "稽歷代之制, 皆祀靈星壽星於南郊, 或國城東南, 國制靈星壽星壇, 亦在南郊, 星辰之與風師雨師竝享, 近於麗天親上類聚羣分之義. 然則五禮儀所載祀于郊, 允合古者制禮之本旨. 如享儀之用樂, 亦甚有明據."

日)에 영성(靈星)을 제사지내고 추분에 수성을 제향하는 것은 모두 소사가 되는 것입니다. … 제품(祭品)도 또한 소사의 예(例)에 의하게 하소서"[62] 하니, 세종도 그대로 따랐다.

그러나 정조의 생각은 이와 달랐다. 『국조오례의』에서 영성과 수성의 제사에 음악을 쓰지 않은 것은 당나라의 제도를 따랐기 때문이라는 것이다. 한나라에서는 영성에 제사할 때 음악을 사용하였으니, 이에 따라 영성과 수성의 제사에 음악을 사용해야 한다고 정조는 생각하였다.

> 『주례』에 보면 모든 국가가 소사에 종고(鐘鼓)를 연주하도록 되어 있으니, 이것이 소사에 음악이 있었다는 증거이다. 한고조(漢高祖)가 봄가을로 영성에 제사를 올릴 직에 남사 무동이 16인이었으니, 이것이 영성의 제사에 음악이 있었다는 증서이다. 오직 당(唐)나라의 제도에만 영성 및 사중(司中)·사명(司命)의 제사에 다 같이 음악을 쓰지 않았으니, 『국조오례의』에서 영성과 수성의 제사에 음악을 쓰지 않은 것 역시 당 나라의 제도를 따랐기 때문일 것이다. 지금은 한 나라의 제도를 좇아 음악은 속부(俗部) 음악을 쓰고 춤은 동남(童男)으로 2일(佾)을 써서 관헌(裸獻)의 절차나 맞출 따름이니, 곧 토고(土鼓)와 빈가(豳歌)로 전부(田夫)와 만물(萬物)을 쉬게 해 준다는 『주례』의 본뜻이다."[63]

정조는 한나라의 예를 참고하여 영성과 수성의 제사에서 속부의 음악을 쓰고, 동남(童男)의 2일무(佾舞)를 추게 하였으니, 소사라도 경우에 따라 음악을 사용할 수 있다는 견해였다.

---

62 『세종실록』32권, 세종 8년 5월 19일 임자 다섯 번째 기사. "立秋後辰日, 祀靈星, 秋分享壽星, 皆爲小祀. … 祭品亦依小祀例."

63 『홍재전서』제62권/잡저(雜著) 9. "周禮凡國之小祀, 令奏鐘鼓, 此小祀有樂之證也. 漢高祖春秋祀靈星, 舞者童男十六, 此靈星祀有樂之證也. 惟唐制靈星及司中司命, 皆不用樂. 五禮儀靈星壽星之不用樂, 亦因唐制也. 今從漢制, 樂用俗部, 舞用童男二佾, 叶于裸獻之節而止, 卽土鼓豳歌, 以息老物之義也."

영성과 노인성에 예를 행할 때 무동은 2일로 16인이었다. 전폐례를 행할 때 음악을 연주하여 천자무(天字舞)를 추었는데, 음악은 여섯 박이고 춤은 여섯 바퀴를 돌았다. 초헌례를 행할 때 하자무(下字舞)를 추었는데, 음악은 여섯 박이고 춤은 여섯 바퀴를 돌았다. 아헌례를 행할 때 태자무(太字舞)를 추었는데, 음악은 여섯 박이고 춤은 여섯 바퀴를 돌았다. 종헌례를 행할 때 평자무(平字舞)를 추었는데, 음악은 여섯 박이고 춤은 여섯 바퀴를 돌았다.

영성은 농성이라고도 한다. 그리고 노인성은 남극수성이라고도 한다. 수성에 제사를 올리는 것은 복을 빌자는 것이다. 세종 때 이순지(李純之, 1406~1465)가 지은『천문류초(天文類抄)』에 의하면, "노인은 백성의 운을 주관하는 별로, 일명 남극이라고도 한다. 항상 추분의 아침에 병(丙)의 방위에서 나타났다가, 춘분의 저녁때가 되면 정(丁)의 방위에서 사라진다. 추분이 되면 남쪽 교외에서 관찰된다. 별이 밝고 크면 임금이 오래 살고 천하가 안녕하며, 보이지 않으면 임금에게 우환이 생기고 병란이 일어나며, 흉년이 든다. 객성이 들어오면 백성에게 질병이 도는데, 일설에 의하면 병란이 일어나며, 노인에게 우환이 생긴다고도 한다. 유성이 범하면 노인에게 질병이 많이 생기고, 일설에 의하면 병란이 일어난다고도 한다"[64]고 하였다.

춤 한 바퀴에 한 번 부르는 영성과 수성의 악가는 이러하였다.

"영성악가(靈星樂歌): 수ㆍ화ㆍ목ㆍ금ㆍ토ㆍ곡의 역할이 잘 수행되며, 정덕ㆍ이용ㆍ후생[65]의 정책이 잘 조화되어서, 아홉 가지 일이 저마다 순조롭기에 이 순조로움

64 이순지,『천문류초(天文類抄)』(규장각 한국학연구원, 奎中1907)
65 위의 글은『尚書』「虞書ㆍ大禹謨」에 나온다. "우(禹)가 말씀하였다. 아! 황제여 생각하소서. 덕(德)은 정사(政事)를 선(善)하게 하고, 정사는 백성을 기름에 있으니, 수(水)ㆍ화(火)ㆍ금(金)ㆍ목(木)ㆍ토(土)와 곡식이 잘 연구하며, 정덕(正德)과 이용(利用)과 후생(厚生)이 화하여, 아홉 가지 공(功)이 펴져서, 아홉 가지 펴진 것을 노래로 옮거든, 경계하고 깨우쳐서 아름답게 여기며, 독책하여 두렵게 하며, 구가(九歌)로써 권면하시어, 무너지지 않게 하소서. (禹曰:「於! 帝念哉! 德惟善政, 政在養民. 水ㆍ火ㆍ金ㆍ木ㆍ土ㆍ穀, 惟修; 正德ㆍ利用ㆍ厚生, 惟和. 九功惟敘, 九敘惟歌, 戒之用休, 董之用威, 勸之以九歌, 俾勿壞.」)"

을 노래하도다."[66]

"수성악가(壽星樂歌): 변함없는 달과 같으며, 떠오르는 해와 같으며, 영원한 남산
과 같아서 기울지도 무너지지도 않을 것이며, 무성한 송백과 같아서, 행여라도 송
백처럼 면면히 이어지지 않음이 없으소서."[67]

그런데 왜 하필이면 음악에 6박을 사용한 것일까? 그리고 춤은 왜 여섯
바퀴를 돈 것일까? 이는 천신에 대한 제사를 지내는 예법과 관련이 있다. 주
나라의 관직을 규정한 『주례』 대사악에는 이런 언급이 있다.

"무릇 악에서 환종을 궁으로 삼고, 황종을 각으로 삼고, 태주를 치로 삼고, 고선을
우로 삼아, 뇌고와 뇌도, 고죽의 관, 운화의 금슬, 운문의 춤. 동지일에 지상의 환
구에서 연주하는데, 악이 6변하면 천신이 모두 강림하여 얻어서 예할 수 있을 것
이다."[68]

천신에게 제사할 때는 반드시 6이라는 수를 사용하였다. 그래서 뇌고
와 뇌도도 6면의 북이었다. 이에 대해 세종 때 음악 이론을 연구하였던 박
연은 진양의 설을 언급하면서, 수(數)와 12지지(地支)와의 관계에 근거하여
각종 제사에서 쓰이는 북의 면수에 대한 설명을 덧붙이고 있다. 즉 묘궁(卯
宮) 환종(圜鍾)의 수는 6이며, 미궁(未宮) 함종(函鍾)의 수는 8에 해당하는데,

66 『홍재전서』 제62권/잡저(雜著) 9. "靈星樂歌 舞一轉一唱, 水火金木, 土穀維修, 正德利用, 厚生維和,
九功維叙, 九叙維歌."
67 『홍재전서』 제62권/잡저(雜著) 9. "壽星樂歌 舞一轉一唱, 如月之恒, 如日之升, 如南山之壽, 不騫不崩,
如松柏之茂, 無不爾或承."
68 『周禮』 「大司樂」(文淵閣 四庫全書). "凡樂, 圜鍾爲宮, 黃鍾爲角, 大蔟爲徵, 姑洗爲羽, 雷鼓雷鼗, 孤竹
之管, 云和之琴瑟, 《云門》之舞; 冬日至, 於地上之圜丘奏之, 若樂六變, 則天神皆降, 可得而禮矣."

이것이 각각 천신과 지기(地祇)의 제사와 관련된다는 것이다.

> "옛날의 말씀에 의거하여 수를 맞추어 제작하여 각기 같은 유(類)를 진설하고 연
> 주하게 하시기 원하옵니다. 천신에게 제사할 적에는 묘궁 환종의 음률을 사용하
> 여 음악은 여섯 번 변하는 것을 사용하고, 북은 여섯 면(面) 되는 것을 사용하는
> 것은 선천(先天)의 수에 묘(卯)가 그 육(六)을 얻은 때문이며, 지기(地祇)에게 제
> 사할 적에는 미궁 함종의 음률을 사용하여, 음악은 여덟 번 변하는 것을 사용하고,
> 북은 여덟 면 되는 것을 사용하는 것은 선천(先天)의 수에 미(未)가 그 여덟을 얻
> 은 때문이라고 하였으니, 진양(陳暘)의 이 설(說)은 근거가 있는 듯합니다."[69]

『주례』 대사악에 의하면, 천신에게 제사할 때는 환종궁을 사용하고, 지
기에게 제사할 때는 함종궁을 사용하고, 인귀에게 제향할 때는 황종궁을 사
용한다는 것이다. 즉 환종이 궁(宮)이 되고, 황종이 각(角)이 되며, 태주가 치
(徵)가 되고, 고선이 우(羽)가 되는 환종의 음률을 사용하여 천신에게 제사
하고, 함종이 궁(宮)이 되고, 태주가 각이 되며, 고선이 치가 되고, 남려가 우
가 되는 함종의 음률을 사용하여 지기에게 제사하며, 황종이 궁이 되고, 대
려가 각이 되고, 태주가 치가 되며, 응종이 우가 되는 황종의 음률을 사용하
여 인귀에게 제향해야 하는데, 이렇게 해야 비로소 천신이 하강하고, 지기
가 땅에서 나오며, 인귀가 흠향한다는 것이다.

이러한 이유 때문에 정조도 영성과 수성에 제사할 때 6박을 사용하여
천하태평(天下太平)의 춤을 출 때 여섯 바퀴를 돈 것이다. 그리고 여섯 번
도는 춤사위(六轉舞勢)에 대해 설명하고 있는데, '육전(六轉)'이란 좌전(左

---

69 『세종실록』 47권, 세종 12년 2월 19일 경인 다섯 번째 기사. "願依古說備數制作, 各以其類, 陳而奏之。
祀天神用卯宮圜鍾之律, 樂用六變, 鼓用六面者, 先天之數, 卯得其六故也。祭地祇用未宮函鍾之律, 樂用八
變, 鼓用八面者, 先天之數, 未得其八故也。陳暘此說, 似有據依。"

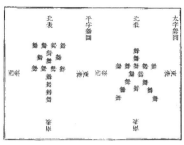

천·하 무도   태·평 무도

轉), 우전(右轉), 앙전(仰轉), 부전(俯轉), 추전(趨轉), 정전(定轉)을 말한다.

여기서 "전(轉)이란 얼굴을 돌리고 나서 몸을 돌리는 동작으로, 그 뜻은 『시경』의 관저(關雎)에 보인 전전(輾轉)에 근거한 것"으로, 좌전(左轉)이란 사표(四表)의 주위를 좌로 한 바퀴 다 도는 것이고, 우전(右轉)이란 사표의 주위를 우로 한 바퀴 다 도는 것이고, 앙전(仰轉)이란 사표의 주위를 우러르며 한 바퀴 다 도는 것이고, 부전(俯轉)이란 사표의 주위를 구부리어 한 바퀴 다 도는 것이고, 추전(趨轉)이란 중앙으로 뛰어나가는 동작이고, 정전(定轉)이란 천·하·태·평, 네 글자를 정 위치로 벌여 서는 동작을 말한다.

천(天)·하(下)·태(太)·평(平)의 네 가지 춤을 육세(六勢)를 사용하여 모두 24박에 맞추어 춤을 추는데, 영성에 제사할 때는 무동이 「구서(九叙)」[70]의 노래를 제창하고, 수성에 제사를 올릴 때에는 무동이 「천보(天保)」[71]의 노래를 제창하는데, 모두 관적(管笛)으로 화답하고, 고박(鼓拍)으로 조절한다. 춤 한 바퀴에 박을 한 번 치고, 북을 한 번 친다.[72]

---

70 『尙書』「虞書」《大禹謨》. "禹曰 :「於 ! 帝念哉 ! 德惟善政, 政在養民. 水、火、金、木、土、穀, 惟修 ; 正德、利用、厚生、惟和. 九功惟敍, 九敍惟歌. 戒之用休, 董之用威, 勸之以九歌俾勿壞。」"

71 『詩經』「小雅」《鹿鳴之什》〈天保〉. "如月之恒, 如日之升. 如南山之壽, 不騫不崩. 如松柏之茂, 無不爾或承。"

72 『홍재전서』 제62권/잡저(雜著) 9. "六轉舞勢: 左轉, 環旋表周. 右轉, 環旋表周. 仰轉, 環旋表周. 俯轉, 環旋表周. 趨轉, 趨進中央. 定轉, 定立天字. 轉者, 面顧而體轉, 義本關雎詩之輾轉也. 天下太平四舞各六勢(六拍), 以協二十四拍者, 樂六變而天神降也. 祀靈星, 舞童齊唱九叙之歌. 祀壽星, 舞童齊唱天保之雅. 皆和以管笛, 節以鼓拍. 舞一轉, 拍一鼓一."

이 밖에 조선에서는 7절(節)·5절·4절의 음악도 사용하고 있었다. 『세종실록』부록에 실려 있는 「오례」 군례(軍禮)의 '사우사단의(射于射壇儀)'에서는 임금이 활을 쏠 때의 의례에 대해 언급하고 있다.

임금이 활을 쏠 때에는 곰의 머리가 그려진 웅후(熊侯)를 90보(步) 거리에 설치하였다. 웅후(熊侯)는 붉은 빛깔의 베로써 바탕을 만들고 높이와 나비를 1장(丈) 8척(尺)으로 하였고, 그 나비를 삼등분하여 정곡(正鵠)이 그 1등분을 차지하게 하였다. 정곡은 사방을 6척으로 하고, 흰색을 칠한 가죽으로서 모지게 이를 만들어 후(侯)의 복판에 붙이고 곰의 머리를 그렸다.

음악은 7절의 화안지악(和安之樂)을 연주하였는데, 먼저 화안지악 3절을 연주한 후 활을 쏘았다. 제1의 화살은 제4절과 서로 응하고, 제2의 화살은 제5와 서로 응하며, 제3의 화살은 제6절과 서로 응하고, 마지막 제4의 화살은 제7절과 응하게 하였다. 이때 과녁에 맞은 것은 '획(獲)'이라 하고, 아래로 떨어져 미치지 못한 것은 '유(留)'라 하고, 위로 넘어간 것은 '양(揚)'이라 하고, 왼쪽으로 지나간 것은 '좌방(左方)'이라 하고, 오른쪽으로 지나간 것은 '우방(右方)'이라 하였다.

이에 반해 시사자(侍射者)가 나란히 짝[耦]을 지어 활을 쏠 때는 5절의 성안지악(誠安之樂)을 연주하였는데, 제1절을 들은 후, 제2절에 맞추어 제1의 화살을 쏘았고, 마지막 제4의 화살은 제5절의 음악에 맞추어 화살을 쏘았다. 이때 과녁에 맞았으면, 화살을 줍는 사람(獲者)이 북을 쳤고, 맞지 않았으면 징(金)을 쳤다.

임금이 활 쏘는 것을 관람할 때는 과녁으로 미후(麋侯)를 설치하였는데, 청색포(靑色布)로써 바탕을 만들고 높이와 나비는 1장 8척으로 하였다. 그 나비를 세 등분(等分)하여 정곡이 그 1등분을 차지하였으며, 정곡은 사방이 6척인데, 흰색을 칠한 가죽으로써 모지게 이를 만들어 후(侯)의 복판에 붙이고 순록[麋]의 머리를 그렸다. 종친 이하의 관원들이 짝을 지어 동편

'대사례도'(국립중앙박물관)

계와 서편계로 나누어 올라가 활을 쏘았는데, 5절의 성안지악(誠安之樂)에
맞추어 4발의 화살을 쏘았다.

해마다 3월 3일(가을이면 9월 9일)에 개성부(開城府)와 여러 도(道)의 주
(州)·부(府)·군(郡)·현(縣)에서 향사의(鄕射儀)를 행하였다. 주인의 자리를 사
단(射壇) 동쪽에 서향하여 설치하고, 빈(賓) 2품 이상의 자리를 사단 서쪽에
동향하여 설치하되, 북쪽을 상(上)으로 하였다. 중빈(衆賓) 3품 이하의 자리
를 남쪽 줄에 설치하되, 동쪽을 상으로 하였고(만약 2품 이상이 없으면, 6품 이상은
서쪽에 있고, 참외參外는 남쪽 줄에서 동쪽·서쪽으로 나누어 앉고, 중앙은 넓게 틔운다.) 서인
(庶人)은 사단 아래에 동쪽·서쪽에서 서로 마주보게 하되, 북쪽을 상으로 하
였다.

시후(豕候)는 청색포로써 바탕을 만들고, 높이와 넓이는 1장 8척으로
하며, 그 넓이는 세 등분하여 정곡이 그 1등분을 차지하는데, 정곡은 사방
을 6척으로 한다. 흰색을 칠한 가죽으로 모지게 이를 만들어 후의 복판에
붙이고, 돼지의 머리를 그렸다.

사사(司射)가 빈에게 활쏘기를 청하면, 빈이 쏘기를 허락하는데, 사사가 마침내 주인에게 알리고, 이를 마치면, 서계(西階)로부터 내려와서 제자에게 명하여 사기(射器)를 바치게 하였다. 사사가 활을 쥐고, 네 개가 한 묶음으로 된 화살[乘矢]을 등에 꽂고 사단에 도로 올라와서 활을 쏘았다. 이를 마치면, 빈과 주인(임시에 서로 짝을 짓는다.)이 화살 3개를 등에 꽂고 1개를 손가락 사이에 끼우고서 차례대로 활을 쏘았는데, 매양 화살을 쏠 적마다 모두 음악이 시작되고, 화살을 쏘면 반드시 절차에 맞게 하였다. 즉 4절의 음악에 맞추어 4발의 화살을 쏘았던 것이다.

2) 농악·두레·매구의 진법과 장단 그리고 가락

농악·두레·매구는 군악을 기본으로 하는 문화유산이다. 농악이나 두레, 매구는 그 양상에는 각기 차이가 있지만, 모두 진법을 중심으로 짜여 있기 때문이다. 또한 농악·두레·매구에서 쓰이는 악기 또한 조선후기 병법인 『병학지남』에서 보이는 군대 악기이고, 복색 또한 군대의 복장에서 유래하였다. 그러므로 농악·두레·매구의 장단도 군악과의 관련성에 대해 무엇보다 먼저 살펴볼 필요가 있다.

『병학지남』에는 악기를 불거나 치는 법을 설명하는 부분이 있다. 예를 들어 쇄납을 부는 것을 장호적(掌號笛)이라 하는데, 이는 각 장관과 두목을 모아 군무에 대하여 발방하려는 것이다. 모두 모인 뒤에야 불기를 그친다.

나팔 부는 호령에는 우선 장호가 있다. 이는 나팔만 불고 다른 악기를 불지 않는 경우를 말한다. 첫 번째 부는 것을 장일호라 하는데, 이때 사람들은 일어나서 짐을 챙기고 밥을 지으란 것이다. 두 번째 부는 것은 장이호인데, 사람들은 밥을 먹고 준비할 것을 정돈하여 문에 나가 대령이 설 위치를 물어서 한데 모이란 것이다. 세 번째 부는 것은 장삼호인데, 주장이 대열 있는 곳으로 나오니, 각자는 그가 가는 데로 향하라는 것이다.

나팔을 한 소리만 길게 부는 것을 천아성(天鵝聲)이라 한다. 이것은 병졸이 일제히 고함을 치며 총수는 총을 쏘고 궁수는 활을 쏘란 것이다. 파대오(擺隊伍)의 나팔소리는 1자로 열을 지어 대대(大隊)를 편성하란 것이다. 대열이 형성된 다음 나팔소리가 조금 그쳤다가 다시 긴소리로 부는 것을 단파개(單擺開)라 한다. 이때 살수는 적은 대열을 만들고, 총수는 단열(單列)을 지어 전투태세를 갖춘다. 나팔을 긴 소리로 불고 포 한 방을 놓고, 기를 좌우로 흔드는(磨旗) 것은 몸을 돌리란(轉身) 것이다. 이때 각 병사들은 깃발이 가리키는 곳을 보고 그대로 몸을 돌린다.

소라(螺)를 길게 세 번 부는 것은 군사들을 출발 준비하란 것이요, 다시 한 번 부는 것은 마병(馬兵)은 말을 타고, 차병(車兵)은 차에 붙고, 보병은 무기를 갖고 대기하라는 것이다. 무릇 라(鑼)를 울리는 것은 말 가진 군사는 말에서 내리고, 수레 가진 군사는 수레에서 내리란 것이다. 다시 부는 것은 군사들이 앉아서 쉬란 것이다. 거리를 연달아(沿街) 라 소리가 나는 것은 모든 군사들이 갑옷을 벗고 편안히 쉬란 것이다. 라의 변(邊)을 울리는 소리는 깃발을 나누어 세우란 것이다.

북을 드물게 치는 것(點鼓)은 행군하라는 것인데, 한번 치면 약 20보 간다. 자주 치면(點緊鼓) 빨리 가란 것인데, 한번 칠 때 한 걸음씩 간다. 세게 치는 것(擂鼓)은 적과 교전하라는 것으로 군사들은 전진하여 적과 어울려 살벌하라는 것이다. 대열을 지은 뒤 점고(點鼓)하면, 진(陳)을 들어 나아가야 하는 것이다. 영(營)을 정하고 북을 세게 치는 것은 나무와 물을 준비하란 것이요, 밤이 되어 영문을 닫은 뒤 북을 세게 치는 것은 경(更)이 되었다는 것이다. 득승고(得勝鼓)는 상관과 군사를 본래 있던 곳으로 돌아오게 하는 것이다.

징(鉦) 치는 신호는 군중에 있어 치고 부는 모든 소리(호적, 바라, 나팔, 라, 북 등)를 그치고자 함이요, 기치로서 색깔 있는 것을 매번 엎드리게 하려는 것이다. 반드시 징을 한 번 울림은 영(營)을 변경하는 호포를 들은 뒤에 곧 변경한 영(營)대로 행하라는 것이다. 두 번 울리는 것은 취타를 불라는 것이요, 세 번 울리는 것은 취타를 정지하란 것이다. 적과 대전이 끝난 뒤에 징을 세 번 울리는 것은 군사를 물리치란 것이요, 연이어 두 번 울리는 것은 군사를 물리쳐서 그들이 몸을 돌려 서란 것이다. 징 가를 울리는 것은 복로병과 당보를 보내란 것 혹은 깃발을 벌려 세우란 것 또 혹은 오방기초를 내세워 표하란 것이다.

취타는 주장(主將)이 장막(帳幕)에 나올 때 혹은 영문을 개폐할 때 한다. 조련할 때 대취타하는 것은 장관과 군사가 있던 곳으로 돌아가란 것이요, 조련이 끝났을 때 대취타하는 것은 조련을 해산하란 것이다. 소취타는 문을 조금 열어 일정한 곳에서 군사들로부터 군무(軍務)와 그들의 사정을 듣는 것이다.

조선후기 병법인『병학지남』에서 사용했던 신호체계와 현행 풍물 가락과의 연관성을 살펴보면, '대포수청령' 후, 풍물패가 원의 중앙으로 치고 들어갈 때 때 약 20보에 한 번 북을 치는 경우가 있는데, 이는『병학지남』의 점고(點鼓)를 본받은 것이라 할 수 있다. 또한 풍물패가 한 걸음에 한 번 북을 치는 경우가 있는데, 이 또한『병학지남』의 긴고(緊鼓)를 본받은 것이다. 그리고 풍물패가 북을 어지럽게 치는 이른바 난타는『병학지남』의 뇌고(擂鼓)에 해당하는데, 이 모두 군악에서 유래한 것이라 볼 수 있다.

제자리로 돌아가라는 신호인 득승고는 현행 풍물의 2채 또는 휘모리에 해당한다. 득승고(得勝鼓)에 대해『병학지남』의「기고총결(旗鼓總訣)」에서는 "격격등등ᄒ야 서로 티믈 닐온 이긔믈 어든 붑이니, 이ᄂ 제 신디의 도라가과댜 호미니라(角宮迭打謂之得勝鼓, 是要回信地.)"라고 설명하고 있는데,『병학지남연의』에서는 이를 개선악이라고 해설하고 있다(得勝鼓古所

謂凱歌也.). 격걱등등'의 북소리를 지금은 '덕덕쿵쿵'으로 표기할 수 있을 것이다. '득승고'라는 용어는『기효신서』「卷八 조련영진기고편(操練營陳旗鼓編)」에도 보인다. 그러나 '징을 울려 대취타하고 득승고한다(鳴金大吹打得勝鼓)'[73]라고 할 뿐, '각궁을 번갈아 친다(角宮迭打)'라는 언급이 없어, 어떻게 치는 것인지 알 수는 없는 형편이다.

『병학지남』에는 앞에서 언급한 바 있는 '농악 12차'의 유래를 짐작할 수 있는 부분이 있다.『병학지남』은 크게 기고정법(旗鼓定法), 기고총결(旗鼓總訣), 영진정구(營陣正敡), 영진총도(營陣總圖), 장조정식(場操程式), 성조정식(城操程式), 수조정식(水操程式)으로 구분되어 있는데, 성(城)을 수비하는 훈련인 '성조정식(城操程式)' 등성 제6(登城 第六)과 일면조 제7(一面操 第七)에는 이와 관련되는 내용이 실려 있다.

> "복로군이 곧바로 성 아래에 이르러 적이 20리 밖에 있다는 것을 알려오면, 종 치기를 그 방면의 수와 같이 하며, 세 차례 장호를 하고 세 차례 북을 급히 치면, 각기 성을 지키기 위해 배정된 관원과 군민들이 모두 병기를 잡고 성으로 올라간다."[74]
>
> "중군이 포를 쏘기를 해당 방면의 숫자와 같이 한 다음 즉시 북을 치고 라(鑼)를 울리면 창부(막사 관리원)가 모두 나와 타구를 향해 공격 자세를 취하고 대기하며, 적이 우마장 밖에 왔다고 보고하면 성 위에서 돌을 던진다."[75]

적이 20리 밖에서 오고 있다는 것을 척후병이 알려오면, 그 방향을 알려주기 위하여 그 방향에 해당하는 수(數)의 종을 친다는 것이다. 여기서 문

---

73 戚繼光,『紀效新書』(규장각 한국학연구원, 古9950-1), 紀效新書卷八, 操練營陳旗鼓編第八, p.41

74 『兵學指南』(규장각, 一簀古355.5-B993). 방점은 필자에 의함. "候伏路者徑到城下報賊在二十里外, 撞鐘如該方數, 掌號三播鼓三, 各派定守城官兵人等盡數執器上城.",

75 『兵學指南』(규장각, 一簀古355.5-B993). 방점은 필자에 의함. "中軍擊砲如該方數, 卽擂鼓鳴鑼, 廠夫盡出向垛口以備攻打, 報賊到牛馬藏外, 城上打石."

제가 되는 것은 그 방향의 수이다. 지금의 병법에서도 9시 방향, 3시 방향 등의 방위를 사용하고 있다면, 그때에도 자·축·인·묘·진·사·오·미·신·유·술·해의 12신(辰) 방위를 사용하지 않았을까?

"자방(子方)은 제사지내는 사람의 머리를 두는 방위(세종 13년 11월 5일)"라 든가, 풍수학 훈도(風水學訓導)인 최연원(崔演元) 등이 "백악산(白岳山)의 명당(明堂)은 배임 향병(背壬向丙)이며, 궁궐(宮闕)은 자좌 오향(子坐午向) 입니다(세조 10년 9월 7일)"라고 말한 것이라든가, "혜성이 자방(子方)의 등사성 (騰蛇星) 북쪽에 나타났다. 꼬리의 길이는 3~4척쯤 되었고 흰 빛깔이었다 (중종 28년 7월 11일)"든가 "제주(祭主)가 불복(不服)하는 방위는 해방(亥方)·자방 (子方)·축방(丑方)이고, 취토(取土)할 길방(吉方)은 병방(丙方)·임방(壬方)이 다(고종 27년 5월 1일)"는 등의 예를 통해 보았을 때, 조선시대에 주로 쓰였던 방 위는 12방위라고 보아도 무방하며, 적이 쳐들어올 때의 방면을 알리기 위해 그 방면에 해당하는 수의 종을 친 것으로부터 '농악 12차'가 유래하였을 가 능성이 높다.

『병학지남』에는 '대장청도도(大將淸道圖)'라는 것이 있다. 청도는 길에 잡인을 금지하고 행렬하는 것을 말하는데, 이때의 악기로는 라(鑼) 한 쌍(2), 정(鉦) 한 쌍(2), 나팔(喇叭) 한 쌍(2), 바라(哱囉) 한 쌍(2), 세악(細樂) 두 쌍, 북 (鼓) 두 쌍(4), 발(鈸) 한 쌍(2), 적(笛) 한 쌍(2)이다. 『병학지남』에서는 세악에 대해 별도로 언급하고 있지 않은데, 적과 북이 이미 있으므로 세악을 해금, 장고, 필률, 대금으로 볼 수도 있다. 그러나『내취정례』에서는 세악수가 장 고수, 관수(필률, 대금), 취적수, 해금수, 고수의 여섯 명으로 보이고,『원행을 묘정리의궤』「반차도」에서는 해금, 적, 관(管), 장고, 고(鼓)로 보이며,「안릉 신영도」에서도 세악수에 대해 해금, 적, 관, 관, 장고, 고를 그리고 있는 것으 로 볼 때, 세악수는 장고수, 관수(필률, 대금), 취적수, 해금수, 고수의 여섯 명 으로 보아야 할 것 같다.

『병학지남』의 '대장청도도'는 군악대가 맨 앞장에 서서 행군할 때의 대형을 그린 것인데, 길이 세 갈래, 네 갈래로 나누어지면 어떻게 대처했을까? 이와 관련된 규정이 바로 「장조정식(場操程式)」의 '분로(分路)'이다. 여기에서도 수에 따라 포를 쏘는 방식을 볼 수 있다.

"전영의 머리가 장대 왼쪽 앞길에 이르면 고초 두 개를 세운다. 중군이 호포를 놓고 징(金)을 울려 북을 정지시키면 각 병사들이 선다. 분로포(分路砲)를 놓고 고초를 세우며 수에 따라 북을 느리게 친다. 그러면 오른쪽 후영이 앞에 있는 좌영을 따라와서 좌영의 오른쪽에 함께 섰다가 두 길로 나간다. 중군과 중영은 이 두 길 후열의 가운데 있다. (세 길로 나누면 포를 세 번 놓고 고초를 세 개 세우며 중군은 두 길 가운데로 들어간다. 네 길로 나누면 포를 네 번 놓고 고초를 네 개 세우며 좌영이 전영의 오른쪽으로 들어가고 후영은 우영의 왼쪽으로 들어가며 중군과 중영은 네 길의 뒷줄 가운데에 있다. 다섯 길로 나누면 포를 다섯 번 놓고 고초를 다섯 개 세우며 중영은 왼쪽 후영의 가운데로 들어가고 중군은 또 중영의 가운데로 들어간다.) 병사들이 한 바퀴 돌아 교련장 앞에 이르면 호포를 놓고 라(鑼)를 울려 각 병사들이 앉아 쉬게 하며, 징(金)을 울려 라를 정지시키면 오방기초를 모두 눕히고 각 영도 일체 기를 눕힌다."[76]

우리는 위에서 약 20보에 한 번 북을 치는 점고, 한 걸음에 한 번 북을 치는 긴고, 북을 어지럽게 치는 이른바 난타에 해당하는 뇌고, 그리고 '격격 등등' 치는 득승고에 대해 살펴보았다.

---

76 『兵學指南』(규장각 한국학연구원, 一覽古355.5-B993), 0001_091b. "前營頭到將臺左邊前路, 立高招二面. 中軍舉號砲鳴金鼓止 , 各兵立, 舉分路砲, 立高招, 依數點鼓. 右後營趨至前左營之右, 并行爲二路. 中軍中營在二路後之中. 分三路則放砲三聲, 立高招三面, 中軍入兩路之中. 分四路則放砲四聲, 立高招四面, 左營入前營之右, 後營入右營之左. 中軍中營在四路後之中, 分五路則放砲五聲, 入高招五面, 中營入左後營之中, 中軍又入中營之中. 兵行一週到敎場前, 舉號砲鳴鑼, 各兵坐息, 鳴金鑼止, 五方旗招俱偃, 各營 一體偃旗."

농악·두레·매구는 그 출생증명서에 각기 차이가 있을지라도, 공통되는 것이 있으니 바로 진법이다. 문화재관리국이 1965년에 작성한 「무형문화재 조사보고서 제9호 농악 12차」의 부록에서 세 가지 형태의 팔진법(八陣法)을 제시하고 있다.

첫 번째 팔진법으로는 1. 오방진(五方陣, 중앙황제진, 동방청룡진, 남방주작진, 서방백호진, 북방현무진), 2. 일자장사진(一字長巳陣), 3. 팔문금쇄진(八門金鎖陣) 4. 원앙진(鴛鴦陣) 5. 구궁팔괘진(九宮八卦陣) 6. 오행진(五行陣) 7. 육화진(六花陣) 8. 둔갑진(遁甲陣) 9. 엄하진(嚴下陣)을 들고 있다. 두 번째 팔진법으로는 1. 취둔진(聚屯陣) 2. 오허진(吳呼陣) 3. 환진(環陣) 4. 장사진(長蛇陣) 5. 교체진(交替陣) 6. 송진(送陣) 7. 퇴진(退陣) 8. 무회진(舞回陣) 9. 개선진(凱旋陣)을 들고 있으며, 세 번째 팔진법으로는 1. 장진 2. 고동진 3. 화화진 4. 가세진 5. 방울진 6. 두루말이진 7. 돌림진 8. 미지기진 9. 둥맞이진을 들고 있다.

이러한 진법들은 『주역팔행문기(周易八行文記)』에서 인용한 것이라고 하는데, 이 책의 소재는 확인할 수 없었다. 다만 이러한 진법 중에서 구궁진, 팔진, 육화진과 현무진은 1742년에 간행된 『속병장도설』에 보이고, 오행진은 『무비지』에서 보인다.

또한 '농악 12차'에서 언급하고 있는 일자장사진(一字長巳陣), 팔문금쇄진(八門金鎖陣), 팔괘진(八卦陣)은 중국 명(明) 시대에 모원의(茅元儀)가 지은 『무비지』에서 보인다.

『병학지남』에는 일자진(一字陣)에 관한 언급이 있다. '제16열진' 조항에서 "신호포를 쏘고 바라를 불며 오방기와 고초기를 모두 세우면 각 병사들이 일어서며, 전신 나팔을 불면 각 병사들이 즉시 몸을 돌린다. 북을 급히 치고 파대오 나팔을 불면 각 병사들이 급히 달려가서 일자진을 진열한다. 다시 단파개 나팔을 불면 살수는 원앙대의 법식에 따라 각각 1장(丈)씩 떨

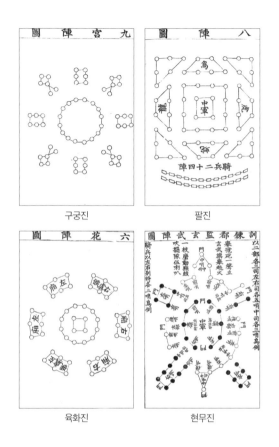

구궁진   팔진

육화진   현무진

어진다"[77]고 설명하고 있다.

또한 『병학지남』에는 현행 농악·두레·매구에서 문기(門旗)를 세우고 인원을 세는 장면과 관련이 있는 언급이 있다. '제33 산조(散操)'에서 "만약 군사의 수를 세고자 하면, 영기로 양편에서 문을 만들어, 각 대가 모두 한 사람씩 문을 따라 나가게 하고, 중군 차관이 눈은 초군을 따라 세어 낸다"[78]고 언

---

77 『兵學指南』(규장각 한국학연구원, 一簑古355.5-B993), 092a. "擧號砲吹哱囉, 五方旗招俱起, 各兵立, 吹轉身喇叭, 各兵即轉身, 點緊鼓吹擺隊伍喇叭, 各兵緊趨一字擺列, ○ 再吹單擺開, 殺手照鴛鴦隊, 相去各一丈."

78 『兵學指南』, 096b. "如欲數兵將, 令旗作門于兩邊, 各隊俱單人行從門出, 中軍差官逐哨數出."

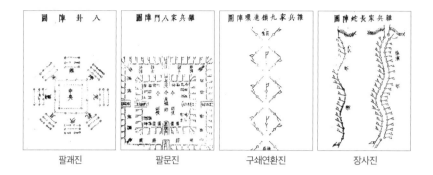

| 팔괘진 | 팔문진 | 구쇄연환진 | 장사진 |

급하고 있는데, 현행 풍물의 문기는 이 조항으로부터 유래한 것으로 보인다.

　현행 농악·두레·매구에는 대열 사이로 치배가 빠져나오는 동작이 있다. 이 또한 『병학지남』의 '제22 간화첩퇴(間花疊退)'와 관련이 있는 것으로 보인다. "적이 패하면 징(金)을 울려서 북을 정지시키고(鳴金鼓止) 솔발을 울린다. 각 군사들은 이전처럼 대오를 정돈한다. 징을 울려 솔발을 정지시키고 간화첩퇴(대열 사이로 빠져 나온다는 뜻)를 하며, 호령이 전과 같으면 세 번 물러서서 각각 본 위치로 돌아온다. 무기를 세우며 호포를 놓고 라를 울리면 앉아서 쉰다"[79]고 설명하고 있다.

　그 방법은 전층(前層)이 후층(後層) 사이로 한 번 후퇴하면, 다음에는 후층이 후퇴한 전층 사이로 일퇴(一退)하고, 그 다음에는 전층이 후층 사이로 재퇴(再退)하면, 후층이 재퇴한 전층 사이로 재퇴하는 방식이다.

　『병학지남』에는 영문을 열어 행군한다는 '제11 개영행(開營行)' 조항이 있다. 그런데 여기에서 '어관(魚貫)'이라는 용어가 등장한다. 굴비 엮듯이 꿰는 방식을 말하는데, 그 방식이 시간의 차이를 뛰어넘어 현행 농악에서도 보인다.

---

79 『兵學指南』, 094a. "賊敗鳴金鼓止摔鈸鳴, 各兵照前淸隊, 鳴金鈸止, 間花疊退, 號令如前三退, 各到信地, 堅起器械, 擧號砲鳴鑼坐息."

"먼저 전사, 다음 좌사, 다음 중군, 다음 우사, 다음 후사로 하되, 전영이 대 앞으로부터 동쪽을 따라 서쪽을 향하여 직행한다. 좌열 각 영이 가까이 다가가 접촉하여 가서, 우열의 뒤에 이르러 남쪽을 향하여 내려가고, 우열 각 영은 좌열 꼬리가 다하기를 기다려, 서로 접촉하여 행진하되, 만일 남쪽으로 내려가다가 우열과 서로 가깝게 되

간화첩퇴도

거든, 다만 대에 가까이 다가가 발 아래서 몸을 뒤로 하고, 고기 꿰듯이 올라가지 말고, 만일 두 항렬이 서로 멀어서 서로 섞이지 아니하면, 그 고기 꿰듯이 하는 것 (魚貫)을 허락하라."[80]

그런데 고기 꿰듯이 어관하는 방법이 '호남농악'에 다시 등장한다. 무형문화재 조사보고서 제33호 '호남농악'에는 '제31도 달어치기 해설'이라는 항목이 있다. 그 해설에서 "점선 방향 우측으로 돌면 을자진(乙字陳)을 치며, 각기 좌우로 돌기도 하며, 상쇠는 선두에서 춤을 추며 달고 원으로 돌다가 일자(一字)로 뽑는다"[81]고 설명하고 있다. 『병학지남』의 '어관'이 호남농악의 '달어치기'로 새롭게 탈바꿈한 것이다.

80 『兵學指南』(규장각 한국학연구원, 一簣古355.5-B993). "先前司次左司次中軍次右司次後司, 前營自臺前從東向西, 直行, 左列各營挨接而行, 到右列之後向南而下, 右列各營候左列尾盡, 相接而行, 若南下與右列相近, 只挨隊于脚下轉身, 不可魚貫而上, 若兩行相遠不相混則, 聽其魚貫, 隨敎塲大小兵之多寡, 以一週爲止, 兵多塲小, 或二路行營, 或出塲外行營."

81 무형문화재 조사보고서 제33호 '호남농악'(문화재관리국, 1967), 167쪽 참조.

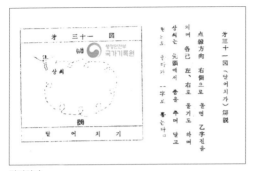

달어치기

농악과 두레 그리고 매귀 및 남사당 풍물은 군악의 진법에 기본하고 있다는 점에서는 차이가 없지만, 각기 그 유래에는 차이가 있으며, 이러한 차이는 그들의 가락에도 고스란히 남아 있

다. 이러한 면모를 무형문화재 조사보고서 제9호 '농악 12차'와 제33호 '호남농악' 그리고 '남사당 풍물'을 통해 알아보려고 한다.

1965년에 실시된 무형문화재 조사보고서 제9호 '농악 12차'에는 황일백 씨와 문백윤 씨가 각기 보유한 12차와 가락에 대해 언급하고 있다. 그런데 두 사람이 보유한 12차는 각기 차이가 있으며, 이러한 차이가 우리에게 많은 점을 시사해주고 있다. 조사보고서에서는 먼저 '차(次)'에 대해 정의하고 있다.

> "농악에서 차(次, 또는 채)는 농악을 구성하는 음악적 기본악장을 말하는 것으로, 농악은 12악장 즉 12차(또는 열두거리)로 조성되고 있는 것이다. 차는 다시 가락으로 분립되어 일차(一次)가 대개 3가락 이리하여 농악은 「12차 36가락」이다. 예로부터 전승되고 있다. 차의 변화는 상쇠가 지휘하고 진법은 이 차 안에 들어 있는 것이다."[82]

황일백 씨가 보유한 농악 12차는 1차-길군악, 2차-반삼채, 3차-도드리, 4차-사모잡이, 5차-반영산, 6차-자화굿, 7차-호호굿, 8차-둥마지굿, 9차-굿

---

82 「무형문화재 조사보고서 제9호 농악 12차」(문화재관리국, 1965), 392쪽 참조.

거리굿, 10차-달거리~집구리굿, 11차-허튼굿, 12차-영산~개인놀이이다. 가락은 다음과 같다.

1. 행진굿-취군하여 전진하면서 치는 가락
2. 반삼차-길군악으로 넘기는 도드리 가락
3. 길군악-행진굿
4. 도드리굿-도드리 본가락
5. 사모재비-네마치를 친다. '쿵·쿵·쿵·쿵(4/4)'
6. 반영산-영산회상(靈山會相) 곡에서 따온 가락
7. 七차굿-상쇠 웃놀음
8. 三차굿-七차와 같음. 빠르다.
9. 호호굿-호호를 제창
10. 앉인사위-坐体굿
11. 휕은굿-四方으로 흩어지며 친다.
12. 영산굿-영산회상의 한 가락
13. 달거리-일년 명절을 제창
14. 풍류굿-멋있는 맵시를 내는 굿
15. 쌍진굿-두 陳으로 나누기
16. 개인놀이-
17. 고동진(고리陳)-고동 모양을 갖는 陣法
18. 강마진-神將을 부르는 陳
19. 황화진-승패를 決하는 陳
20. 운무진-陳中에 雲霧를 일으키는 陣法
21. 금쇄진-圓陣을 치는 法
22. 푸마시굿-上釗가 치면 그대로 副釗가 따라친다.

23. 운봉굿-상쇠의 웃놀이

24. 광대굿-상쇠놀이

25. 행사굿-웃놀이

26. 집구리굿-普通굿

27. 먹법고-법구만 치고 노는 굿

28. 건덜굿-普通굿

29. 날당산굿-破陣굿

이에 반해 문백윤 씨가 보유한 12차와 가락은 이러하다.

제1차: 얼림굿놀이-준비굿, 진풀이 오방진-基礎陣法, 다드라기-적에 退出굿

제2차: 광대굿-군사 흥미를 돋구는 굿, 쌍풀이진굿-陳을 두 개로, 덧배기법고놀이-용감을 고취

제3차: 자진얼림굿-싸우러 가려는 준비, 군악놀이-행진굿, 삼차다드래기-적이 보이는 광경

제4차: 우물놀이-후퇴굿, 반군악-행진굿, 영산다드래기-교전굿

제5차: 반다드래기-적을 멸살한다는 굿, 굿거리-축하굿, 양반 포수놀이-수렵·개연(開宴)굿

제6차: 덧배기놀이-용감하게 亂兵退亡, 연풍대놀이-회생을 상징, 먹법고놀이-정찰을 의미

제7차: 삼차법고놀이-捕敵을 주달, 자즌다드래기-적이 있다는 신호, 푸마시굿-상쇠부쇠 주고받고

제8차: 재삼차법고놀이-전멸의 굿, 반법고웃놀음-군사흥미 돋는 굿, 연풍대얼림굿-歸陳굿

제9차: 앉은법고놀이-앉아서 싸우는 모양, 영산도드리법구-개인놀이, 운봉대

놀이-격려굿

제10차: 사거리놀이-하심심하니 노래굿(『가곡원류』'길군악'), 중거리놀이-해가 지는 굿, 달거리놀이-밤굿, 별거리놀이-새벽굿

제11차: 호호굿-호호를 제창, 하시사굿-종전 굿, 십자굿-귀환 준비 굿

제12차: 현무진굿-陳을 거두는 굿, 광대굿놀이-승리를 축하하는 굿

　　황일백 씨나 문백윤 씨가 보유하고 있는 12차와 가락은 모두 군악을 기본으로 하고 있다는 특징이 있다. 특히 황일백 씨가 보유한 12차와 가락에서는 영산에 대해 "영산회상의 한 가락"이라고 해설하고 있다. 이는 앞에서 살펴본 것처럼 조선의 군대가 호궤할 때, 세악이 무환악(武桓樂)과 치각악(徵角樂), 그리고 소무악(昭武樂)을 연주하였는데, 소무악의 연주는 영산회상을 사용했다는 점을 언급한 적이 있다. '농악 12차'에서의 영산가락이 바로 '영산회상'에서 유래한 것이라는 사실을 이로부터 확인할 수 있다.

　　가락에는 '네마치', '세마치' 등의 용어가 있다. 황일백 씨가 보유한 '농악 12차' 가락에 '사모재비'가 있는데, 이에 대하여 "네마치를 친다. '쿵·쿵·쿵·쿵(4/4)'이라고 설명하고 있다. 이에 의하면 '네마치'는 '쿵·쿵·쿵·쿵' 네 번 맞히는 4박자 계열의 가락이라고 볼 수 있다. 이에 반하여 한산거사가 노래한 '한양가'에서 삼일유가 할 때, 세마치 장단의 '길군악'을 연주한다고 하였는데, 이때의 '세마치'는 '쿵·쿵·쿵' 세 번 맞히는 3박자 계열의 가락으로 보인다.

　　이를 '양식척'과 관련시켜 말하면, 호와 흡으로 구성되어 있는 '양식척' 4식은 '네마치' 계열과 '세마치' 계열로 분류할 수 있을 것이다. 양식척 4식 '네마치'는 1호 3각, 1흡 3각으로 구성된 하나의 호흡이 '쿵·쿵·쿵·쿵'하는 4박자 계열로 구성되어 있고, 양식척 4식 '세마치'는 1호 3각, 1흡 3각처럼 '쿵·쿵·쿵'의 3박자 계열로 구성된 4식 가락이라고 볼 수 있다는 것이다.

　　'네마치' 계열 속에는 '세마치' 3수 계열이 포함되어 있고, '세마치' 계열은 양식

제1식		제2식		제3식		제4식	
호	흡	호	흡	호	흡	호	흡
쿵	쿵	쿵	쿵	쿵	쿵	쿵	쿵

네마치 장단

제1식		제2식		제3식		제4식	
호	흡	호	흡	호	흡	호	흡
쿵	쿵	쿵	쿵	쿵	쿵	쿵	쿵

세마치 장단

척 4식에서 볼 수 있는 것처럼 2수 체계를 포함하고 있다. '네마치' 계열이거나 '세마치' 계열이거나 모두 2수 체계와 3수 체계가 공존하는 복합 체계인 것이다.

　문백윤 씨가 보유한 12차 가락의 제10차에는 '사거리놀이'가 있는데, 이때 '하심심하니 노래굿'을 한다고 설명하고 있다. 그런데 '하심심하니 노래굿'에 대한 가사를『가곡원류』'길군악'에서 발견할 수 있다.

> "길군악: 오늘도 하심심하니 길군악이나 ㅎ야를보쟈 에업다이년아 말드러를바라 노오나에넌니나루노오나이루노오이니루나니루이네나니ㄴ루노오난니나루노나 네에나니나루노오나니나루노너니나루노나 가소가소 ㅈ네가가소 쟈네가다서 니 가못살냐 정방산성 북문밧게 ㅎ리도라지고서 달이돗다온다 눈비챤비챰이슬맛고 홀노셧는 노송남기 쑥을일고서 졔홀노살냐 니가각씨네 이리로ㅎ다서 니못살냐 에업다이년아 말들어를보아라 입투령 죠고마헌 상졔즁이 보도처를 두루쳬메고 만쳡쳥산 들어를가서 크다라헌 고향남글 이리로찍고 저리로찍어니여 졔홀노찍 어를내랴 나의각씨네 이리로ㅎ다서 니못살냐 에업다이년아말들어를보아라 이 투령 에업다이년아말듯거라 네라한들 한궁녀며 니라헌들 비군겨랴 남의쌀이 너 분이며 남의아들이 나쑨이랴 니가각씨네 이리로허다서 니못살냐 에업다이년아 말들어를보와라 입투령"[83]

83　박효관·안민영,『가곡원류』(규장각 한국학연구원, 가람古811.05-B148g), 035a_04

황일백 씨나 문백윤 씨가 보유한 '농악 12차'에는 모두 '굿'이라는 용어가 등장한다. 그런데 이 '굿'이라는 용어는 무엇을 뜻하는 것일까? 우리는 앞서 '세악수 도가'에 대해 살펴본 바가 있다. '세악수 도가'는 내취로 승급하기 위해서 세악수들이 연습하던 곳으로써, 오영문(五營門)에 오도가(五都家)가 있었는데, 오도가에는 특별 감독기관인 도대방이 있었고, 도대방에는 도패두가 있었다. 또한 도대방에서 전국의 무당을 통솔하기도 하였기 때문에, '굿'이라는 용어가 무당과 관련된 용어라고 생각할 수도 있다.

그런데 황일백 씨나 문백 윤씨가 보유한 '농악 12차'에는 '행진굿', '도드리굿', '七차굿', '호호굿', '영산굿', '풍류굿', '쌍진굿', '푸마시굿', '운봉굿', '광대굿', '행사굿', '집구리굿', '건덜굿', '날당산굿', '자진얼림굿', '노래굿', '하시사굿', '십자굿', '현무진굿' 등의 용어가 등장하는 것으로 보아, 이를 모두 무당과 연관되어 있다고 말하기는 어렵다.

특히 문백윤 씨가 보유한 '농악 12차'에서 얼림굿놀이를 준비굿이라고 해설하고 있으며, 다드라기에 대해서는 적에 퇴출굿이라고, 광대굿에 대해서는 군사 흥미 돋구는 굿이라고, 자진얼림굿에서는 싸우러 가려는 준비라고, 우물놀이에 대해서는 후퇴굿이라고, 영산다드래기에 대해서는 교전굿이라고, 반다드래기에 대해서는 적을 멸살한다는 굿이라고, 굿거리는 축하굿이라고, 양반 포수놀이는 수렵·개연굿이라고, 사거리놀이는 '하심심하니 노래굿'이라고, 중거리놀이는 해가 지는 굿이라고, 달거리놀이는 밤굿이라고, 별거리놀이는 새벽굿이라고 해설하고 있다.

이로부터 보면, 문백윤 씨가 언급하고 있는 '굿'이라는 용어는 군대와 관련된 일을 지칭하거나, 노래굿에서 볼 수 있듯이 노래를 지칭하거나, 해가 지는 굿, 밤굿, 새벽굿에서 볼 수 있듯이 볼 만한 놀이를 지칭하고 있어, 무당과의 연관성이 매우 희박하다는 사실을 알 수 있다.

즉 '굿'에는 또 다른 의미가 있는데, 국어사전에서는 "여러 사람이 모여 떠들썩하거나 신명 나는 구경거리"라고 풀이하고 있다. 또한 문백윤 씨가 12차를 '열두거리'라고 언급한 것에서도 알 수 있듯이, '거리'에 대해 『표준국어대사전』에서는 "(명사 뒤에 붙거나 어미 '~을' 뒤에 쓰여) 내용이 될 만한 재료"라고 풀이하고 있으며, '볼거리'에 대해 "사람들이 즐겁게 구경할 만한 물건이나 일"이라고 풀이하고 있다. 또한 '먹거리'에 대해서도 "사람들이 살아가기 위하여 먹는 온갖 것"이라고 풀이하고 있다.

그렇다면, '굿'이라는 용어를 '신명 나는 구경거리'라는 의미로 사용된 사례가 있지 않을까? 우리는 1763년에서 1764년에 걸쳐, 제11차 조선통신사 삼방서기(三房書記)로 일본에 파견되었던 김인겸(金仁謙, 1707~1772)이 남긴 『일동장유가(日東壯遊歌)』에서 그 용례를 확인할 수 있다. 이때 파견된 전악이 2명이었고, 악공이 18명, 취수는 18명이었는데, 이들의 연행과 관련되어 '볼 만한 광경'이라는 의미에서 '굿'이라는 용어를 사용하였을 뿐만 아니라, 다른 '볼 만한 광경'에 대해서도 '굿'이라는 용어를 사용하였다.

"第一

오늘 밤 合親하고 내 덕으로 아오서소.

전례로 하루 묵어 風樂으로 소일하네

볼품 좋은 닫는 말에 마상재를 시험하니

그 중 박성적(朴聖廸)이 좌우 칠보 날게 하고

송장거리 등리장신 일등으로 하는구나

반비 서행하여 뒤에 오며 굿을 보니

어지러운 笙簫 鼓角 산악을 진동하고

무수한 斧鉞旌旗 천일을 가리었다

굿 보는 남녀노소 십만을 헤리로다

妓生工人 밤의 모하 제창제가(載唱載歌) 하난고나

鼓人과 吹手들은 각 배에 올랐구나

저녁밥 에서 먹고 촛불을 밝히고서

조선 달 노래라고 덕심이 劍舞하네

백여 명 기생들로 서너 패 새면(三絃)잡이

대구 기생 옥진 형제 황창무를 일등 하네

군악치고 오시다가 우리 배 바라보고

동래 기생 대구 기생 청홍으로 작대하여

舞袖가 편편하니 행운이 머무는 듯

歌聲이 청원하니 물색을 슬퍼한다

風流를 마친 후에 生鰒 따는 굿을 보네." [84]

　김인겸은 여기에서 마상재 별무사로 파견되었던 박성적이 펼치는 등리장신 등의 마상재 놀이를 보거나, 생황과 퉁소(笙簫), 그리고 고각(鼓角)을 연주하여 산악이 진동하고, 무수한 병장기와 깃발이 나부끼는 광경을 볼 때, 그리고 풍류를 마친 후에 생복(生鰒)을 따는 풍경을 할 때 '굿'이라는 용어를 사용하고 있다.

　그리고 '第一'에서 마상재를 펼칠 때에도 "좌우로 굿 보는 이 그 수를 어이 헤리"라고 노래하고 있고, 또한 "경상도 일도 기생 다 몰슈 왔다하네, 풍악은 사쳘하고 연상은 드논고야, 좌우로 굿 보나니 그 슈랄 어이헤리", "삼기선 타 있으며 良醫 典樂 馬上才와, 三絃 소래 듯노라고 션두의 뭇거셔서, 뉵션이 취타하고 션창으로 드러가니, 이날의 굿 보나니 뫼와 들의 가득하다", '第二'에서 "굿 보는 왜인들이 뫼해안자 구버본다", "使臣네 들어가니 一時에 일어나서, 두 번씩 揖하니 使相도 答揖하네, 두 便의 굿 보는 이 男女

84　金仁謙, 張德順 외 校注『日東壯遊歌』(교문사, 1984), 33쪽 참조.

老少 貴賤없이", "三房의 諸人들로 三絃을 앞에 세고, 구경하고 걸어가니 두 솥바탕 겨우 간다, 初更量에 使臣네가 吹打하고 오시거늘, 卽時 가 뵈옵고 서 宴饗節次 묻자오니, 使相네 하오시되 沿路의 굿 보는 이, 그 數가 無數하고 左右의 市井들이" 등 도처에서 '신명 나는 구경거리'라는 의미에서 '굿'이라는 용어를 사용하고 있다.

이처럼 황일백 씨나 문백윤 씨가 보유한 '농악 12차'에서 언급하고 있는 '굿'이라는 용어는 '무당굿'과 관련된 용어가 아니라, 볼 만한 구경거리라는 의미의 '굿'이라고 할 수 있다. 심지어 '무당굿'이라고 할 때도 무당이 펼치는 볼 만한 구경거리라는 의미이지 않을까?

황일백 씨와 문백윤 씨가 보유하고 있는 가락에 어떠한 차이가 존재할까? 여러 가지 면에서 그 차이를 보이고 있지만, 결정적인 차이가 '덧배기 가락'에 있다고 할 수 있다. 황일백 씨의 12차와 가락에서는 '덧배기 가락'이 보이지 않기 때문이다. 이러한 차이는 진주의 황일백 씨, 삼천포의 문백윤 씨라는 차이에서도 발생한 것 같고, 사승관계에서도 황일백 씨는 경남 김인포 명인의 수제자라는 점과 문백윤 씨는 경남 김한로 명인의 수제자라는 점에서 차이가 난다. (동아일보 1965년 7월 27일 기사)

또한 동아일보 1966년 3월 29일 기사를 보면, "10세가 될 때부터 농악을(당시는 '埋鬼'라 불렀다 함) 따라다니던 黃옹은 13세가 되던 해(1909) 당시 상쇠(上釗)를 치던 金成釗(山淸군 丹城면 城內里) 씨에게 애걸복걸하여 쇠를 배우기 시작, 15세 되던 해에 뛰어난 솜씨를 인정받고(실기 시험에 합격) 쇠를 잡았다"고 언급하고 있다.

이로부터 보면, 조사보고서에 기재되어 있는 "13세부터 23세까지 농악의 명인 故 김인포(金仁圃)·김성세(金成世) 문하에서 전수받고 다시 명인 유문향(柳文香)·최재명(崔載明)·김성룡(金成龍) 문하에서 10년 전공"하였다는 황일백 씨의 경력과 "10세부터 유명 무명 지방농악단에 입단 종사. 17세부터 24세까지 농악 명인 故 김한로(金漢魯) 문하에서 상쇠 전공"하였다는 문백윤 씨와의 경력 차이 때문에 각기 보유한 '농악 12차'와 가락이 차이 난다고 볼 수 있으며, 그 단적인 차이가 바로 '덧배기 가락'이라고 할 수 있다.

'덧배기 가락'은 소무 등으로 대표되는 매귀의 춤에서 온 가락이라고 볼 수 있다. 문백윤 씨가 언급한 '덧배기 가락'은 고성오광대나 통영오광대 그리고 동래야류의 덧배기 춤과 연관이 있다고 볼 수 있는데, 문백윤 씨가 합천군 출신의 김한로 명인에게 사사했다는 점에서 더욱 그러하다. 정조 때 이옥이 충군했던 삼가현이 바로 합천군이기 때문이다. 덧배기 가락은 이곳에서 연행되었던 매귀유(埋鬼遊)의 남겨 전해진 풍속으로 보인다.

무형문화재 조사보고서 제9호 '농악 12차'에는 영남지방과 호남지방, 그리고 경기도의 명인이 기재되어 있다. 이들 명단 중에는 황일백 씨가 사사했던 김인포·김성세·유문향·최재명·김성룡 명인의 이름이 보인다. 김성세는 거주지가 산청군 단성면이라는 점에서 김성쇠(金性釗)의 오기로 볼 수도 있을 것 같다. 또한 문백윤 씨가 사사했던 김한로 명인의 명단도 확인할 수 있는데, 이를 정리해보면 다음과 같다.

(가)   **영남지방**

故   최봉채(崔鳳采)   當114세 河東郡 靑岩面 中栢(1852년 生)

최재명(崔載明)   108세 河東郡 玉宗面(1858년 生)

류문향(柳文香)   103세 陜川郡 三嘉面

림태규(林泰圭)   86세 陜川郡 三嘉面

김성룡(金成竜)   82세 河東郡 玉宗面

김성쇠(金性釗)   81세 山淸郡 丹城面

김한로(金漢魯)   80세 陜川郡

김인포(金仁圃)   77세 晉州市 元堂

허 정(許 正)　　　68세 山淸郡 新安面

은공백(殷孔伯)　　73세 善山郡

현존 황일백(黃日白)　　70세 晋州市 平居洞(1896년 生)

문백윤(文伯允)　　56세 三千浦市 松圃洞

(나)　호남지방(湖南地方)

故　김탕개(金탕개)　　當112세 全北 鎭安郡

안성룡(安城竜)　　101세 全北 任実郡

이상화(李相花)　　100세 全北 鎭安郡

전판이(田板伊)　　96세 全北 鎭安郡

김바위(金바위)　　95세 全北 扶安郡

이화춘(李化春)　　90세 全北 任實郡

김도삼(金道三)　　90세 全北 金堤郡

류한준(柳漢俊)　　74세 全北 金堤郡

최화집(崔和集)　　77세 全南 長城

김광래(金光来)　　75세 全北 井邑郡

강태문(姜太文)　　64세 全北 南原郡 全池面

현존 기창수(奇昌洙)　　69세 全南 谷城郡

(다)　경기지방(京畿地方)

최이돌(崔伊乭)　　當160세 水原郡 (1806년 生)

김경순(金敬順)　　101세 平沢郡

지연중(池連中)　　100세 平沢郡

박치삼(朴致三)　　100세 始興郡

주맨발(朱맨발)　　90세 利川郡

'호남농악'에 대한 조사보고서는 1967년에 보고되었다. 홍현식, 김천흥, 박헌봉이 조사하여 보고하였는데, 산간지대의 좌도굿과 평야지대의 우도굿으로 나누어 보고하고 있다. 호남농악의 특색으로는 '농악 12차'에서 보이지 않았던 '콩동지기', '지와밟기', '일괄놀이'와 '도둑잽이굿' 등이 보인다. 이로부터 '농악 12차'에 비해 군악적 요소가 엷어진 것을 확인할 수 있다.

호남농악은 크게 한 마을을 단위로 하는 정외굿(庭外굿)과 한 집을 단위로 하는 정내굿(庭內굿)으로 구분하고 있다. 정외굿은 들당산굿-문굿-당산굿-(샘굿)-판굿-도둑잽이굿-날당산굿의 순서로 진행한다. 반면에 마당밟이굿은 당산굿-문굿-마당굿-조왕굿-청용굿(장독 축원굿)-庫房굿(창고굿) 등의 순서로 진행된다.

홍현식, 김천흥, 박헌봉 조사자는 호남농악을 중요문화재로 지정 신청한 이유로 실기 보유자가 비교적 건실하게 남아 있고, '가림새와 가락'도 제대로 보존되어 있다는 사실을 들고 있다.

"농악은 12차(次)의 기본적 악장 밑에 많은 가락이 있는 것이 아니고, 각 과장의 '가림새'에 따라 순차적으로 가락이 진법을 형용상징하는 율동적 무용과 더불어 연기되는 것이다. 그러나 옛날부터 내려오던 원래의 가락들은 그 원형을 그대로 유지하지 못하고, 가락이 남은 것마저도 오늘에 와서는 변질되고 있는 것이다. 이 것은 소박한 농촌 농악이 쇠퇴하고, 퇴폐한 연예형태에서 근래의 무정견(無定見) 한 자작변조에 있으며, 희소한 보유자마저 점차 사망하고, 건전한 계승자 보존책 없이 이에 대한 방치가 그 원인일 것이다. 여기에 또한 문헌이 없이 전래한 농악 가락은 지리산만하다. 이러한 상황에서 우리 위원들은 지방 따라 특색을 지닌 농악을 조사하게 되었다. 호남지방의 농악은 다른 지방에서 볼 수 없는 특색을 볼 수 있다. 즉 호남농악은 좌도굿 우도굿으로 나누어져 있어 산간지대와 평야지대의 특색을 대표적으로 간직하고 있으며, 이에 따른 실기보유자(金在玉, 奇昌洙,

朴五福, 全四変, 丁五童)가 비교적 건실하게 '가림새와 가락'을 보유하고 있음을 알고, 이에 이들의 자료를 모아 중요무형문화재로 지정신청을 하는 바이다."[85]

보고서에 의하면, "좌도굿은 지역으로는 남원·진안·장수·무주·임실·전주 순창·운봉·곡성·구례이고, 의상은 전원이 전립을 쓰고 복색이 비교적 간소하다. 기법으로는 빠른 가락이 많으며 동작이 빠르고, 단체 연기에 치중한다. 특색으로는 윗노리(상모짓)를 치중하나 밑노리 굿가락은 담박하다. 기타로 경상도 농악과 비슷한 데가 있다. 판굿 외의 여타 굿은 쇠멸 상태에 있다.

우도굿은 지역으로는 김제·정읍·부안·고창·장성·광주이고, 의상은 고깔을 주로 쓰고 복색이 화려하다. 기법은 느린 가락이 많으나 빠른 것도 곁들여 비교적 가락이 다양하고 개인 연기에 치중한다. 특색으로는 윗노리를 치중치 않고 '밑노리' 굿가락이 다채롭고 멋이 있다. 기타로 타도와 달리 채상이 없는 장고 가락이 발달함에 따라서 큰북을 차지 않는 경향이 있다. 판굿 외에 여타의 굿이 전래보존되었다"고 언급하고 있다.

우도굿

가. 들당산굿
나. 문굿: 장진굿·방울진굿·되풀이진굿·을자진굿·문잡는굿·성문굿·삼 진삼퇴·바꿈진굿·콩동지기·옆품사리·앉은진푸리·상쇠성의굿·성 문여는굿·달아치기·지와밟기·성내인사굿·외줄굿
다. 당산굿
라. 판굿: 낸드림질굿·질굿·우질굿·좌질굿·느진삼채·된삼채·양산도·벙어

85 홍현식, 김천흥, 박헌봉, 「무형문화재조사보고서 제33호 호남농악」(문화재관리국, 1967), 110쪽 참조.

리삼채·一字진乙字신·오방진·쌍방울진·호호굿초두·호호굿·달어치
기·미지기굿·짝두름·일광노리·영산다드래기(소쪽새소리)·개인놀이·
장고놀이·소고놀이·잡색놀이·노래굿·인사굿

마. 도둑재비굿: 콩동지기·등마추기·앉인진푸리·지와밟기·도둑재비
굿·탈머리굿·불넘기·탈복굿·노래굿

바. 날당산굿

좌도굿

등장-어림굿-열두마치판굿-춤굿-육채칠채-호호굿-좌우각진-소리굿-미지기-
영사-개인누리(소고노리)—쇠노리·장고노리-스물네마치굿

농악 진푸리

1. 일자진 2. 을자진(가새진) 3. 오방진 4. 환진 5. 쌍방울진 6. 앉은진푸리 7.
사방진 8. 등마추기 9. 미지기 10. 콩동지기 11. 지와밟기 12. 고동진(전라도)

1. 팔진도 2. 당산진 3. 짝짝이진 4. 셋재발림 5. 전복진 6. 도래진(고동진) 7.
가새진 8. 사통진 9. 오방진 10. 환진 11. 일자진(경상도)

좌우도 농악인명록

(一) 우도 농악인

(1) 쇠: (故) 김도삼(金道三), 안성형, 김상화(李相花), 신두옥, 신영찬, 최화집
(崔和集), 이화춘(李化春), 전판이(田板伊), 박성근, 전이섭, 장오풍, 김광
래(金光来), 김바우(金바위)

(2) 장고: (故) 김홍집, 이봉문, 안봉주, 현존 전사섭, 강성수, 이병석, 주교동,

신기성, 이동문, 신기남, 김병섭, 김만식, 이정범, 김오채

(3) 징: (故) 김홍근, 현존 강수복, 김용업

(4) 소고: (故) 이수남, 양병권, 남동렬, 현존 정오동, 백남윤, 홍유봉, 김방현, 백남철, 김진철, 김종수, 장홍덕

(5) 대포수: 이봉춘, 전재선

(二) 좌도 농악인

(1) 상쇠: (故) 김탕개, 김상훈, 이두선, 이화춘, 김달마, 유한준(柳漢俊), 강태문(姜太文), 현존 기창수(奇昌洙), 현규동, 김수동, 유명철, 박오복, 최영식, 최종식

(2) 장고: (故) 장두만, 이두선, 이채봉, 현존 손판들, 최상근, 이길봉, 손해천

(3) 징: (故) 박종래, 현존 최윤영

(4) 소고: (故) 이맹춘, 현존 이종술, 전창선, 장준실, 정오동, 한판옥, 김광수, 김성철. 정점석, 홍유봉, 양병권, 주기환, 김홍수, 이동해, 이정용, 장홍덕

우도 농악 보유자 명단

현관쇠: 1898. 08. 06(69세), 전북 김제군 불량면 진두리, 학력 무, 25세 때 김도삼 씨로부터 사사함. 김도삼 씨는 박만풍 씨에게 사사함. 상쇠 담당

김영수(金永洙): 1913. 10. 26(56세), 전북 정읍군 북면 화해리 303, 학력 무, 16세 때부터 풍류, 가곡, 새납, 저, 피리를 이태화 씨에게 사사, 새납 담당

백남철(白南喆): 1923. 04. 02(44세), 전북 김제읍 순동리 3구, 학력 무, 15세 때부터 백남윤 씨에게 사사, 소고 담당

김용업(金龍業): 1934. 07. 19(36세), 전북 정읍군 북면 화해리, 학력 국졸. 15세 때부터 이정범 씨에게 사사. 징 담당.

백남윤(白南允): 1917.01.06(50세), 전북 김제군 김제읍 요천 4구 507-1, 학력 국졸, 16세 때부터 남동렬 씨에게 사사 12발 상모, 소고 담당

김병변(金炳変): 1921.12.03(46세), 전북 정읍군 덕천면 달천리 용곡, 학력 국졸, 17세 때부터 김학순 씨에게 사사, 김학순 씨는 장고, 판소리를 했다. 장고 담당.

이동원: 1922.09.15(45세), 전북 부안읍 시일 6구 120, 국졸, 19세 때부터 라희태 씨에게 사사, 장고 담당

박남식(朴南植): 1918.07.26(49세), 전북 부안군 졸포면 우포리 감동, 書堂, 14세 때부터 김바우 씨에게 사사. 쇠 담당

김재성(金在成): 1897.07.08(70세), 전남 장성군 황룡면 필암리, 학력 무, 27세 때부터 김도삼 씨에게 사사, 대포수 담당

김사변(金四変): 1913.06.25(55세), 전북 정읍군 笠岩面 川原里 166, 공무원, 국졸, 25세부터 김웅집 씨에게 사사, 정읍 농악단 입단, 여성 농악단장, 국악 예술학교 농악 교수, 장고 담당

전사종(全四鍾): 1918.02.16(51세), 전북 정읍군 영원면 앵심리, 공무원, 중퇴, 17세부터 김강래 씨에게 사사, 19세 정읍 농악단 입단, 22세 우리 농악단 농악부원, 30세 대한 농악단 농악부원, 35세 남원 춘향 여성농악단 교사, 국악예술학교 농악 교사, 상쇠 담당

김재옥(金在玉): 1910.06.06. 전북 정읍군 소성면 중광리, 학력 무, 김제군 김도삼 모세몰 씨에 사사, 광주 국악원 농악 강사, 상쇠(우도) 담당

좌도 농악 보유자 명단

한규동(韓圭東): 1897.12.14(70세), 전북 진한군 진한면 물곡리, 학력 무, 13세 때부터 농악패를 따라 다니다가 15세 때 상쇠가 됨, 상쇠 담당

박오복(朴五福): 1907.09.27(60세), 전주시 우아동1가 894번지, 학력 무, 15세

부터 한규동 씨에게 사사함, 상쇠 담당

최종식(崔宗植): 1914.09.02(53세), 전주시 우아동1가 3반, 학력 무, 20세부터 박오복 씨에게 사사함. 부쇠 담당

이길봉(李吉逢): 1914.10.01(53세), 전주시 우아동1가 4반, 학력 무, 30세부터 손판석 씨에게 사사함. 장고 담당.

최윤영(崔允英): 1913.11.19(54세), 전주시 우아동1가 908번지, 국졸, 17세부터 박종래 씨에게 사사함, 징 담당

장홍덕: 1931.05.05(36세), 전북 완주군 조촌면 만성리, 국졸, 23세부터 한판옥 씨에게 사사함, 소고 담당

이정용: 1936.11.22(31세), 전북 완주군 조촌면 만성리 옥계, 국졸, 12세부터 한판옥 씨에게 사사함, 소고 담당

최영억: 1913.08.19(54세), 전북 완주군 조촌면 만성리 옥계, 국졸, 17세부터 한규동 씨에게 사사함, 상쇠 담당

손판돌: 1906.06.12(61세), 전북 완주군 소양면 대흥리, 학력 무, 21세부터 장두만 씨에게 사사함, 장고 담당

정오동(鄭五同): 1905.12.09(62세), 전북 익산군 왕궁면 온수리, 공무원, 국졸, 16세부터 전창선 씨에게 사사함, 제1회 전국농악대회 때 이대통령상 받음, 제2회 전국농악대회 때 공보부 장관상 받음

기창수: 1894.12.30(73세), 전북 곡성군 오곡면(梧谷面) 파천리, 17세부터 이화춘 씨에게 사사, 상쇠(좌도) 담당

최상근(崔相根): 1907(60세), 충남 금산, 학력 무, 長鼓 담당

홍유봉(洪有峰): 1914.03.06(53세), 전주시 우아동(牛雅洞) 1가 五方 666, 국졸, 33세부터 鄭五同 씨에게 사사, 소고 담당

한판옥: 1909(58세), 전북 장수군 계남면 임곡리, 학력 무, 전국 민속예술 경연대회 首法鼓 출연, 소고 담당

무형문화재 조사보고서 제40호는 '남사당'인데, 1968년에 보고되었으며, 조사자는 심우성이다. 여기에는 1. 풍물 2. 버나(대접 돌리기) 3. 살판(땅재주) 4. 어름(줄타기) 5. 덧보기(가면무극) 6. 덜미(꼭두각시놀음)를 보고되어 있는데, '남사당 풍물은 나례 때 행해지던 버나, 살판, 어름 등의 백희·잡희적 요소와의 관련성이 강하다는 것을 알 수 있다.

남사당 가두공연(『CHOSON THE LAND OF THE MORNING CALM』 퍼시벌 로웰, 1883~1884의 기록)

남사당패의 연희 종목 중 연희순서상 첫 번째 놀이인 인형극 '덜미(꼭두각시놀음)'는 이미 1965년에 중요무형문화재 제3호로 지정된 바 있다. 여기에서는 풍물에 한해서 살펴보기로 하겠다.

풍물의 편성에 대하여 심우성은 "풍물의 정인원은 24명이다. 이것은 기수님(旗手) 2명을 제외한 數字이다. 대개의 경우 영기(令旗)와 농기를 드는 '기수님'은 그때그때 동리사람들 쓰는데, 이것은 '남사당패'가 자기들의 연희를 보아주는 데 감사하는 뜻에서 베푸는 것이라 한다. '풍물잽이'의 복색을 보면 특별한 제한이 없고 '동거리', '잠뱅이'에 '검정더거리'를 입었고 '상공운

가면을 쓴 연극배우(사당패, 1906~1907, 『독일인 헤르만 산더의 여행』 국립민속박물관, 2006)

님(상쇠)'만이 '홍띠'를 띠었다. '날라리'와 '양반광대', '새미', '무동'을 제한 전원은 '쇠털벙거지'를 썼으며 '나비상'을 했다"고 보고하였다.

남사당 풍물의 연희 진행도(進行圖) 및 해설에서는 모두 25도(圖)를 통해 설명하고 있는데, '진행도 및 해설' 그리고 보유자 명단 등을 정리해보면, 다음과 같다.

제1圖   인사굿: '상공운님(상쇠)'이 전원을 일렬로 인솔하고 '취군가락'을 2,3분간 치고, '자진가락'으로 바꾸며 '판굿'을 놀 마당 한가운데로 들어와 영기를 선두로 '칠채가락'을 친다. 시계 반대방향으로 돌다가 전원 발을 멈추고 객석을 향하여 인사를 한다.

제2圖   돌림벅구: '인사굿'을 마치고 6벅구만이 안으로 들어와 돌림벅구를 한다.

제3圖   농부가: 회덕님(선소리꾼)이 원심으로 들어가 농부가를 선창한다. 전원 논매는 시늉을 한다.

제4圖   돌림벅구

제5圖   당산벌림: ㄷ자형 '당산벌림'

제6圖   벅구놀림(양상치기)

제7圖   벅구놀림(허틈상치기): 갈지자걸음 허틈상치기(까치걸음 갈지자 벅구)

제8圖   돌림벅구: 제2도와 제4도에서의 돌림벅구와는 달리 벅구들의 회전수
        와 회전속도가 더 빠르다.

제9圖   팔진도진법(오방진)

제10圖   팔진도진법(오방풀기)

제11圖   무동놀림

제12圖   벅구놀림(쌍줄백이)

제13圖   사통백이

제14圖   가새(가위) 벌림

제15圖   좌우치기

제16圖   네줄백이

제17圖   마당일채

제18圖   돌림벅구

제19圖   밀치기벅구: 벅구잽이 여섯이 셋씩 한편이 되어 마주서서 전진하여
        앞으로 서로 붙었다가 다시 뒷걸음으로 제자리에 돌아가는 '밀치기벅
        구'를 한다.

제20圖   상쇠놀이

제21圖   따벅구: 벅구 혼다 들어가 따벅구(벅구 개인기)를 한다.

제22圖   장구놀이

제23圖   시나위: 날라리 혼자 들어가 시나위를 분다.

제24圖   새미놀이: 새미놀이로써 옛날에는 四동·五동을 섰으나 현재로는 三
        동을 선다.

제25圖   쌍열두발채상

보유자

최성구(崔聖九): 1907.10.9. 본적 미상, 원육덕, 이원보로부터 꽹과리를 배움. 특기-꽹과리, 무학, 6세 때 경기도 여주 사람 원육덕 行衆에서 舞龍으로 출발하여 11세 때 최사윤, 이원보로부터 꽹과리를 배움, 29세까지 심진호 행중에서 상쇠로 있었음. 걸립패의 상쇠로 오늘에 이름.

남형우(南亨祐): 1907.07.13. 충북 괴산군 괴산면 大寺里 159번지, 최사윤, 이원보로부터 배움, 14세 때 吳明善 行衆의 남사당에 들어간 이래 최사윤으로부터 꽹과리를 배웠고, 18세 때 원육덕 行衆에서 이원보로부터 다시 꽹과리를 익힌 후 상쇠역을 맡은 바 있음. 국악예술학교 강사

양도일(梁道一): 1907.12.24. 충남 대덕군 九則面 文旨里, 최경선, 안성 복만이에게 사사, 장고, 무학, 12세 때 최 行衆 남사당패에 무동으로 들어간 이래 장고와 벅구를 배웠고, 15세 때 吳明善 行衆에서 장고와 덜미와 산받이 역을 맡음. 30세까지 심선옥 行衆에서 장고를 맡음.

송창선(宋昌善): 1912.02.18. 경기도 평택군 松炭邑 芝山里 803번지, 鄭一波에게 사사, 날라리, 무학, 20세 이전에는 振威패 남사당에서 날라리를 불었고, 그 후에는 심선옥 行衆에서 23세까지 날라리를 불었음, 현재 걸립패 김복섭(金福燮) 行衆의 날라리를 맡고 있음. 풍물을 비롯하여 여섯 가지 남사당놀이에서 伴美樂을 담당할 수 있는 희귀한 존재임.

임광식(林光植): 1941.05.02, 경기도 수원시 세류동 52坊 15째 기지, 주소: 인천시 송월동 1가 4번지, 崔聖九에게 사사, 꽹과리, 국 중퇴, 11세부터 崔聖九 行衆에 들어가 꽹과리를 배움, 25세까지 崔聖九 行衆에 있다가 그 후 전국농악대회에 경기도 대표팀의 상쇠로 優勝賞을 받은 바 있음, 풍물에서 꽹과리를 비롯하여 벅구와 장고의 기능도 겸하고 있음.

최은창(崔殷昌): 1915.02.02. 경기도 평택군 彭城面 坪宮里 244번지, 심선옥

에게 사사, 장고, 무학, 12세 때 심선옥 行衆의 남사당에 들어가 무동을 거쳐, 18세 때부터 장고를 쳤음, 그 후 걸립패 崔殷昌 行衆을 조직하여 오늘에 이름, 풍물에서 장고를 비롯하여 꽹과리, 벅구를 겸할 수 있으며, 덜미의 산받이의 기능도 보유하고 있음.

김문학(金文学): 1900.04.17. 충북 옥천군 安內面 莫只里, 전근배에게 사사, 벅구, 10세 때 충청남도 唐津 사람 전근배 行衆의 남사당의 무동으로 들어가 15세부터 벅구를 쳤음. 30세쯤 남사당이 없어지고 그 후 걸립패 金文学 行衆을 1965년까지 가지고 있었음. 풍물에서 벅구를 비롯하여 장고와 북 기능을 겸함.

황점석(黃点錫): 1916.07.24. 경기도 양평군 江上面 交坪里 550번지, 南亨祐, 崔聖九에게 사사, 징, 무학, 21세 때 南亨祐 行衆의 벅구로 시작하여 30세 이후에 崔聖九 行衆에 징과 장고를 쳤음.

지수문(池秀文): 1908.10.12. 충남 천안시 新芳洞 676번지, 원육덕, 심선옥에게 사사, 북 담당, 16세 때 원육덕 行衆의 남사당에 들어간 후 벅구와 장고, 징을 배워 26세까지 심선옥 行衆에 있었음.

송순갑(宋淳甲): 1914.09.10. 충남 부여군 恩山面 新大里 363번지, 원육덕, 이원보에게 사사, 벅구, 12발 채상, 8세 때 이우문의 솟대쟁이패에 들어간 이래 18세 때 원육덕 行衆에서 꽹과리, 장고, 벅구를 배워 24세까지 이원보 行衆에서 상쇠, 상벅구, 살판 등을 하였음. 풍물에서 상벅구를 비롯해서 12발 채상, 덧보기의 잡탈 그리고 살판의 기능을 보유하고 있음.

지운하(池雲夏): 1946.02.11. 경기도 인천시 道禾2동 137번지, 崔聖九에게 사사, 벅구, 12발 채상. 7세 때부터 崔聖九 行衆에서 벅구와 꽹과라, 12발 채상을 익혔음. 25세까지 걸립패를 거쳐 농악대회가 있을 때마다 各道팀 초청 출전하여 입상한 바 있음.

이력서

김성진: 1916. 12. 30(당 53세), 이왕직 아악부 아악사 피명

박용태(朴龍泰): 1944. 04. 20. 남형우에게 사사, 특기는 무동

남기환(南基煥): 1938. 05. 11. 남형우에게 사사, 남형우의 장남, 특기는 무동

우종성(禹鍾成): 1935. 06. 21. 남형우에게 사사, 특기는 무동

곽복렬(郭福烈): 1941. 11. 30. 남형우에게 사사, 특기는 무동

남기돌(南基乭): 1956. 03. 17. 남형우에게 사사, 남형우의 3남, 특기는 새미

여기에서 일광놀이에 대해 "상쇠 중쇠가 꽹과리를 중앙에 엎어놓고 장고법고가 그 사이를 드는 것"이라 설명하고 있는데, 이러한 설명은 1967년 홍현식, 김천흥, 박헌봉이 제출한 무형문화재 조사보고서 제33호 '호남농악'에서도 발견할 수 있다.

'일광놀이'는 'ㅡ. 우도굿, 라. 판굿'의 제34도(圖)에 등장한다. 여기에서는 "일광놀이-쇠노리가락을 치며 그림과 같이 전원이 원으로 돌다가 쇠가 중앙으로 들어가 쇠를 엎어놓고 춤을 추며 일어나서 자기 위치에 오면 장고가 들어가서 쇠를 놓고 나오면 쇠가 들어가서 쇠를 주어가지고 치면서 제 위치에 오면 B도(圖)와 같이 장고와 쇠가 다시 돌아서 서로 마주보고 서서 장고가 후퇴하면 쇠가 전진하고, 쇠가 후퇴하면 장고가 전진하며 한참 놀다가 쇠를 다시 놓고 들어가면 대포수가 등장하여 장내를 빙빙 돌다가 쇠 하나를 앞가슴에 넣고 놀면 상쇠와 재담을 한다"[86]라고 설명하고 있다.

무형문화재 조사보고서 제33호 '호남농악'의 'ㅡ. 우도굿, 마.' 항목이 '도둑재비굿'이다. 이에 대해 조사보고서에는 "도둑재비굿은 판굿 끝에 하는

---

86 국가기록원, 『無形文化財調査報告書』「第三十三號 湖南農樂」(문화재관리국, 1967), 142쪽 참고.

데 소위 도둑을 잡는다는 즉 적과 대진(対陳)하는 상쇠와 대포수의 진푸리 굿으로 소극적(素劇的) 잡희(雜戱)가 많다. 이것의 순서는 일정치를 않고 약식으로도 하고, 선후를 바꾸어서 할 수도 있다. '一. 문장거리, 二. 홀기청영굿, 三. 도둑재비굿, 四. 탈머리굿, 五. 콩동지기, 六. 지와밟기, 七. 앉은진푸리, 八. 불넘기굿, 九. 노래굿, 十. 탈복굿' 이러한 순서로도 할 수 있다"[87]라고 부연하여 설명하고 있다.

'도둑재비굿'은 무형문화재 조사보고서 제33호 '호남농악'의 '一. 우도굿, 마. 도둑재비굿'의 46도(圖)에 기록되어 있는데, "ㄱ. 가새진-같은 가락을 치며 그림과 같이 대포수가 영기를 도둑질한다 하여 잡색들을 데리고 A선(線)과 같이 갈라져 나가서 방울진을 치고, 상쇠가 B선(線)과 같이 갈라져 나가서 진을 친다. 대포수 다시 도망가서 그와 같이 진을 치면 상쇠 쫓아가서 다시 그와 같이 하여 계속 한 군데 중앙으로 와서 포위한다. ㄴ. 사방진-같은 가락을 치며 대포수가 그림의 A와 같이 진을 치면 상쇠가 그림의 B와 같이 쫓아가 포위를 하고 대포수 다시 그와 같이 진을 치면 상쇠 다시 쫓아가 포위한다. ㄷ. 대포수청영-대포수를 포위한 상쇠편에서 나팔을 분다. 대포수 벌벌떤다"[88]고 설명하고 있다.

3) 풍물 그리고 사당·농악(두레)·매구

조선시대에 "풍물은 무릇 임금이 거동할 때 대가(大駕)의 앞뒤에서 고취하거나 칙사를 환영하는 연향(宴享) 때에 사용하던 것이었다(風物, 乃是凡擧

---

87 국가기록원, 『無形文化財調査報告書』「第三十三號 湖南農樂」(문화재관리국, 1967), 146쪽 참고.
88 국가기록원, 『無形文化財調査報告書』「第三十三號 湖南農樂」(문화재관리국, 1967), 145쪽 참고.

動時, 駕前駕後鼓吹及, 迎勅宴享時所用, 『승정원일기』 인조 25년 11월 16일 기사)"는 기록이 있다.

그런데 민간에서는 18세기 중엽부터 농악·두레·매구 등이 활발하게 전개되고 있었다. 농악·두레·매구·사당은 처음부터 그 출생증명서가 달랐다. 농악과 두레는 이앙식 논농사와 관련이 있었다. 공동의 노동을 필요로 하는 이앙식 농사 때문에 농악과 두레가 필요해진 것이었다. 반면에 사당은 남자를 유혹하는 성격이 강한 것이었고, 매구는 역질을 물리치고자 하는 매귀유와 관련이 있었다.

정조 때 중국의 사신이 왔을 때 행해지던 나례가 폐지되기에 이르자, 전문 예인집단은 새롭게 형성된 흥행 대상을 찾아 나서게 되었다. 그곳은 다름 아닌 사람들이 많이 모이는 아산(牙山), 가흥(可興), 성당포(聖堂浦), 법성포(法聖浦), 군산포(羣山浦), 영산포(濚山浦), 마산창(馬山倉), 가산창(駕山倉), 삼랑창(三浪倉) 등의 조창(漕倉)과 도회지(都會地)였다. 그리고 이곳에 모여 연행했던 이들은 '사당', '창기', '주파', '화랑'이라고도 하고, '무부'라고도 했던 '광대', '악공', 꼭두각시놀음을 했던 '초란이 되자(儡子)' 등이었다.

나례와 관련이 있었던 매구는 적어도 정조 24년(1800)에는 연행되고 있었다. 이때 당시의 매구에는 금고(金鼓) 등을 치기도 하였고, 선비의 역할을 하던 조대(措大), 노파, 귀검, 소매 등이 등장하기도 하였다.

우리는 이미 앞에서 정조 때 이옥이 언급한 삼가현의 매귀희에 대해서 살펴본 바 있다. 그런데 광무 7년(1903, 고종 40)에 간행된 「울산읍지」에서도 매귀유와 함께 마두희(馬頭戲), 각저희(角觝戲) 등을 소개하고 있다.

"매귀유: 매년 정월 15일 마을 사람들이 큰 대나무 장대를 취하여 기를 매달고, 오색으로 된 선을 장대에 연결하고 서로 북을 치면서 집을 돌며 소원 성취를 다투는 것을 매귀유라고 한다. 대개 나례(儺禮)의 전해지는 풍속(遺風)이다. 부정을 없애는 의례이다."[89]

이로부터 보면, 매귀는 나례로부터 유래한 것으로써 당녀, 소매 등이 출연하는 야외놀이(野戲)인데, 경상도 지방을 중심으로 성행했다는 것을 알 수 있다. 1920년에 동아일보와 조선일보 등이 창간되고, 각종 잡지가 발행되면서, 매귀에 대한 더욱 많은 자료를 얻을 수 있는데, 이를 정리해보면 특히 마산, 삼천포, 고성, 남해 지역에서 매귀가 흥행하였다는 것을 알 수 있다.

○ '南海에서' 2월 18일 晴, 형님, 오늘은 음력으로 정월 3일이웨다. 남해와 한울에는 열분 구름이 날음이다. … 특히 南海의 이날을 번화하게 하는 것은 남조선 재래의 民衆舞樂이 埋鬼치는 그것과 작년 10월에 創立된 南海少年團의 新派出演인 그것이엿습니다. 埋鬼 노름은 낫에, 新派 노름은 밤에 제각기 특색잇는 노름을 하엿습니다. 南海의 오날은 과연 즐거운 날이엿습니다. (개벽 제33호, 1923년 3월 1일)

○ 전북 순창군 동계면 청년회에서 회관을 건축코자 매귀유희를 차려 각 동리를 순회(동아일보, 1926년 1월 16일)

○ 마산 일영청년회에서 임시총회를 개최하고, 一. 음력 정월 초순에 소인극을 개최, 一. 음력 정월 초에 타종(매귀) 흥행을 주최하여 기본금을 모으기로 결의(동아일보, 1926년 1월 22일)

○ 마산노농위원회에서 집행위원회를 개회하고, … 오는 음력 정월 초에 타종(매귀) 흥행을 주최하기로 결의(동아일보, 1926년 1월 27일)

○ 경남 삼천포 청년회에서는 노산공원에서 임시총회를 개최하고, … 사업경영자금 부족에 대하여 舊正月 시내 각리에 산재한 구(舊) 매귀계(埋鬼稧)와

---

89 金佑植, 『蔚山邑誌』(奎章閣 奎11699, 1902). "每年正月十五日, 閭里之人以大竿取以建旗, 又五色線結竿, 相與擊鼓, 逐家爭禱謂之埋鬼遊. 蓋儺禮遺風, 除祓之儀."

연락하여 흥행하기로 되었다. (동아일보, 1926년 1월 28일)

○ 경남 삼천포 청년회에서 집행위원회 개최하고, … 매귀에 관한 건을 결의. 구미 형평분사에서는 … 풍악을 선두에 세우고 대성황의 시위 행렬을 마쳤다. (동아일보, 1926년 2월 23일)

○ 군산 유지의 발기로 군산 각 학원의 경비를 보충코자 구정을 기회 삼아, 여러 농악대를 조직하여 각각 호별 방문하고, 그 수익 전부를 교육기관에 기증하였다. 전북 장수 읍내 소방조에서 충분하지 못한 소방기구를 완비하기 위해 농악으로 가가호호에 걸립을 하여 소방기구를 구입하였다. (1926년 3월 5일)

○ 노동야학 위해 매귀로 호별 방문(중외일보, 1928년 1월 17일)

○ 고성노동조합에서는 경영하는 노동야학을 유지하기 위하여 매귀극을 오는 정월 2일부터 주최(동아일보, 1928년 1월 14일)

○ 남해군 이동면 다정리 청년회에서는 정기 총회를 개최하고 무산계급의 아동 및 노동자의 야학을 경영하고자 강습소를 설치할 목적으로 舊新正에 매귀회를 조직하여 흥행(동아일보, 1929년 3월 3일)

○ 고성농민조합에서는 확대위원회를 개최하고 … 매귀극 동정금 징수에 관한 건을 논의(동아일보, 1929년 3월 14일)

○ 경남 고성농민조합에서 경영하는 농민야학회는 유지책이 망연함으로 … 음력 정초를 이용하여 매귀라도 조직하여 유지책을 강구(조선일보, 1929년 2월 14일)

○ 경남 삼천포 지방에서는 매년 음력 정월초를 당하면 설놀이로 조선 고래의 흥행의 하나인 매귀를 치게 되는데, 금년에도 매년과 같이 지난 10일부터 박봉실(朴峯實)·박관수(朴寬守)·림화봉(林和鳳) 외 수씨의 발기로 매귀를 치게 되었는데, … 삼일 동안에 모은 돈은 약 70원을 한푼도 소모치 아니하고 전부 삼천포 유치원에 기증(조선일보, 1932년 3월 1일)

○ 남해군 이동면 화계리 광십회에서는 공립보통학교에 가지 못하는 무산

아동 70여 명을 가르치고 있는 강당이 협착하여 … 음력 신년을 기하여 매귀를 쳐서 공사비를 모으려고 하였다. (동아일보, 1936년 1월 12일)

이에 반해 농악과 두레라는 용어는 1900년대에 들어서도 예전처럼 매우 광범위하게 사용되고 있었다. 두레놀이에 관한 자세한 기록은 우리가 이미 앞에서 살펴본 바가 있는데, 동아일보 1927년 1월 17일의 기사와 1932년 12월 1일에 발행된『삼천리』제4호의 '그리운 우리 정조(情調)'라는 기사에서 확인한 바 있다.

또한 1941년 4월 1일에 발행된『삼천리』제13~14호에서는 조선의 삼남 지방의 두레농사의 풍속을 전하고 있는데, "두레라 함은 クミ(組)를 말한 것이며, 農村에서 五月쯤 모낼 때에 두레를 짜가지고 今日은 甲家의 水田에 植付하고, 明日은 乙家의 水田에 植付하나니, 기고쟁발로써 웅덩춤(尻舞)을 추며 農歌 六字拍이 미노리 其他를 하여 모를 심는다. 이것이 卽 朝鮮의 歷史的 民衆的 羣聚歌舞다"라고 설명하고 있다.

두레에 관한 각종 기사에는 두레패들의 활동 양상뿐만 아니라, 두레패 사이의 충돌 사건도 있었다. 두레패들이 김을 매기 위해 이동을 하다가 서로 충돌하여 싸움이 난 것인데, 사망자가 발생하기도 한 적도 있었고, 이로 인해 폐농 상태에 빠진 동리도 있었다고 한다. 일제 치하에서의 울분이 두레패 간의 싸움으로 격렬하게 분출한 것이 아닐까 한다.

○ 대전군 기성면 가수원리(佳水院里) 사는 유지 제씨의 발기로 가수원노동 강습소와 근화의숙을 세우고 그 동리 아동에게 교육을 시켰는데, … 사흘 동안 전부 80명의 두레패가 한맘 한뜻으로 품을 팔아서 벌은 돈을 모두 동강습소에 바치겠다고 하여, 이 소문을 들은 강습소의 어린 성도들은 사흘 동안 위문대를 지어 두레패가 일을 하다가 쉴 때 각각 방문하고 위문하였다. (동아일

보, 1922년 7월 28일)

○ 지난 25일 익산군 황등면(黃登面) 구자리(九子里) 농민들과 동군 함라면(咸羅面) 함열리(咸悅里) 농민들 90여 명이 한데 어울러서 각각 농기(農器)를 가지고 큰 싸움을 시작하여 다수의 부상자를 내는 등, … 그 원인을 들건대, 재래의 습관상 농군들이 두레질(지슴 매는 것)을 할 때, 다른 동리 사람들이 다른 동리 경내에 풍물을 울리며 지나가려면, 의례히 한편의 요구대로 다시 행하여 주는 전례를 무시하고, 한편에서는 도저히 그 요구를 응하지 아니한다 하여 마침내 서로 시비가 되어 두 편이 어우러져서 농기를 가지고 그와 같이 난투한 것(동아일보, 1926년 7월 31일)

○ 당일에 전긔 랑산 호암 두 동리가 다 '두레김매기(共同除草)'가 잇섯는데, 동일 오후 호암리 농군들이 랑산리 부근으로 김매러 가는 중이엇는데, 랑산리 앞 주막에 랑산리 농군의 령긔(令旗)가 꼽히고, 농군들이 역시 둔취하야 잇슴으로 두 동리 농군이 모으면 무슨 충돌이나 잇지 안흘가 하는 과거의 폐단에 빗최어서 호암리 농군들이 피하야 풍장(豊樂)을 울리고 돌아오든 길이엇는데, 랑산리측에서 호암리측의 전긔화(全基化)·최대근(崔大根) 등을 불러가지고 시비가 시작되어 결국 중과부적으로 전긔화·최대근은 현장에 뭇매에마저 즉사하고, 전긔화는 도망하야 압서가는 동리 농군들에게 급보를 하매 일동이 현장에로 달려가 편전이 된 것이라 한다. (동아일보, 1931년 8월 6일)

○ 충주군 금가면(金加面) 농악단 충돌 사건으로 피검거된 사람이 너무 많아서, 두 동리는 폐농 상태에 있다고…. (조선일보, 1933년 7월 30일)

1900년대에 들어서 농악과 두레는 다양한 양상으로 그 활동폭을 넓히고 있었다. 그리하여 전북 완주군에서는 농악경연대회가 개최되기도 하였다.

"전북 완주군 삼례면 상후리(上後里) 농촌진흥회에서는 금번 중추가절을 이용하여 농악의 율(律)을 발휘하고자 전선에 유명한 농악 선수와 일류 명창, 명기 수십 명을 초빙하여 농악, 가곡, 줄타기, 땅재주 기타 여러 가지 흥미진진한 농악대회를 추석날부터 5일간 개최한다고."(동아일보, 1937년 9월 24일)

1937년 전북 완주군 삼례면 상후리 농촌진흥회에서 농악대회를 개최한 이래로, 1938년에 들어서자 조선일보와 동아일보에서도 제각기 농악을 비롯하여 각종 경연대회를 개최하기 시작하였다. 민속놀이대회와 관련하여 먼저 움직인 것은 조선일보였다. 조선일보는 조선특산품전람회가 개최되는 것을 계기로, 조선에 전래해오는 민중오락이나 향토예술이 나날이 쇠미해 가는 즈음에, 조선 방방곡곡에 흩어져 이제는 그 형태조차 찾기 어려운 가지가지의 향토 예술을 한곳에 모아, 부민관과 이왕직미술관 자리에 노천 연예장을 가설하여 '전조선향토연예대회(全朝鮮鄕土演藝大會)'를 개최하였다.

이 대회는 크게 민속예술 부문과 구악가무(舊樂歌舞) 부문으로 진행되었는데, 민속예술 부문은 농악을 비롯하여, 양주 산대도감, 봉산탈춤, 꼭두각시, 짠지패(경기 산타령, 경기 입창, 소위 선소리), 맹인재담(박춘복), 박춘재(朴春載) 재담 등의 연행을 펼쳤으며, 민속예술 부문에는 팔도여류명창경연대회와 고전무용대회, 판소리대회(춘향전, 심청전)가 있었다. 그런데 농악에 대해서는 이렇게 설명하고 있다.

"농악(전라도 걸궁패): 이 농악은 옛날 신라조 시대 인민개병(人民皆兵)이든, 그때의 유풍으로서 일종 통제된 진법이요, 군사적 훈련으로도 볼 수 있는 것이다. 이 농악이 좀 더 향상된 것이 걸궁패요, 이 걸궁패가 더 향상된 것이 사당패가 될 것이다. 그런데 농악은 너무 유치한 데가 있고, 사당패는 너무 흥행적인 데가 있다. 그 중에서 이 걸궁패는 대표적인 것이다. 그러나 이 걸궁패는 얼마 전까지는 남조선 일대에 많이 남아 있었는데, 근년에 와서는 아주 소멸되다시피 되어왔었다. 이렇게 조선 유일한 농악의 전통이 없어져가는 것을 이번 발견하게 된 것은 실로 희한한 일이었다. 여기 출연하는 사람은 상쇠 한 사람, 종쇠 두 사람, 징수 한 사람, 장고 두 사람, 소고 여섯 사람, 무동(舞童) 여섯 사람, 그 외 이십여 명을 간신히 모아서 지금 그 지방에서 맹연습을 하고 있다. 이 출연하는 사람 중 상쇠는 보통 농모 위에다가 두 발이나 세 발 상모를 돌리는 것인데, 이번에는 열두 발 상모를 돌리는 사람을 발견하였다. 이 역시 이 걸궁패의 한 이채가 아닐 수 없다."(조선일보, 1938년 4월 21일)

조선일보의 기사에 따르면, 이 당시 걸궁패와 사당패가 활동하고 있었는데, 걸궁패는 거의 소멸되다시피 한 상황이라는 것이다. 그래서 흥행을 위해서 각지에서 이름을 떨치고 있는 연희자들을 모아 농악단을 꾸렸는데, 치배로 경상북도에서는 김재선(金在先), 박○선(朴○先), 방천여(方千汝)가 참여하였고, 전라남도에서는 오필선(吳弼善), 김오성(金五星), 한일성(韓一成), 송창솔(宋昌率)이 출연하였으며, 경기도에서는 김재홍(金在弘), 최만영(崔晩榮), 조희범(趙熙範)이 출전하였다. 그외 김영○(金泳○) 등 모두 20여 명의 농악단을 구성하였던 것이다.

동아일보도 1938년 6월 2일 강원도의 후원을 받아 동아일보 강릉지국의 주최로 제1회 강릉농악대회를 개최하였다. 이때 이무영(李無影) 씨가 강릉농악에 대한 인상기를 남겼는데, 강릉농악은 남조선의 농악에 비하여 원시적인 면이 강하다고 보았다.

"강릉농악의 특징을 찾는다면 그 원시적인 데가 있을 것이다. 나는 어려서 남조선의 농악을 구경했지만 이보다는 훨씬 예술적이었던 것 같이 기억된다. 강릉농악이 원시적인데 비하여 남조선의 농악은 예술적이요, 강릉농악이 소박성인데 비하여 남조선의 농악은 기교적이다. 율동이며, 표정, 음율 모든 것이 지나치게 단순

하다. 그리고 좀 더 선의 미-무용적인 데가 있었으면 싶다. 그러나 남조선의 농악처럼 통속적이 아닌 점에서는 퍽 좋다. 더욱이 파종, 이앙, 춘경, 수확 시 등에 농민들의 가슴에 차는 감정을 표현하려고 애쓰는 것 같은 노력만은 높게 평가해야만 할 것이었다." [90]

또 다른 인상기는 이여성(李如星) 씨가 남겼다. 그는 "조선의 풍물은 무당, 사당, 광대, 걸립 등등이 직업적으로 치고 다니는 것이 있고(지금은 드물지만), 또 어느 농촌에나 없는 곳이 없다"고 하면서, "지난 단오는 十團體樂隊 約三百名의 일대 경연이 있게까지 되었으니, 이 어찌 감상의 좋은 기회가 아니랴(동아일보, 1939년 7월 8일)"라고 그 규모를 전하고 있다.

악대의 조직은 상쇠 하나, 부쇠 두셋, 징잡이 하나, 큰북잡이 서넛, 소고잡이 열여덟, 장고잡이 하나, 무동 네다섯, 호적 하나로 일대(一隊)가 24명이나 25명으로 구성되었으나, 어떤 악대는 40명이 넘는 호화판 악대도 있었다고 전한다.

조선일보는 '전조선향토연예대회'에 이어 1938년 6월 23일 조광회(朝光會) 주최로 부민관에서 '고전무용대회'를 개최하였다. '전조선향토연예대회' 때에 이미 고전무용을 처음으로 일반사회에 소개하자 초만원의 대성황을 이루었을 뿐만 아니라, 공연장의 사정 때문에 입장하지 못한 인원이 400~500명에 달해 일대 소란이 일었다는 것이다.

그래서 조선음악무용연구회(朝鮮音樂舞踊研究會)에서 만반의 준비와 연습을 거쳐 '고전무용대회'를 마련하였다고 하는데, 조선음악무용연구회는 "작년 겨울 처음으로 조직되었다. 조선의 유일한 명고수(名鼓手)요 따라서 조선의 고전무용에 대해서는 기술로나 그 방면의 조예로 보나 단연 제일

---

90 동아일보 1938년 6월 16일 기사.

인자인 한성준(韓成俊) 씨와 김석구(金錫九), 김덕진(金德鎭), 이선(李仙), 장홍심(張紅心) 등 이 길에 있어서 다년간의 연구와 실제를 거듭하여온 이분들이 발기인이 되어가지고 나날이 없어져가는 조선의 고전무용을 아끼고 연구하기에 성심성의를 다하여 왔다. 현재 남녀 회원이 30여 명에 달한다"고 전하고 있다.

공연할 고전무용 종목으로는 바라무(鉢羅舞, 僧舞), 한량무, 검무, 단가무, 신선악(神仙樂), 상좌무, 살푸리춤, 사자무, 학무, 태평무, 급제무, 농악, 소경춤, 군노사령무였는데, 농악에 대해서는 "이 농악은 조선 민간의 독특한 음악과 춤이다. 이번 연구회에서는 특별히 이 춤을 연구하고 연습하여 처음으로 무대 위에 내놓기로 되었습니다. 실로 유량하고 질탕스러운 악무가 벌어질 것입니다"라고 소개하고 있다. 이때 출연한 이들은 김재선(金在善), 김광채(金光彩), 이정업(李正業), 이재광(李在光), 이충선(李忠善), 한영숙(韓英淑), 조연옥(趙燕玉), 박진홍(朴珍紅), 홍경숙(洪敬淑), 조금향(趙錦香), 장홍심(張紅心)이었다.

농악·두레·매귀라는 용어가 각기 그 특색을 지니고 사용되어 왔으나, 풍물이라는 용어가 농악·두레·매귀라는 용어와 섞어서 사용하기 시작한 것은 1921년에 들어서였다. 이때 노농동우회, 형평사, 노동공제회 등 새롭게 조직된 단체의 활동과 관련된 경우에 풍물이라 지칭하기도 하였다.

"경기도 양주군 지방에는 예전부터 농업계를 조직하고 농사지을 때를 당하여 모를 심던지, 모를 매던지 하다가 짬짬히 쉬는 동안에는 반드시 큰 기를 세우고 징과 북을 울리며 춤추며 노래하는 관례이더니, 이번에는 국상 중인 고로 이것을 폐지하고 다만 근신 애도 한정함을 표할 뿐이다더라"(매일신보, 1912.08.08.)

"馬山의 '메이데이' 풍물을 두다리며 행렬: 마산 로농동우회에서는 오월 일일을 긔

넘하기 위하야 춘긔간친회란 명목 아래서 회원 백여 명이 오전 열시에 마산 구락부 회관에 모혀서 적식의 회긔를 압세우고 풍물을 울니면서 시가를 일주."(동아일보, 1921.5.1)

"진주형평사(晉州衡平社) 계급타파운동(階級打破運動)이 생긴 뒤로 일반의 반대가 심하다 함은 … 수백 명의 군중이 달녀가서 고함을 질으며 풍물을 치는 등 여러 가지 위험한 시위를 하얏스며."(동아일보, 1923.5.30.)

"창원군 구산면 구산 노동공제회에서는 … 제2회 정기총회를 … 각 동으로부터 農旗를 날리며 風物을 압세우고 快絶한 氣分으로 모야드는 群衆이 삼사백 명에 달한 중(동아일보, 1924.04.19.)"

"전북 김제군 수류면 원평(院坪) 인사들의 주최로 지난 11일부터 3일간 계속하야 동리 앞 천변에서 각희대회를 열고 … 째째로 조선 고래의 風物을 울니어 수천 관중의 흥미를 도앗다 하며(동아일보, 1925.10.18.)"

또한 동아일보는 1927년 2월 21일 '내 고장의 풍속 습관'이라는 기사에서 '거복노리'에 대해 "여긔다가 압헤 사람 목에 끈을 매어 끌고 그 뒤에는 수십 명이 모혀서 풍물을 울리면서 집집마다 도라단님니다"라고 소개하고 있다. 민속놀이였던 거북놀이를 할 때 풍물을 울리면서 돌아다녔다고 기록하고 있다.

또한 동아일보 1927년 3월 7일 기사에서는 "충북 충주군 리류면(利柳面) 대소원(大召院)에서는 去 三日 오후 7시부터 風物을 울니며 모아드는 수백 군중은 西의 편을 갈나 索戰會가 열니엿는데다"라고 기록하고 있으며, 1927년 3월 14일 '내 고장의 풍속 습관'에서는 동래의 '지신밟기'를 소개하고

'거북놀이'를 소개한 동아일보 기사(1927.02.21)

있는데, "地神을 밟는다는 것은 以上에 말한 여러 사람들이 풍물을 치고 춤을 추면서 입으로는 '여루여루 地神아 雜鬼雜神은 물알로 萬福은 이리로'를 一齊히 부르면서 그 소리에 마춰서 꽹가리, 증, 장구 할 것 업시 여러 가지 풍물을 마추어 칩니다"라고 언급하고 있다.

　　동아일보 1938년 1월 5일 기사에서는 동래의 야외가면극을 소개하고 있는데, "동래들놀음(野遊)는 남조선에 현존한 고대 민속극의 대표물로서 야외 가면극의 일종이다. 동래 들놀음의 유래는 경남 초계지방의 오광대에서 파생된 것으로서 동래에서 시작된 년대는 미상하나 약 60년 전이라고 한다. … 풍물에 맞추어서 무용을 시작한다"라고 설명하고 있다.

　　이 외에도 다양한 경우를 신문과 잡지에서 언급하고 있지만, 결론적으로 풍물이라는 용어가 다시 등장하게 된 시기는 적어도 조선왕조가 폐망한 이후라고 할 수 있다. 즉 조선시대의 풍물은 궁중에서 외국의 사신을 접대할 때나 왕이 행차할 때 가마의 앞뒤에서 고취에 사용되었던 것이었지만, 경술국치 이후 왕실이 폐망하고 일제 강점기에 들어서자, 더 이상 사신의 접대나 왕의 행차에서 풍물을 사용할 일이 없어지게 되었고, 이에 따라 농악·두레·사당·매귀라는 용어와 더불어 풍물이라는 용어를 새롭게 사용하게 된 것이라 할 수 있다. 그런데 풍물이라는 용어는 두레패나 걸궁패, 사당패 또는 매귀패가 사용한 것이 아니라, 신문이나 잡지의 기사 또는 각종 조사보고서에서 사용했던 용어라는 것을 알 수 있다.

그럼에도 불구하고, 1912년에 등장하기 시작한 풍물이라는 용어는 조선시대의 풍물을 잘 이어받은 용어라고 할 수 있다. 조선의 왕실에서 사신의 접대나 왕의 행차에 사용되었던 악기를 지칭하는 용어였던 풍물에는 군악과 연향악이라는 의미가 들어 있다. 그런데 현행 풍물이라는 용어에도 조선 후기 병법의 진법과 신호 그리고 매귀희와 잡희·백희의 요소가 배어 있어, 그 의미와 용례에 있어서 일맥상통한다고 볼 수 있기 때문이다.

맺음말

풍물의 미학

조선 후기의 형성된 농악·두레·매귀·사당 등은 각기 그 고유한 유래를 지니
고 있다. 매귀는 나례로부터 유래한 것이며, 사당은 백희·잡희와 연관되어
있고, 농악과 두레는 논농사와 관련이 있다. 그러나 정도의 차이가 있을지
라도 공통되는 요소가 있으니, 바로 군악이다. 농악·두레·매귀·사당 등의 가
락과 율동은 군악의 신호체계 및 진법과 관련이 있기 때문이다.

　　조선의 병법은 전기와 후기로 분류할 수 있는데, 조선 전기의 병법은
세종 때에 정비되고, 문종 때 완비되었는데, 이를 신진법이라 하였다. 그 주
된 진법은 오위(五衛)의 오행(五行) 진법이었다.

　　오행 진법은 당 태종과 이정이 묻고 응답한 『이위공문대(李衛公問對)』
에서 보인다. 이에 의하면, 원(圓)·직(直)·예(銳)·방(方)·곡(曲)은 땅의 형태로
말미암아 의해서 그렇게 된 것이라고 한다.[91] 문종 때 완성된 『진법』 「오위연
진(五衛連陳)」의 '五陣相生相克其來尙矣'에 대하여 "오진은 그 형상을 오행
에서 취하였다고 하였다. 방(方)은 금(金)에 해당하고, 원(圓)은 토(土)이고,
곡(曲)은 수(水)이며, 직(直)은 목(木)이고, 예(銳)는 화(火)에 해당한다. 상생

91　茅元儀, 『武備志』 「李衛公問對」 (文淵閣四庫全書), p. 42 참조. "太宗曰: 五行陣如何? 靖曰: 本因五方色
立此名, 方·圓·曲·直·銳, 實因地形使然. 凡軍不素習此五者, 安可以臨敵乎? 兵, 詭道也, 故强名五行焉. 文
之以術數相生相剋之義, 其實兵形象水, 因地制流, 此其旨也."

(相生)은 금(金)은 수(水)를 낳고, 수(水)는 목(木)을 낳으며, 목(木)은 화(火)를 낳고, 화(火)는 토(土)를 낳으며, 토(土)는 금(金)을 낳는다. 상극(相克)은 수(水)는 화(火)를 이기고, 화(火)는 금(金)을 이기며, 금(金)은 목(木)을 이기며, 목(木)은 토(土)를 이기고, 토(土)는 수(水)를 이긴다"[92]라고 하였는데, 조선 전기의 병법이 오행을 중심으로 이루어진 것을 알 수 있다.

중국의 진법은 「하도(河圖)」와 「낙서(洛書)」에서 비롯되었다. 문종 때 편찬된 『병장도설』에서 수양대군은 「하도」와 「낙서」를 인용하여 진법의 요지를 밝혔고, 천지와 음양의 체용을 통하여 전투의 방법을 서술하였으며, 인륜의 도를 인용하여 군율을 정비하였는데, 이렇게 해야 국가가 편안해진다는 것이었다.

"문자는 대략하지만 뜻의 깊고, 법은 간단하지만 쓰임은 번다하다. 그 연진 중에서 외진은 6·7·8·9의 수이고, 내진은 5와 10의 수이며, 간진은 1·2·3·4의 수이다. 이 법이 「하도」의 문(文)이다. 합진의 중위가 내외를 포함하는 것은 5와 10이 내외를 포함하기 때문이다. 4위가 방(方)에 붙어 있는 것은 1과 6, 2와 7, 3과 8, 4와 9가 각각 그 방에 붙어 있기 때문이다. 이 법이 「낙서」의 변(變)이다. 주둔해서는 방열(方列)을 통솔하고, 전투에서는 원으로 모인 것을 통솔한다. 방으로써 지키고, 원(圓)으로써 행하는데, 이 법이 천지의 체이다. 외진은 네모이고, 내진은 원이며, 뜻은 밖에서 드러나고, 지혜는 안에 저장되니, 이 법이 음양의 쓰임이다. 각기 소장을 보호하는 것이 어버이와 자식이 친한 것이다. 한 장수에게 들어주는 것이 군신의 올바름이다. 진(陳)에는 암수가 있으니, 부부의 구별이다. 대오는 서로 아끼는 것이 형제의 정이다. 법령이 어그러지지 않는 것이 붕우의 믿음인데, 이것이

---

92 『陣法』(규장각 한국학연구원, 奎1100), 35b. "補註五陣者取象於五行, 方爲金, 圓爲土, 曲爲水, 直爲木, 銳爲火也. 相生者, 金生水, 水生木, 木生火, 火生土, 土生金. 相克者, 水克火, 火克金, 金克木, 木克土, 土克水也."

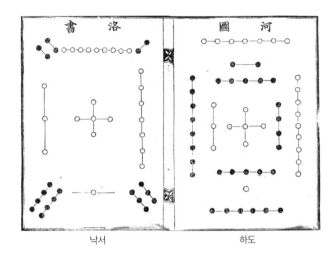

낙서   하도

인류의 도이다. 이 때문에 군사를 가르치면, 백성이 예의를 알게 되고, 국가는 늘
편안하게 된다." [93]

　　조선의 병법은 중국과 달리 오행 진법을 철저하게 지키는 편이었다. 그
리하여 『병장도설』에서 「하도」와 「낙서」를 인용하고, 천지와 음양의 체용과
인류의 도를 이끌어내어 병법의 원리를 설명하였던 것이다.
　　「하도」와 「낙서」는 동양철학의 근간이다. 「하도」와 「낙서」는 천명(天命)
의 현시인데, 천명은 알아듣기 힘든 방언이 그러하듯이 인간의 언어로 주어
지지 않으며, 인간의 문화로는 이해하기 힘든 기호의 형태로 주어진다. 그
리고 이 기호를 해독할 수 있는 이들만이 천자(天子)의 지위를 누릴 수 있었

93 『兵將圖說』(규장각 한국학연구원, 奎87), 0010~0018. "文約而義深, 法簡而用繁. 其連陣之外陣者,
六七八九之數也. 內陣者, 五十之數也. 間陣者一二三 四之數也, 此法河圖之文也. 合陣之中衛包內外者,
五十之包內外也. 四衛之離乎方者, 一六二七 三八四九之各離乎方也, 此法洛書之變也. 駐統方列, 戰統圓
聚, 方以守之, 圓以行之, 此法天地之體也. 外陣方而內陣圓, 義形於外, 智藏於內, 此法陰陽之用也. 各保小
將, 父子之親也. 聽於一將, 君臣之義也. 陣有牝牡, 夫婦之別也. 隊伍相愛, 兄弟之情也. 法令不忒, 朋友之
信也, 此法人倫之道也. 是故敎兵而民知禮義, 國家恒安也."

다. 천자는 그의 지위를 누리기 위해서는 상제로부터 계시되는 기호 해독을 위한 제사에 더욱 열중해야 했다.

천명의 계시인 「낙서」는 거북 등껍질의 흔적으로 드러난다. 그런데 왜 천명은 죽은 거북의 등껍질을 통해서 도래하는가? 달리 말하면, 천명이 현전하는 시간은 왜 거북의 등껍질이라는 죽은 시간을 통해서 도래하는 것인가? 일찍이 하이데거는 「예술작품의 근원」에서 이와 관련되는 언급을 한 바 있다.

> "그리스 신전은 아무것도 모사하고 있지 않다. 그것은 산산이 갈라진 험난한 바위계곡 한가운데 우뚝 서 있을 뿐이다. 이 건축작품은 신의 모습을 간직하고 있으며, 이렇게 은닉된 모습을 열려진 주랑을 통해 성스러운 신전의 경내로 드러내고 있다. 이러한 신전을 통해 신은 신전 속에 (본원적으로) 현존하고 있다. … 신상(神像)의 경우에도 이와 마찬가지이다. 그것은 신의 모습을 좀 더 쉽게 접할 수 있도록 만든 모상이 결코 아니다. 그것은 신 자신을 현존하게 하는 하나의 작품이며, 이런 점에서 그것은 신 자신으로 **존재한다**(ist)." [94]

먼저 신이 있은 연후에 그 신을 모방한 신상이 있는 것이 아니라, 신상을 통해서 비로소 신은 도래한다. 신이 신 자신으로 존재하는 유일한 방식이 바로 신상이다. 그런데 신상은 돌로 만들어져 있다. 돌은 마치 피라미드를 지키는 스핑크스처럼 죽은 상태의 돌이다.

이와 마찬가지로 천명은 자신과는 전혀 이질적인 죽은 거북의 등껍질을 통해서만 도래한다. 천명이 따로 있고, 그 천명이 거북의 등껍질을 통해 도래하는 것이 아니라, 천명은 오로지 죽은 거북의 등껍질을 통해서만 사후적으로 도래한다. 「하도」와 「낙서」가 바로 천명의 현시이다.

94　마르틴 하이데거, 신상희 옮김, 『숲길』 「예술 작품의 근원」(나남, 2010), 54쪽 참조.

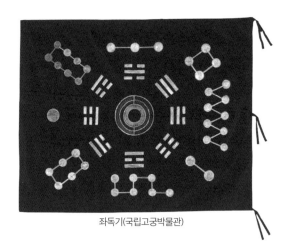

좌독기(국립고궁박물관)

　「하도」는 복희씨가 천하에 왕노릇할 때 용마가 황하에서 나오자 그 무늬를 본받아 팔괘를 그린 것이고, 「낙서」는 우왕이 홍수를 다스릴 때에 등에 무늬가 있는 신묘한 거북이 나왔는데, 그 등에 있는 1에서 9까지의 점을 그린 것이다.

　「하도」와 「낙서」가 천명의 현시이기 때문에, 백성들의 통치를 위한 근간이 되었지만, 또한 동시에 이민족과의 전쟁에서도 필승의 근본 원리였다. 이제 「하도」와 「낙서」로부터 도출된 '구궁진', '팔괘진', '원진'을 비롯한 오행진은 천명이 보장하는 승리의 방책이 되었다.

　「하도」와 「낙서」는 나중에 태극과 팔괘로 변모하게 되는데, 태극과 팔괘는 이미 중국뿐만 아니라 조선의 군대에서도 중요하게 사용하던 문양이었다. 임진왜란 이후 주요 병서로 사용되던 『병학지남』에는 좌독(坐纛)이라는 기(旗)를 쓰는 호령을 밝힌 '명좌독호(明坐纛號)'라는 항목이 있고, 영조 25년(1749)에 간행된 『속병장도설』에는 좌독기(坐纛旗)에 대한 설명과 그림이 있는데, 여기에 태극과 팔괘가 그려져 있다.

　조선의 군대에서 '좌독기'를 중시하였을 뿐만 아니라, 왕실에서도 태극과 팔괘를 훈장으로 사용하고 있었다. 『조선왕조실록』 고종 37년(1900) 4월 17일 기사를 보면, 「훈장조례」를 재가하여 반포하였는데, 여섯 가지 훈장 중에 '태극장(太極章)'과 '팔괘장(八卦章)'이 있었다. 이미 태극과 팔괘가 훈장으로 패용되고 있었던 것이다.

조선에서 국기는 고종 때 제정된 바 있다. 『고종실록』에서 고종 20년(1883) 1월 27일의 기사를 보면, "통리교섭통상사무아문(統理交涉通商事務衙門)에서 아뢰기를, '국기(國旗)를 이미 제정하였으니 팔도(八道)와 사도(四都)에 행회(行會)하여 다 알고 사용하도록 하는 것이 어떻겠습니까?' 하니, 윤허하였다"는 기록이 있다.

그런데 국기는 이미 고종 19년(1882)에 만든 바가 있다. 임오군란으로 말미암아 일본이 군대를 동원하여 속약(續約)을 개정한 후에 한편으로는 비준 문서를 교환하고, 다른 한편으로는 수신(修信)을 하기 위하여 박영효(朴泳孝, 1861~1939)를 일본에 파견하였는데, 박영효가 지은 『사화기략(使和記略)』에 국기 제정에 관한 이야기가 실려 있다.

"1882년 8월 14일. 맑음. 인시 정각에 신호(神戶)에 도착하니, 이곳은 병고현(兵庫縣)이다. 담로주(澹路州)가 병고현의 문호가 되었는데, 개항하면서 신호(神戶)로 명칭하였다. … 새로 만든 국기를 묵고 있는 누각에 달았다. 기는 흰 바탕으로 네모졌는데 세로는 가로의 5분의 2에 미치지 못하였다. 중앙에는 태극을 그려 청색과 홍색으로 색칠을 하고 네 모서리에는 건(乾)·곤(坤)·감(坎)·이(離)의 사괘(四卦)를 그렸는데 이것은 이전에 상(上)께 명령을 받은 적이 있다."[95]

"8월 22일. 부산 가는 배편에 임금에게 올리는 장계를 보냈다. … 국기의 표식(標

---

95 박영효, 『사화기략(使和記略)』(한국고전번역원, 고전번역서). "八月 十四日, 晴, 寅正抵神戶, 是兵庫縣也, 澹路州作兵庫門戶, 開港以神戶名焉. … ○新製國旗懸寓樓, 旗竿白質而縱方, 長不及廣五分之二, 主心畫太極, 塡以靑紅, 四隅畫乾坤坎离四卦, 曾有受命於上也."

式)은 명치환(明治丸) 선중에 있을 때(8월 9일) 영국 영사 아수돈(阿須敦)과 의논하니, 그가 말하기를 '그 배의 선장인 영국 사람이 사해를 두루 다녔기 때문에 각국의 기호(旗號), 기의 표지(標識)를 잘 알고, 또 각색(各色)의 분별과 원근의 이동(異同)도 함께 능히 환하게 안다.' 하므로 그와 더불어 의논하니, '태극·팔괘의 형식은 특별히 뛰어나 눈에 뜨이지만, 팔괘의 분포가 자못 조잡하여 명백하지 못한 것을 깨닫게 되며, 또 각국이 이를 모방하여 만드는 데 있어서도 매우 불편하니, 다만 사괘만 사용하여 네 모서리에 긋는다면 더욱 아름다울 것이다' 하였습니다. 또 말하기를, '외국은 국기 외에 반드시 군주의 기표(旗標)가 있기 마련이니, 대개 국기와 모양을 비슷하게 하고, 채색을 하고 무늬를 놓은 것인데, 매우 선명하여 아주 좋다' 하였습니다. 그리고 국기의 대·중·소 각각 1본씩을 그 선장에게 만들게 하여, 소기(小旗) 1본은 지금 장계(狀啓)를 만들어 주상께 올려 보냅니다. 기호는 태극이 복판에 있고, 팔괘가 기(旗)의 변폭(邊幅, 포백布帛의 가장자리)에 껴서 배치하는 것이 아마 좋을 듯하고, 바탕은 오로지 홍색(紅色)을 사용하는 것이 선명할 듯합니다."[96]

국기의 제작은 이전에 고종의 명에 의한 것이었는데, 태극과 팔괘의 형식이었다. 그런데 박영효가 제물포에서 일본선 메이지마루(明治丸)에 올랐을 때, 영국인 선장이 태극·팔괘의 형식은 특별히 뛰어나 눈에 뜨이지만, 팔괘의 분포가 문제가 있으므로 건곤감리의 4괘로 고치고, 바탕은 홍색으로 할 것을 조언하였다. 영국인 선장은 세계를 두루 다녀 각국의 국기를 잘 알

96 박영효, 『사화기략(使和記略)』. "八月 二十二日. ○釜山船便修上狀啓. … 國旗標式, 在明治丸中, 與英領事阿須敦(W. G. Aston)議到, 則伊言該船船長英人, 周行四海, 慣識各國旗號, 又各色分別遠近異同, 均能洞知云, 故與之商議, 則太極八卦之式特別出色, 然八卦分布, 頗覺稠雜不明, 且於各國之仿製, 甚不便易, 只用四卦, 劃之四角, 則更佳云, 又言外國國旗外, 必有君主之旗標, 蓋仿樣於國旗, 而設采設紋, 繁鮮最好云, 國旗大中小各一本, 使該船長裁製, 小一本, 今修啓上送主上, 旗號, 太極中居, 八卦拱布于旗之邊幅恐好, 質則專用紅色, 似屬鮮明也."

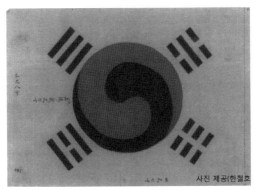

영국 국립문서보관소 소장 문서 태극기(1882)

고 있었고, 또한 각각의 국기의 디자인적 특성도 잘 알고 있었기 때문에 그렇게 조언한 것이었다.

박영효는 그의 조언을 받아들여 태극과 4괘로 하였지만, 바탕만은 흰색으로 하였다. 이때 제작된 태극기는 국제적 수준의 안목에서 평가를 받아 채택된 것이었다. 일국의 결정에 의해 제정된 것이 아니라, 국제적 감수를 통과한 것이며, 국제적 감각의 산물이라 할 수 있는데, 국기가 제작된 것은 1882년 8월 9일의 일이었다.

이러한 과정을 거쳐 태극과 4괘로 된 태극기가 제정되었다. 「하도」와 「낙서」가 천명의 현시이듯이, 태극과 팔괘도 천명의 현시이며, 이를 바탕으로 한 태극과 4괘의 국기도 천명의 상징이다. 그런데 천명은 모든 존재의 근거이다. 모든 것이 존재하지 않는다면 천명은 아무 의미가 없기 때문이다.

존재자의 존재가 바로 천명이자 천도(天道)이다. 그런데 모든 것을 존재하게 하는 것은 무엇인가? 모든 것이 원자로 되어 있으니, 모든 것을 존재하게 하는 것은 원자이다. 오늘날 천도와 가장 부합하는 학문은 바로 원자의 세계를 설명하는 양자역학이다.

원자는 그 크기가 0.00000001센티미터이다. 이 극단적으로 작은 원자는 또한 양전하를 띤 원자핵과 음전하를 띤 전자로 되어 있는데, 양전하와 음전하의 양이 정확히 일치하여 전체적으로는 중성의 상태를 형성한다.

원자핵은 원자 무게의 대부분을 차지하지만, 그 크기가 원자 반지름의 10만분의 1에 불과하고, 전자가 그 주위를 돌고 있다. 원자핵이 하나이고, 전자가 하나에 불과한 수소의 경우, 원자핵이 농구공만하다면, 전자는 대략 10킬로미터 밖에서 움직이고 있다고 볼 수 있다. 마치 서울 같은 대도시 중심에 농구공만한 원자핵이 있고, 도시 외곽에 전자 하나가 홀로 외로이 날아다니고 있는 것과 같다. 전자는 크기가 거의 없을 만큼 작기 때문에, 서울시만한 공간 안에 농구공 말고는 아무 것도 없이 텅 비어 있는 것이 수소원자의 세계이다. 결국 원자를 이해하려면 전자의 운동을 이해해야 한다. 무거운 원자핵은 가만히 있고, 전자가 그 주위를 분주하게 움직이기 때문이다.[97]

전자는 모순적 존재이다. 왜냐하면 입자적인 운동을 하면서 동시에 파

---

97 김상욱, 『김상욱의 양자 공부』(사이언스 북스, 2020), 28, 29, 31쪽 참조.

동적 운동을 하기 때문이다. 그런데 대상에 개념을 귀속시키려면 모순율에 따라야 한다. 입자면 입자이지 파동이면 안 된다. 파동은 파동이어야지 입자이면 안 된다. 그래야 입자와 파동의 개념이 성립하게 된다. 이러한 관계는 남녀관계와 같다. 남자면 남자이지 여자여서는 안 되고, 여자는 여자이지 남자가 아니다. 남자이면서 여자고, 여자이면서 남자면, 모순이어서 대상에 개념을 귀속시킬 수가 없게 된다.

그런데 모든 것은 원자로 되어 있고, 원자의 운동은 전자의 운동인데, 전자는 입자이면서 파동인 모순적 존재이다. 우리는 모순이라면 거짓이라고 치부해 버리지만, 오히려 모순된 세계가 현실의 세계이다. 그런데 우리는 왜 이러한 역설적인 세계에 대한 인식을 받아들이기 어려운 것일까?

그 이유는 바로 측정 때문이다. 인간은 입자와 파동을 동시에 측정할 수는 없다. 관찰하는 행위가, 측정하는 행위가 대상에 영향을 미치기 때문이다. 측정을 행하면 반드시 입자와 파동 중에 한 가지 경우만이 측정된다. 우리는 현실의 세계를 측정하지 못하는 방식으로 측정한다. 그래서 입자이면서 파동인 세계를 부조리하다고 판단하고, 이를 모순이라고 결론짓는 것이다. 그렇지만 실재의 세계는 서로 모순되는 것이 공존하는 중첩의 상태에 있다. 역설적 현존이 실재의 세계이다.

양자역학의 역사에서 가장 중요한 인물 중의 한 사람이 바로 1922년에 노벨 물리학상을 받은 닐스 보어이다. 그는 상보성과 불확정의 원리로 양자의 세계를 설명했다. 상보성이란 입자와 파동 같이 두 가지를 동시에 얻을 수 없는 것을 말한다. 전자는 상보적 존재이다. 입자이면서 파동이기 때문이다. 그러나 이러한 상보성을 측정할 수는 없다. 또한 전자의 위치와 운동량을 동시에 정확하게 결정할 수도 없다. 불확정성의 원리가 원리이다. 닐스 보어는 양자역학의 세계와 가장 잘 어울리는 철학이 '태극도설'이라고 생각했다. 그래서 태극을 그의 가문의 문장(紋章)으로 채택하였으며, 노벨

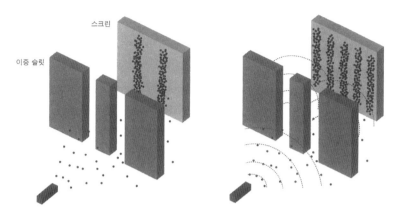

이중 슬릿

스크린

전자의 이중 슬릿 실험. 전자는 입자인 동시에 파동이다.

상을 수상하러 갈 때는 팔괘도를 그린 옷을 입었다.

　양자역학과 태극은 근친관계이다. 북송의 주돈이(周敦頤, 1017~1073)가 '태극도설(太極圖說)'을 제출하였는데, 어째서 닐스 보어는 양자역학과 태극도설이 가깝다고 한 것일까?

> "무극으로부터 태극이 된다. 태극이 움직여 양(陽)을 낳고, 움직임이 극에 달하면 고요해진다. 고요해지면 음(陰)이 생긴다. 고요함이 극에 달하면 다시 움직인다. 한번 움직이고, 한번 고요해져서, 서로 그 뿌리가 된다." [98]

　이를 양자역학의 관점에서 말해보면, 상보적인 관계에 있는 입자와 파동이 바로 태극이고 무극이라 할 수 있다. 입자와 파동인 태극은 측정되지

98　周敦頤, 「太極圖說」(中國哲學電子化計劃, http://ctext.org/zh). "自無極而爲太極. 太極動而生陽, 動極而靜, 靜而生陰, 靜極復動. 一動一靜, 互爲其根."

않는다. 그러므로 무극이다. 우리는 태극을 측정해야만 무엇이라고 말할 수 있는데, 측정을 하게 되면, 제한을 하게 되면, 반드시 입자 또는 파동만 이 측정된다. 측정을 하면, 음 또는 양이 측정되지, 음양이 공존하는 상태인 태극은 무극이어서 측정되지는 않는 것과 마찬가지이다.

「하도」와 「낙서」, 그리고 태극과 팔괘를 기본 원리로 삼는 풍물은 구궁진(九宮陳)·팔괘진(八卦陳)·오방진(五方陳)-원진(圓陳)·직진(直陳)·예진(銳陳)·방진(方陳)·곡진(曲陳)의 상생(相生)·상극(相克)하는 진풀이와 하늘의 운행을 상징하는 12차(次)로 구성되어 있는데, 이 또한 천도(天道)의 현시를 본받은 것이라 할 수 있다.

천도(天道)는 원(圓)이면서도 방(方)이고, 직(直)하면서도 곡(曲)하고 예(銳)하다. 그러나 우리는 이 역설적 현존의 세계를 드러낼 수가 없다. 드러낸다는 것은 측정하는 것인데, 측정하는 행위가 대상에 영향을 미치어, 원·방·직·곡·예 중의 하나만이 관찰되기 때문이다. 그렇다면 천도는 어떻게 운행하는가? 인간은 두 가지 방식으로 천도의 운행을 관측해왔는데, 하나는 북두칠성이 1년에 12신(辰)을 운행하는 방식이고, 다른 하나는 세성이 12년을 주기로 일주하는 방식이다.

세성(목성)은 12년에 28수(宿)와 4유(維)의 32정(井)을 3-2-3/3-2-3/3-2-3/3-2-3의 방식으로 운행한다. 첫 번째 해에 3정, 두 번째 해에는 2정을 운행하며, 세 번째 해에는 3정을 운행하여, 마지막 12년이 되는 해에는 3정을 운행한다. 세종과 박연은 이러한 세성의 운행에 기초하여 악보를 창제하였는데, 이 악보는 3-2-3 8정을 기본 단위로 하는 32정의 체계였다.

『가곡원류』에서 소개하고 있는 매화점 또한 5점 8박의 체계이고, '양식척'의 4식 또한 5점 8박의 체계인데, 이러한 체계는 2수 체계인 동시에 3수 체계이다. 전자의 이중 슬릿 실험에서 본 바와 같이, 입자의 체계가 2수의 체계라면, 파동의 체계는 3수의 체계이다. 그러므로 원자의 체계는 2수 체계이면서 동시에 3수 체계이고, 3-2-3 또는 2-3-3 혹은 3-3-2의 8의 체계이다. 이러한 체계가 바로 매화점의 체계이고, 세종 악보의 체계이다.

농악·두레·매구·사당을 통칭하는 풍물의 세계도 그러하다. 12차 36가락은 복잡하고 세밀하게 2수 체계와 3수 체계를 오가면서 식별 불가능한 지대를 구축하고 있기 때문이다. 시조 장단과 관계있는 3점 5박, 5점 8박의 체계로 이루어진 매화점 장단과 1식(息) 1호(呼)·1흡(吸), 1호 3각·1흡 3각으로 구성된 양식척 4식의 경우에도 2수 체계와 3수 체계가 공존하는 상보성의 체계인 것처럼, 풍물의 12차 36가락도 식별 불가능한 상보성의 체계라 할 수 있다.

'세마치' 장단은 3박자 계열의 4식 체계이고, '네마치'는 4박자 계열의 4식 체계이다. '세마치' 장단은 2수 체계인 날숨과 들숨의 호와 흡을 3박자 계열로 구성하는 4식 체계라는 점에서 2수 체계와 3수 체계가 공존하는 체계라 할 수 있다. '네마치' 장단은 비록 외면적으로는 4박자 계열의 4식 체계이지만, 하나의 박자 안에 3각(刻)이 포함되어 있는 형태의 장단이므로 마찬가지로 2수 체계와 3수 체계가 공존하는 체계로 보아야 할 것이다.

풍물은 천도의 현시다!

풍물 악기의 경우에도 상보적이라고 할 수 있다. 징, 꽹과리, 장고, 북, 소고는 저마다 음양의 소리와 가락을 구성하고 있으며, 전체적으로도 금(金)·석(石)·사(絲)·죽(竹)·포(匏)·토(土)·혁(革)·목(木)의 8음 중에서 금(金)과 혁(革)의 소리로 음양을 아우르고 있다.

그런데 왜 군악은 8음 중에서 금·혁을 주로 사용한 것일까? 주나라의 관직을 규정한 『주례』는 '천관총재', '지관사도', '춘관종백', '하관사마', '추관사구',

'동관고공기'로 구성되어 있는데, '지관사도'의 '고인(鼓人)'은 금고(金鼓)를 관장하는 관직이다.

> "고인은 육고(六鼓)와 사금(四金)의 음성을 가르쳐서 성악(聲樂)을 조절하고 군사들을 화목하게 하고, 농사일을 바르게 하는 일을 관장한다. 북 치는 법을 가르쳐서 그 소리가 쓰일 데를 판단한다. 뇌고로 하늘의 신에게 제사 지낼 때 치고, 영고로 땅의 신에게 제사 지낼 때 치고, 노고로 종묘의 제사 지낼 때 치고, 분고로 군사를 운용할 때 치고, 고고(鼛鼓)로 부역을 시행할 때 치고, 진고(晉鼓)로 쇠를 연주할 때 치고, 금순(金錞)으로 북과 조화하게 하고, 금탁(金鐲)으로 북을 조절하며, 금요(金鐃)로 북을 그치게 하고, 금탁으로 북과 통하게 한다. … 군대가 이동하면 그 무리들을 북돋우고, 시상 또한 그와 같이 한다."[99]

우리는 이미 세종 때 진법에서 북과 징의 쓰임새를 살펴본 바 있고, 또한 『병학지남』에서 금고가 어떠한 역할을 하는지 살펴본 바가 있다. 그런데 팔음은 팔풍과 관련되어 있고, 팔풍은 팔방과 관계되어 있으며, 팔방은 팔괘와 관련되어 있다면, 우리는 팔음을 이러한 측면에서 살펴볼 필요가 있다.

> "금성(金聲)이 차분하고 우렁찬 것은 추분의 음이기 때문이다. … 혁성(革聲)이 웅장한 것은 동지의 음이기 때문이다. … 고(鼓)는 악기 중의 임금이고, 비(鼙)는 낮은 사람이 치는 악기이나, 가죽으로 만든 점은 같다. 군사들이 시끌벅적하게 떠들고 여러 사람들이 뛰어 달려가 많은 사람들을 나아가게 하는 뜻이 있다. 그러므

99　『周禮』「고인(鼓人)」(中國哲學電子化計劃, http://ctext.org/zh). "鼓人掌教六鼓四金之音聲, 以節聲樂, 以和軍旅, 以正田役. 教為鼓而辨其聲用 : 以雷鼓鼓神祀, 以靈鼓鼓社祭, 以路鼓鼓鬼享, 以鼖鼓鼓軍事, 以鼛鼓鼓役事, 以晉鼓鼓金奏, 以金錞和鼓, 以金鐲節鼓, 以金鐃止鼓, 以金鐸通鼓. … 軍動則鼓其眾, 田役亦如之."

로 고비(鼓鼙)의 소리를 들으면 장수의 신하를 생각하게 한다. … 전(傳)에 이르기를, 금성은 건강하다. 건강한 소리는 충만한 기(氣)를 일으키고, 충만한 기는 군세다. 따라서 금성이 바르면, 사람들은 무(武)를 생각한다. … 혁음은 시끌벅적하다. 시끌벅적한 소리는 무리를 나아가게 한다. 따라서 혁음이 바르면, 사람들은 군세고 용감한 것을 생각한다. … 대개 금슬(琴瑟)은 하지의 음(音)으로 일음(一陰)이 생기는 때이고, 고비(鼓鼙)는 동지의 음으로 일양(一陽)이 생기는 때이다. 양(陽)은 즐거움을 주로 하여 시끌벅적하고, 음(陰)은 슬픔을 주로 하여 고요하므로, 그 음색이 다르다."[100]

북은 모든 악기의 우두머리로, 방위는 북쪽이고, 계절은 겨울이고, 바람은 광막풍(광막풍이고, 율은 황종이고, 동지의 음으로 일양(一陽,☷)이 생기는 때이다. 금은 방위는 서쪽이고, 계절은 가을이고, 바람은 창합풍(閶闔風)이고, 소리는 우(羽)를 숭상하고, 음색은 건강하니 추분(☱)의 기(氣)이다.

그런데 북은 동지(☷)의 양이 시작하는 때에 해당하지만, '격격등등' 하기에 그 속에 다시 음양이 있다. 마찬가지로 금은 추분(☱)의 음에 해당하지만, '갱장(鏗鎗)'하기에 그 속에 다시 음양이 있다. 그리고 전체적으로 보면, 금의 음과 혁의 양이 무극이면서 태극이고, 태극이면서 무극이듯, 한데 어우러져 있는 것이다.

풍물은 천도의 현시이다. 그런데 상반적인 성질이 공존하는 천도는 '우현(又玄)'한다. 측정되거나 규정되지 않는 세계가 바로 천도의 세계이다. 노자가 『도덕경』에서 이미 말한 것처럼 "말할 수 있는 도는 항상된 도가 아니

100　陳暘, 이후영 · 김종수 옮김 『역주 악서 4』(소명출판, 2014), 168, 173~175쪽 참조. "金聲春容, 秋分之音也, … 石聲溫潤, 立冬之音也. … 鼓為樂之君, 而鼙則卑者所鼓, 其為革聲, 一也. 土諦而譁, 鼙趨而動, 有進衆之義焉, 此聽其聲所以思將帥之臣也. … 於傳有之, 金聲鏗鏗以立橫, 橫以勁武, 金聲正則人思武矣. … 革音譁譁以進衆, 革音正則人思毅勇矣. … 蓋琴瑟, 夏至之音, 一陰生之時也. 鼓鼙, 冬至之音, 一陽生之時也. 陽主樂, 陰主哀, 陽主譁, 陰主静, 此其音所以不同."

고(道可道, 非常道), 개념화할 수 있는 개념은 항상된 개념이 아니다.(名可名, 非常名)"

천도는 자신을 드러냄과 동시에 은폐된다. 비은폐됨과 동시에 은폐되는 것이 천도이다. 노자(老子)는 이를 "화기광, 동기진(和其光, 同其塵)"이라 하였다. 빛으로 드러나는 것과 먼지로 은폐되는 것이 동시적 사태라는 말이다. 빛이 주어지는 방식도 마찬가지이다. 빛은 반-짝이는 방식으로 운행한다. '반'하는 동시에 '짝'하며, '짝'하는 동시에 '반'한다. 빛은 우리에게 현전하는 동시에 바로 그만큼 우리로부터 멀어지는 방식으로 존재한다.

천도는 자신을 드러냄과 동시에 은폐되기에 은폐에 대한 질문이 필요하다. 인류가 은폐를 비은폐로 전화시키는 방식이 바로 질문이다. 제대로 답할 수는 없지만, 터져 나오는 질문을 멈출 수도 없는 형이상학적 소질이 있는 존재가 바로 인류이다. 그리고 이러한 질문이 표출되는 방식이 바로 난제이다. 수학자들은 문제를 푸는 사람이 아니라 문제를 만드는 사람들이다. 모든 문제들이 우리를 앞으로 나아가게 한다.

수학적 난제 중에 '푸앵카레의 추측(Poincaré conjecture)'이란 것이 있었다. 푸앵카레(Jules Henri Poincaré, 1854~1912)는 우주의 지도를 그려보고 싶었다. "구멍이 없고 닫힌 3차원의 어떤 우주를 다른 모양의 우주로 변형시킬 수 있지 않을까?" 우리는 우주의 끝까지 가보지 않고도 지구에 살면서 우주의 모양을 추측해볼 수 있다. 우리가 우주를 향하여 줄을 던진 후, 그 줄을 다시 당겨서 하나의 점으로 모아질 수 있다면, 그것은 원형의 우주이다. 도넛 모양의 구멍이 있는 우주는 하나의 점으로 모아지지 않는다.

푸앵카레가 이러한 질문을 제출하자, 수학의 천재들이 도전하였으나 모두 실패하고 만다. 러시아의 수학자 페렐만(Grigori Perelman, 1966~)이 나온 지 얼마 안 되는 리치 흐름 방정식을 이용하여 이 난제를 풀었다. 그는 그의 논문을 저명한 학술지에 발표한 것이 아니라, 인터넷 웹 사이트에 올려놓았다. 그는 모든 언론사의 인터뷰를 거절하였고, 최고 대학의 임용도 거부하였으며, 클레이 수학연구소에서 내걸은 100만 달러의 상금도 거절하였다. 또한 최고의 수학자에게 주어지는 필즈상의 수상식에도 참여하지 않았다. 그리고는 고향 상트페테르부르크로 돌아가 세상과의 연락을 끊었다. '화광동진(和光同塵)'[101] 한 것이다.

천도는 자신을 「하도」나 「낙서」 또는 태극이나 팔괘로 비은폐됨과 동시에 은폐된다. 자신을 드러내면서도 온전히 드러내지 않는 것이다. 천도는 「하도」나 「낙서」로 현시되지만, 동시에 측정되지 않는 방식으로, 현시되지 않는 방식으로 현시된다. 그래서 기(氣)로 들어야 하며, 심재(心齋)해야 하는 것이다.

> "너는 뜻을 한결같이 하여야 한다. 귀로 듣지 말고 마음으로 들어야 한다. 마음으로 듣지 말고 기로 들어야 한다. 듣는 것은 귀에서 그친다. 마음으로 분별하는 것은 부절에서 그친다. 기라는 것은 텅 비어서 만물을 기다리는 것이다. 오직 도만이 허에 모인다. 허란 심재(心齋)이다."[102]

풍물에서 채상을 돌리는 것이 우연이 아니다. 풍물의 진법과 가락이 우주의 운행을 본받고 있기 때문에 우주의 운행 모습인 나선형의 채상을 돌리고 있는 것이다. 풍물에서 연풍대(筵風擡)로 도는 것이 우연이 아니다. 그런데 연풍대란 무엇인가? 『회작시여령각정재무도홀기(신축)』의 '검기무(劍器舞)'에서는 연풍대에 대해서 "각기 제비가 처소로 돌아가는 듯한 연풍대 재

---

101 이에 대한 더욱 자세한 내용은 2011년 12월 27일에 방송된 〈다큐프라임-문명과 수학 5부 남겨진 문제를〉을 참고로 하기 바란다.

102 『莊子』(「(中國哲學電子化計劃, http://ctext.org/zh)). "若一志, 无聽之以耳而聽之以心, 无聽之以心而聽之以氣.聽止於耳, 心止於符.氣也者, 虛而待物者也. 唯道集虛。虛者, 心齋也."

주를 사용한다(各用才鸑歸巢筵風撞)"고 설명하고 있다. 우주가 자전하면서 공전하듯이, 우리도 공전하면서 자전하며 연풍대를 도는 것이다.

우리의 음악은 복잡하고도 세밀하여, 규칙적인 박자로는 표현할 수 없었다. 그리하여 3-2-3의 8박으로, 2수 체계와 3수 체계의 복합으로, 10점, 20점, 30점, 17점, 23점, 33점 등으로 드러났던 것이다. 이러한 우리의 음악의, 풍물의 단적인 측면을『악학궤범』'서문'에서는 이렇게 시작하고 있다.

> "악(樂)이라는 것은 하늘에서 나왔지만 사람에게 맡긴 것이고, 허(虛)에서 발현하여 스스로 그러함에서 완성된다. 사람의 마음으로 하여금 느껴서 밀어 움직이게 하고, 혈맥이 흐르고 통하게 하여 정신(精神)이 즐겁고도 기쁘게 되기 때문이다."[103]

---

103 성현, 이혜구 역주『신역 악학궤범』(국립국악원, 2000). 1016쪽 참조. "樂也者, 出於天而寓於人, 發於虛而成於自然. 所以使人心感而動盪, 血脉流通而精神怡悅也."

참고문헌

국내문헌

『歌曲源流』(박효관·안민영,규장각한국학연구원, 가람古811.05-B148g, https://kyudb.snu.ac.kr/)

『甲午記事』(崔德基, 국사편찬위원회 한국사데이터베이스, https://db.history.go.kr/modern/)

『개벽』(국사편찬위원회 한국사데이터베이스, https://db.history.go.kr/)

『大唐開元禮』(中國哲學書電子化計劃, https://ctext.org/zh)

『경국대전』(국사편찬위원회 한국사데이터베이스, https://db.history.go.kr/joseon/)

『京畿邑誌』(규장각 한국학연구원, 奎12177, https://kyudb.snu.ac.kr/)

『京都雜誌』(유득공, 규장각 한국학연구원 奎가람古951.053-Y9g, https://kyudb.snu.ac.kr/)

『慶尙道咸安郡叢瑣錄』(오횡묵, 한국학중앙연구원, K2-4209_001)

『경모궁 악기조성청의궤』(규장각 한국학연구원, 奎14265, https://kyudb.snu.ac.kr/)

『古今圖書集成』(中國哲學書電子化計劃, https://ctext.org/wiki.pl?if=gb&res=3051525)

『고려사』(국사편찬위원회 한국사데이터베이스, https://db.history.go.kr/goryeo/)

『고유섭 전집』(고유섭, 悅話堂, 2013)

『敎坊歌謠』(한국학중앙연구원, PD6B-29, https://jsg.aks.ac.kr/)

『國語』(左丘明, 中國哲學書電子化計劃, https://ctext.org/guo-yu/zh)

『국조오례의』(한국학중앙연구원 장서각, K2-2113, https://jsg.aks.ac.kr/)

『국조오례의서례』(한국학중앙연구원 장서각, K2-2107, https://jsg.aks.ac.kr/)

『紀效新書』(戚繼光, Internet Archive, https://archive.org/details/06049821.cn)
          (규장각 한국학연구원, 古9950-1, https://kyudb.snu.ac.kr/)

『김상욱의 양자 공부』(김상욱, 사이언스 북스, 2020)

『歸田錄』(歐陽修, 中國哲學書電子化計劃, https://ctext.org/wiki.pl?if=gb&chapter=206231)

『나례청등록』(규장각 한국학연구원, 奎15147, https://kyudb.snu.ac.kr/book/)

『내외진연등록』(규장각 한국학연구원, 奎13012-v.1-3, https://kyudb.snu.ac.kr/book/)

『내취정례』(한국학중앙연구원 장서각, K2-513, https://jsg.aks.ac.kr/)

『노상추일기』(노상추, 국가편찬위원회 한국사료총서 제49집, https://db.history.go.kr/modern/)

『論語』(中國哲學書電子化計劃, https://ctext.org/analects/zh)

『道德經』(老子, 中國哲學書電子化計劃, https://ctext.org/dao-de-jing/zh)

『대사례의궤』(규장각 한국학연구원, 奎14941, https://kyudb.snu.ac.kr/book/)

『大學』(中國哲學書電子化計劃, https://ctext.org/liji/da-xue/zh)

『唐會要』(中國哲學書電子化計劃, https://ctext.org/wiki.pl?if=gb&res=844491)

『大閱儀注』(규장각 한국학연구원, 奎13022, https://kyudb.snu.ac.kr/book/)

『大典通編』(규장각 한국학연구원, 奎202-v.1-5, https://kyudb.snu.ac.kr/book/)

『東國歲時記』(규장각 한국학연구원, 奎古31, https://kyudb.snu.ac.kr/book/)

『동국이상국전집』(이규보, 한국고전번역원 고전번역서, https://db.itkc.or.kr/)

『東京夢華錄』(孟元老, 中國哲學書電子化計劃, https://ctext.org/wiki.pl?if=gb&res=712358)

『동경잡기』(한국학중앙연구원, K2-4232_001~003, https://jsg.aks.ac.kr/)

『동아일보』(국립중앙도서관 Web DB, https://www.nl.go.kr/)

『만기요람(萬機要覽)』(규장각 한국학연구원, 奎1151-v.1-11, https://kyudb.snu.ac.kr/book/)

『매천야록』(황현, 국사편찬위원회 한국사데이터베이스, https://db.history.go.kr/modern/)

『목민심서』(정약용, 규장각 한국학연구원, 經古351-j466m, https://kyudb.snu.ac.kr/)

『夢梁錄』(吳自牧, 中國哲學書電子化計劃, https://ctext.org/wiki.pl?if=gb&res=446910)

『牧隱集』(이색, 한국고전번역원 고전번역서, https://db.itkc.or.kr/)

『武林舊事』(周密, Internet Archive, https://archive.org/details/06044547.cn)

『武備志』(茅元儀, 文淵閣四庫全書電子版, 上海人民出版社, 1999)

『무형문화재 조사보고서 제9호 농악12차』(박헌봉 · 유기룡, 문화재관리국, 1965)

『무형문화재 조사보고서 제33호 호남농악』(홍현식 · 김천흥 · 박헌봉, 문화재관리국, 1967)

『무형문화재 조사보고서 제40호 남사당』(심우성, 문화재관리국, 1968)

『文獻通考』(中國哲學書電子化計劃, https://ctext.org/wiki.pl?if=gb&res=576035&remap=gb)

『法苑珠林』(中國哲學書電子化計劃, https://ctext.org/wiki.pl?if=gb&res=587706)

『兵將圖說』(규장각 한국학연구원, 奎87, https://kyudb.snu.ac.kr/book/)

『兵學指南』(규장각 한국학연구원, 一簑古355.5 B993, https://kyudb.snu.ac.kr/book/)

『兵學指南演義』(李象鼎, 早稻田大学図書館, https://archive.wul.waseda.ac.jp/kosho/)

『兵學通』(규장각 한국학연구원, 奎1531, https://kyudb.snu.ac.kr/book/)

『補閑集』(崔滋, 규장각 한국학연구원, 奎4580, https://kyudb.snu.ac.kr/book/)

『備邊司謄錄』(규장각 한국학연구원, 奎25078-v.1-2, https://kyudb.snu.ac.kr/book/)

『빈례총람』(규장각 한국학연구원, 奎1344-v.1-3, https://kyudb.snu.ac.kr/book/)

『史記』(司馬遷, 中國哲學書電子化計劃, https://ctext.org/shiji/zh)

『사직악기조성청의궤』(규장각 한국학연구원, 奎14266, https://kyudb.snu.ac.kr/book/)

『사화기략(使和記略)』(박영효, 한국고전번역원 고전번역서, https://db.itkc.or.kr/)

『삼국사기』(김부식, 국사편찬위원회, https://db.history.go.kr/ancient/l evel.do?itemId=sg)

『삼천리』(한국사데이터베이스, https://db.history.go.kr/)

『尙書』(中國哲學書電子化計劃, https://ctext.org/shang-shu/zh)

『宣和奉使高麗圖經』(徐兢, 국사편찬위원회 한국사데이터베이스, https://db.history.go.kr/)

『石亭集』(이정직, 한국학호남진흥원, https://www.hiks.or.kr/)

『說文解字』(中國哲學書電子化計劃, https://ctext.org/shuo-wen-jie-zi/zh)

『성호사설』(이익, 한국고전번역원 고전번역서, https://db.itkc.or.kr/)

『세시풍요』(유만공, 규장각 한국학연구원, 가람古394.2-Y92s, https://kyudb.snu.ac.kr/book/)

『소고선생문집』(박승임, 한국고전번역원 한국문집총간, https://db.itkc.or.kr/)

『속병장도설』(규장각 한국학연구원, 奎83, https://kyudb.snu.ac.kr/book/)

『續陰晴史』(김윤식, 국사편찬위원회 한국데이타베이스, https://db.history.go.kr/)

『孫子兵法』(中國哲學書電子化計劃, https://ctext.org/art-of-war/zh)

『송경광고』(규장각 한국학연구원, 古4790-14-v.1-8, https://kyudb.snu.ac.kr/book/)

『隋書』(中國哲學書電子化計劃, https://ctext.org/wiki.pl?if=gb&res=653495)

『승정원일기』(국사편찬위원회 한국사데이터베이스, https://sjw.history.go.kr/)

『詩經』(中國哲學書電子化計劃, https://ctext.org/book-of-poetry/zh)

『新唐書』(中國哲學書電子化計劃, https://ctext.org/wiki.pl?if=gb&res=182378)

『新書』(賈誼, 박미라 譯, 소명출판, 2012)

『신역 악학궤범』(성현, 이혜구 역주, 국립국악원, 2000)

『樂記』(中國哲學書電子化計劃, https://ctext.org/liji/yue-ji/zh)

『樂書』(陳暘, 文淵閣四庫全書電子版, 上海人民出版社, 1999)

『역주 악서』(진양, 이후영·김종수 옮김, 소명출판, 2014)

『악장가사』(규장각 한국학연구원, 奎15177, https://kyudb.snu.ac.kr/book/)

『악장등록』(규장각 한국학연구원, 奎12879, https://kyudb.snu.ac.kr/book/)

『악학궤범』(성현, 국립국악원, 韓國音樂學資料叢書 제26집, https://www.gugak.go.kr/)

『약헌유집』(서종화, 한국고전번역원 한국문집총간, https://db.itkc.or.kr/)

『여령각정재무도홀기』(한국학중앙연구원, K2-2886, https://jsg.aks.ac.kr/)

『여재촬요』「경상도·울산부」(오횡묵, 한국학중앙연구원 장서각, K2-4184_006)

『여지도서』「울산부읍지」(국사편찬위원회 한국사데이터베이스, https://db.history.go.kr/modern/)

『역주 악서 4』(陳暘, 이후영·김종수 옮김, 소명출판, 2014)

『御定淵鑑類函』(中國哲學書電子化計劃, https://ctext.org/wiki.pl?if=gb&res=349661)

『燕行歌』(홍순학, 교문사 한국고전문학대개10, 1984)

『禮記』(中國哲學書電子化計劃, https://ctext.org/liji/zh)

『오례』(국사편찬위원회 조선왕조실록, https://sillok.history.go.kr/id/kda_200)

『吳越春秋』(中國哲學書電子化計劃, https://ctext.org/wu-yue-chun-qiu/zh)

『外進宴時舞童各呈才舞圖笏記(외진연시무동각정재무도홀기)』(한국학중앙연구원, K2-2889)

『용재총화』(성현, 규장각 한국학연구원, 奎6906, https://kyudb.snu.ac.kr/)

『우리 역사넷』(국사편찬위원회, http://contents.history.go.kr/)

『울산읍지』(金佑植, 규장각 한국학연구원, 奎11699, https://kyudb.snu.ac.kr/)

『을유수작의궤』(규장각 한국학연구원, 奎14361-v.1-2, https://kyudb.snu.ac.kr/book/)

『원행을묘정리의궤』(규장각 한국학연구원, 奎14518, https://kyudb.snu.ac.kr/)

『六壬大全』(中國哲學書電子化計劃, https://ctext.org/wiki.pl?if=gb&res=260435)

『六典條例』(국사편찬위원회, https://db.history.go.kr/joseon/item/level.do?levelId=jlawb_110)

『御製律呂正義』(朱載堉, 中國哲學書電子化計劃, https://ctext.org/wiki.pl?if=gb&res=907062)

『律呂新書』(蔡元定, 中國哲學書電子化計劃, https://ctext.org/wiki.pl?if=gb&chapter=380355)

『完譯 李鈺全集』(李鈺, 휴머니스트 출판그룹, 2009)

『인정전 악기조성청의궤』(규장각 한국학연구원, 奎142644, https://kyudb.snu.ac.kr/book/)

『일동장유가(日東壯遊歌)』(金仁謙, 교문사, 1984)

『自山安廓國學論著集 五』(安廓, 여강출판사, 1994)

『長吟亭遺稿』(나식, 한국고전번역원 한국문집총간, https://db.itkc.or.kr/))

『莊子』(中國哲學書電子化計劃, https://ctext.org/zhuangzi/zh)

『典律通補』(中國哲學書電子化計劃, https://ctext.org/wiki.pl?if=gb&res=443458)

『戰國策』(中國哲學書電子化計劃, https://ctext.org/zhan-guo-ce/zh)

『貞蕤閣集』(박제가, 한국고전번역원 한국문집총간, https://db.itkc.or.kr/)

『정재무도홀기』(국립국악원 한국음악학자료총서 제57집)

『제기악기도감의궤』(규장각 한국학연구원, 奎13734, https://kyudb.snu.ac.kr/)

『朝鮮賦』(董越, 한국학중앙연구원 장서각, K2-5127, https://jsg.aks.ac.kr/)

『조선시대 불서인명 DB』(불교학술원, https://kabc.dongguk.edu/budna/)

『조선왕조실록』(국사편찬위원회, https://sillok.history.go.kr/)

『조선일보』(국립중앙도서관 Web DB, https://www.nl.go.kr/))

『조선장단 연구』(한영애, 민속원, 2002)

『周禮』(中國哲學書電子化計劃, https://ctext.org/rites-of-zhou/zh)

『重菴稿』(姜彝天, 한국고전번역원 한국문집총간, https://db.itkc.or.kr/)

『중외일보』(국립중앙도서관, 대한민국 신문 아카이브, https://nl.go.kr/newspaper/)

『증보문헌비고』(규장각 한국학연구원, 奎6954, https://kyudb.snu.ac.kr/)

『진법』(규장각 한국학연구원, 奎1100, https://kyudb.snu.ac.kr/)

『진연의궤(갑자)』(규장각 한국학연구원, 奎14360, https://kyudb.snu.ac.kr/)

『진연의궤(기해)』(규장각 한국학연구원, 奎14357, https://kyudb.snu.ac.kr/)

『진연의궤(신축)』(규장각 한국학연구원, 奎14464, https://kyudb.snu.ac.kr/)

『진작의궤(계유)』(규장각 한국학연구원, 奎14375, https://kyudb.snu.ac.kr/)

『진작의궤(무자)』(규장각 한국학연구원, 奎14364, https://kyudb.snu.ac.kr/)

『진작의궤(무자)』(규장각 한국학연구원, 奎14364, https://kyudb.snu.ac.kr/)

『자경전진작정례의궤』(규장각 한국학연구원, 古4256.5-2-v.1-3, https://kyudb.snu.ac.kr/)

『진찬의궤(기축)』(규장각 한국학연구원, 奎14367, https://kyudb.snu.ac.kr/)

『진찬의궤(무진)』(규장각 한국학연구원, 奎14374, https://kyudb.snu.ac.kr/)

『진찬의궤(신축)』(국립고궁박물관, 奎14445, https://www.gogung.go.kr/gogung/)

『진찬의궤(임진)』(규장각 한국학연구원, 奎14428, https://kyudb.snu.ac.kr/)

『진찬의궤(정축)』(규장각 한국학연구원, 奎14376, https://kyudb.snu.ac.kr/)

『진찬의궤(정해)』(규장각 한국학연구원, 奎14405, https://kyudb.snu.ac.kr/)

『천문류초』(이순지, 규장각 한국학연구원, 奎中1907, https://kyudb.snu.ac.kr/book/)

『청구영언』(규장각 한국학연구원, 가람古811.05-G415c, https://kyudb.snu.ac.kr/book/)

『淸史稿』(張采田, 中國哲學書電子化計劃, https://ctext.org/wiki.pl?if=gb&res=98755)

『춘관통고』(규장각 한국학연구원, 奎12272-v.1-62, https://kyudb.snu.ac.kr/book/)

『春秋左傳』(左丘明, 中國哲學書電子化計劃, https://ctext.org/chun-qiu-zuo-zhuan/zh)
『추관지』(규장각 한국학연구원, 奎貴1012-v.1-10, https://kyudb.snu.ac.kr/book/)
『취고수군안』(한국학중앙연구원, K2-608, https://jsg.aks.ac.kr/dir/view?dataId=JSG_K2-608)
『太極圖說』(周敦頤, 中國哲學書電子化計劃, https://ctext.org/wiki.pl?if=gb&res=602558)
『通典』(中國哲學書電子化計劃, https://ctext.org/tongdian/zh)
『破閑集』(이인로, 국사편찬위원회 한국사데이터베이스, https://db.history.go.kr/goryeo/)
『御定佩文韻府』(中國哲學書電子化計劃, https://ctext.org/wiki.pl?if=gb&res=637873)
『학성지(鶴城誌)』(권상일, 울산남구문화원 향토사연구소, 2010)
『한국민족문화대백과사전』(한국학중앙연구원, https://encykorea.aks.ac.kr/)
『한국음악학자료총서 34』(국립국악원, 1999)
『해동악부』(담촌거사,규장각한국학연구원,가람古811.05-D181h, https://kyudb.snu.ac.kr/book/)
『해동악부』(심광세, 규장각 한국학연구원, 一簑古811.05-Si41h, https://kyudb.snu.ac.kr/book/)
『해동죽지』(규장각 한국학연구원, 奎古104, https://kyudb.snu.ac.kr/book/)
『허백당집(虛白堂集)』(성현, 한국고전번역원 한국문집총간, https://db.itkc.or.kr/)
『회작시여령각정재무도홀기(신축)』(한국학중앙연구원, K2-2895, https://jsg.aks.ac.kr/)
『홍재전서』(한국학중앙연구원, K4-5699_033, https://jsg.aks.ac.kr/)
『後漢書』(中國哲學書電子化計劃, https://ctext.org/hou-han-shu/zh)

서양 문헌

마르틴 하이데거, 신상희 옮김, 『숲길』「예술 작품의 근원」(나남, 2010)
질 들뢰즈, 『차이와 반복』

논문

권오성, 「한국음악미의 수리적 조화의 원칙」(미학·예술학 연구 17, 2003)
高秋鳳, 「董越 及其《朝鮮賦》研探」(중국학연구 제67집, 2014)
高芳子, 「辛丑年 進宴儀軌의 呈才伴奏音樂 研究」(국악원논문집 제7집, 1995)
김균태, 「李鈺의『鳳城文餘』연구-봉성의 풍속을 중심으로」(역사민속학 제8호, 1999)
金娟珍, 「봉산탈춤과 처용무에 내재된 구나성(驅儺性) 연구」(성균관대학교 무용학과 박사학위 논
    문, 2017)
김상혁, 「송이영 혼천시계의 작동 메커니즘에 대한 연구」(중앙대학교 박사학위 논문, 2007)
김순희, 「명대 교방(教坊)의 세시의례 속 '종규(鍾馗) 공연' 연구」(공연문화연구 제39집, 2019)
金順姬, 「명대 궁정 연향(宴饗) 중 백희(百戲)에 관한 연구」(중국문학연구 제44집, 2011)
김영운, 「梅花點式 長短記譜法 研究」(한국음악연구 제50집, 2011)

김영주, 「조선시대 궁정음악인의 신분 연구」(한국학중앙연구원 박사학위 논문, 2020)

김우진, 「악기형태 변화에 대한 연구-진연의궤의 악기도를 중심으로」(한국음악연구 제17, 18집, 1989)

김윤조, 「京都雜誌 연구-저술과정과 이본 검토-」(東洋漢文學研究 제32집, 2011)

金恩英, 「한국의 국왕 행차와 전통연희」(고려대학교 문화재학과 박사학위논문, 2011)

김정경, 「이능화의『조선무속고』연구」(서강인문논총 제23집, 2008)

김정림, 「취타계열 음악 연구-유예지 이후 현행까지」(이화여자대학교 대학원 음악학부 박사학
위 논문, 2008)

김종수, 「조선 후기 궁중연향 의궤의 고취(鼓吹) 고찰」(국악원논문집, 제44집, 2021)

　　　　「奎章閣 所藏 연향 관련 儀軌 고찰」(한국학보 113, 2003)

　　　　「조선시대 가동·무동의 개념 정립과 활동」(溫知論叢 第56輯, 2018)

김학주, 「나례와 잡희-중국과의 비교를 중심으로-」(아세아 연구 6, 1963)

　　　　「唐戲를 통해서 본 李穡의 驅儺行」(고전희곡연구 제4집, 2002)

노복순, 「고구려 고분벽화 '주악도'에 나타난 공연문화 양상」(공연문화연구 제30집, 2015)

류속영, 「매화점장단의 구조와 원리」(한국음악연구 제71집, 2022)

朴敬伸, 「봉성문여에 실린 무가관계 자료의 의의」(구비문학 연구 제2집, 1995)

문동수, 「국립중앙박물관 소장 〈통신사행렬도〉의 고찰」(미술자료 제95호, 2019)

문숙희, 「『시용향악보』수록악곡의 음악양식-가사 및 장단과의 관련성을 중심으로-」(한국음악
사학조 제48집, 2012)

　　　　「취풍형의 리듬에 관한 연구」(한국음악연구 제53집, 2013)

閔泰慧, 「동아시아 전근대의 사신영접의례와 공연문화」(고려대학교 문화유산학과 박사학위
논문, 2017)

박소현, 「고대 고취(鼓吹)의 통시적 재고」(한국음악연구 제65집, 2019)

박애경, 「송만재의 〈관우회〉를 통해 본 19세기 시정문화의 한 국면」(열상고전연구 제37집, 2013)

박은옥, 「당나라의 고취악(鼓吹樂)에 대한 고찰」(한국음악사학보 제54집, 2015)

　　　　「중국 도척기(倒擲伎)와 한국 땅재주의 비교 고찰」(한국문학과 예술 제34집, 2020)

박희정, 「군악의 악조 변화 연구」(국악원논문집 제43집, 2021)

배인교, 「조선후기 무부군뢰(巫夫軍牢) 연구」(한국무속학 제18집, 2009)

史眞實, 「山戲와 野戲의 공영 양상과 연극사적 의의-『奇玩別錄』에 나타난 공연 행사를 중심으
로-」(고전희곡연구 제3집, 2001)

　　　　「인조 이후 나례(儺禮)의 사습(私習)과 산대도감패의 흥행 활동」(공연문화연구 제28집, 2014)

성무경, 「〈仙樓別曲〉을 통해 본, 19세기 초 成川의 官邊風流와 呈才公演」(민족무용 연구논문, 2005)

송기태, 「풍물굿의 군사적 의미화 연구 -전남 남해안지역을 중심으로-」(도서문화 제36집, 2010)

송방송, 「조선왕조가 가꾼 기록유산의 꽃, 의궤(儀軌)」(국악원논문집 제38집, 2018)

송성섭, 「진양의 악서에 수록되어 있는 마한, 부여, 신라, 백제 고려의 춤 및 악(樂)에 관한 연구」(한국동
양정치사상연구 참조 제18권 2호, 2019)

송지원, 「규장각 소장 조선왕실의 악기제작 의궤 고찰」(국악원논문집 제23집, 2011)

신경숙, 「옥소 권섭의 음악경험과 18세기 음악 환경」(국제어문 36집, 2004)

「권섭『歌譜』의 악보사적 의의」(우리어문연구 30집, 2008)

신태영, 「고려 당악정재의 전래와 수용」(국악원논문집 제31집, 2015)

申太永, 「明使 董越의 朝鮮賦에 나타난 朝鮮認識」(한문학보 제10집, 2004)

안경숙, 「낙랑 출토 식점 천지반 고찰」(科技考古硏究 제19호, 2013)

안대회, 「18·19세기 탈춤꾼·산대조성장인 탁문한 연구」(한국학 33, 2010)

「城市全圖詩와 18세기 서울의 풍경」(고전문학연구 제35집, 2009)

安炳國, 「門神 종규 설화의 변이양상 연구」(溫知論叢 第29輯, 2011)

안상복, 「驅儺行의 儺戲와 산대놀이」(중어중문학 30, 2002)

「唐宋 儺禮, 儺戲와 <驅儺行>의 儺戲 그리고 산대놀이」(중국문학 제37집, 2002)

安祥馥, 「明人 董越의 朝鮮賦에 묘사된 15世紀 山臺雜戲 재검토」(중국어문학집 제49집, 2014)

양훈식, 「박순호한양가 I [<한양가>] 해제」(한국문학과 예술 제12집, 2013)

우에무라 유키오, 「19세기말 취고수와 세악수」(한국음악사학회, 1998)

「조선후기 세악수의 형성과 전개」(한국음악사학보 제11집, 1993)

『선청일기(宣廳日記)』를 통해 본 내취의 양상-정조·순조대를 중심으로-」(동양음악, 2002)

尹載煥, 「董越의 朝鮮賦를 통해 본 中國 使臣의 朝鮮 認識」(동방한문학, 2012)

윤아영, 「나례(儺禮) 준비 기관의 변천과 양변(兩邊)의 전통」(국악원논문집 제26집, 2012)

「조선전기 儺禮와 그에 수반된 樂歌舞의 형태에 관한 연구」(溫知論叢 第13輯, 2005)

「조선시대 현수(絃首)의 신분과 음악 활동에 관한 연구」(역사민속학 제53호, 2017)

「조선후기 儺禮의 용도와 연행종목에 관한 연구」(溫知論叢 第15輯, 2006)

윤주필, 「한국 전통연희의 도상성과 미학-경복궁 중건 시역 때의 대공연을 중심으로-」(열상고전연구 제38집, 2013)

이경엽, 「재인청의 역사적 전개 양상」(남도민속연구 제45집, 2021)

이보람, 「우희(優戲)의 역사와 연행 양상」(고려대학교 국어교육학과 박사학위논문, 2019)

이성진, 「구한말의 호위제도 고찰」(한국경호경비학회지 제21호, 2009)

이숙희, 「조선후기 취고수의 기능」(한국음악사학보 제29집, 2002)

「조선조 군례에 사용한 음악의 종류와 성격」(한국음악연구 제32집, 2002)

「行樂 연주 악대의 종류와 성격 - 궁중·관아·군영을 중심으로」(한국음악연구 제35집, 2004)

「불교 취타악의 형성 배경」(한국음악연구 제37집, 2005)

「조선후기 지방 군영 취타악대 연구」(한국음악연구 제40집, 2006)

「조선후기 취고수 제도의 형성과 전개」(國史館論叢 제105집, 2004)

이정희, 「대한제국기 고종황제의 행차와 악대」(한국음악사학보 제53집, 2014)

「대한제국기 순종황제의 행차와 음악」(국악원논문집 제32집, 2015)

「의궤 소재 樂器圖 연구」(한국음악사학보 제49집, 2012)

「조선시대 風雲雷雨(풍운뇌우) 제례와 음악」(한국음악사학보 제67집, 2021)

이창희, 「옥소(玉所) 권섭(權燮) 연구」(한국학술진흥재단 학술활동 결과보고서, 2007)

이현진, 「18~19세기 세시풍속서에 담긴 한양인의 세시풍속와 그 성격-『경도잡지』·『열양세시기』를 중심으로-」(서울학연구 제70호, 2018)

李惠求, 「儀禮上으로 본 八關會」(예술논문집 제1집, 1962)

이훈상, 「매귀희에서 매귀 연극으로, 매귀 연극에서 오광대로」(공연문화연구 제28집, 2014)

임영선, 「고려시대 교방(敎坊)에 대한 재고찰」(국악원논문집 제39집, 2019)

　　　「조선 초기 회례 용악 연구」(한국학중앙연구원 박사학위논문, 2019)

임미선·사진실, 「고려시대 정재의 음악과 공연미학」(한국음악연구 제40집, 2006)

田耕旭, 「탈놀이의 形成에 끼친 儺禮의 影響」(민족문화연구 제28호, 1995)

　　　「새 자료 채색화 낙성연도를 통해 본 산희(山戲)의 실체」(민족문화연구 73호, 2016)

　　　「한국의 가두행렬(街頭行列)과 전통연희」(공연문화연구 제18집, 2009)

張師勛, 「시조(時調) 장단(長短) 점수고(點數考)」(헤리티지:역사와 과학 Volume 5, 1971)

정영문, 「〈한양가〉에 나타난 한양의 놀이문화 고찰」(한국문학과 예술 제35집, 2020)

장경희, 「조선왕실의궤를 통한 장인 연구의 현황과 과제」(역사민속학 47, 2015)

鄭元祉, 「大儺를 통해 본 한중 양국의 축역의 제양상과 의미」(중국인문과학 70, 2018)

　　　「傳統時期 漢中 兩國의 逐疫의 原理」(중국인문학회 학술대회 발표논문집, 2018)

정은주, 「阿克敦《奉使圖》研究」(미술사학연구, 2005)

정해임, 「梅花點長短과 陰陽」(한국학논집 제31집, 2004)

　　　「杖鼓記譜法에 나타난 周易의 상징성 연구」(퇴계연구소, 退溪學과 儒教文化 제53號, 2018)

정형호, 「농악 용어의 역사적 사용과 20세기 고착화 과정에 대한 고찰」(韓國民俗學 62, 2015)

趙元庚, 「儺禮와 假面舞劇」(學林, 1955)

　　　「仁祖時代의 儺禮謄錄」(서울과 역사, 1958)

조상준, 「국조오례서례에 기록된 노부에 관한 연구」(아시아 민족조형학보 제18집, 2017)

중광팡, 「고구려 한나라 고취 수용과 그 독자적 특징」(정신문화연구 제40권 제1호, 2017)

진경환, 「京都雜誌 風俗편 번역의 오류 문제」(민족문화 제46집, 2015)

한양명, 「울산 매귀악(煤鬼樂)의 성격과 민속사적 의의」(비교민속학 제56집, 2015)

　　　「울산 병영서낭치기의 역사성과 재현의 문제」(비교민속학 제57집, 2015)

황경숙, 「韓·中 儺禮의 比較研究」(동북아 문화연구 제1집, 2001)

황미연, 「조선시대 회화에 나타난 삼현육각」(한국음악사학보 제30집, 2003)

허대영, 「정도전의 『陣法』에 보이는 병학사상에 대한 검토」(朝鮮時代史學報 92, 2020)

홍성욱, 「권섭의 山水 遊記 研究」(국제어문 36집, 2006)

홍세아, 「소설 『게우사』에 나타난 국악공연 형태와 음악 고찰」(동양예술 제55호, 2022)